Accession no.
36173581

KU-571-618

WITHDRAWN

Devoir de mémoire, droit à l'oubli ?

13ᵉ Forum *Le Monde* - Le Mans
26-28 octobre 2001

© *Éditions Complexe*, 2002
ISBN 2-87027-941-8
DL/1638/2002/30

Sous la direction de
Thomas Ferenczi

LIS LIBRARY

Date	Fund
27/02/13	F-che

Order No

2370554

University of Chester

Devoir de mémoire, droit à l'oubli ?

Textes de

Christian Boltanski, Peter Brooks, Jean-Louis Bruguès,
Jean-Luc Einaudi, Thomas Ferenczi, Valérie Haas,
Alexandra Laignel-Lavastine, Nicole Lapierre,
Bernard-Henri Lévy, Françoise Lucbert,
Isabelle Neuschwander, Claire Paulhan, René Rémond,
Paul Ricœur, Régine Robin, Jean-Michel Rodes,
Benjamin Stora, Yves Ternon, Stéphane Tison,
Claude Torracinta, André Versaille, Nathan Wachtel,
Nicolas Weill, Annette Wieviorka

Interventions

SOMMAIRE

PREMIÈRE PARTIE
LES TRACES DU PASSÉ

DEUXIÈME PARTIE
LES BLESSURES DE L'HISTOIRE

LES AUTEURS

CHRISTIAN BOLTANSKI, professeur à l'École nationale des beaux-arts de Paris, a été l'un des concepteurs de l'exposition *Voilà, le monde dans la tête*, en 2000, au Musée d'Art moderne de la Ville de Paris. Ses expositions personnelles les plus récentes ont été *Dernières années* en 1998 au Musée d'Art moderne de la Ville de Paris et *Paysages* en 1999 à la galerie Yvon Lambert.

PETER BROOKS est professeur de littérature à l'université Yale (États-Unis). Il s'intéresse aussi à la psychanalyse et au droit. Auteur de nombreux essais (non traduits en français), il a publié en 1999 un roman qui a pour cadre le voyage de Bougainville dans le Pacifique (*World Elsewhere*). Son dernier livre, *Troubling Confessions* (2000), aborde la question de l'aveu sous le double aspect de la littérature et du droit.

JEAN-LOUIS BRUGUÈS, dominicain, évêque d'Angers, a été professeur de théologie morale fondamentale à Toulouse puis à l'université de Fribourg (Suisse). Membre de la Commission théologique internationale, il est l'auteur de *L'Éternité si proche* (1995), *Dictionnaire de morale catholique* (1996), *Les Idées heureuses. Vertus chrétiennes pour ce temps* (1996), *Des combats de lumière* (1997).

JEAN-LUC EINAUDI est historien. Il a publié plusieurs livres sur la guerre d'Algérie et sur la guerre d'Indochine, parmi lesquels *Pour l'exemple. L'Affaire Fernand Iveton* (1986), *La Ferme Ameziane. Enquête sur un centre de torture pendant la guerre d'Algérie* (1991), *La Bataille de Paris. 17 octobre 1991* (1991), *Vietnam! La Guerre d'Indochine, 1945-1954* (2001).

THOMAS FERENCZI est directeur adjoint de la rédaction du *Monde*. Il a notamment publié *L'Invention du journalisme en France. Naissance de la presse moderne à la fin du XIXe siècle* (1993) et *Ils l'ont tué! L'affaire Salengro* (1995).

VALÉRIE HAAS, maître de conférences à l'université d'Amiens, est l'auteur d'une thèse sur *Mémoires, identités et représentations socio-spatiales de la ville. Le Cas de Vichy* (1999).

ALEXANDRA LAIGNEL-LAVASTINE, philosophe et spécialiste de l'Europe de l'Est, collaboratrice du *Monde des livres*, vient de publier *Cioran, Eliade, Ionesco : l'oubli du fascisme* (2002). Elle est l'auteur de deux ouvrages portant sur l'histoire intellectuelle de l'autre Europe, l'un consacré au penseur tchèque Jan Patocka (*Jan Patocka : l'esprit de la dissidence*, 1998), l'autre au philosophe roumain Constantin Noica (*Nationalisme et philosophie : le paradoxe Noica*, 1997).

NICOLE LAPIERRE, sociologue, est directrice de recherche au CNRS, codirectrice du Centre d'études transdisciplinaires – sociologie, anthropologie, histoire (CETSAH) et de la revue *Communications*, et collaboratrice du *Monde des livres*. Elle a publié notamment *Le Silence de la mémoire* (1989), *Le Livre retrouvé de Simha Guterman* (1991), *Changer de nom* (1995), *Le Nouvel Esprit de famille* (en coll., 2002).

BERNARD-HENRI LÉVY, écrivain, philosophe, est l'auteur de nombreux ouvrages, parmi lesquels *L'Idéologie française* (1981), *Questions de principe I, II, III, IV, V, VI et VII* (1983-2001), *La Pureté dangereuse* (1994), *Le Siècle de Sartre* (2000), *Réflexions sur la guerre, le mal et la fin de l'histoire* (2001), *Rapport au Président de la République et au Premier ministre sur la contribution de la France à la reconstruction de l'Afghanistan* (2002).

FRANÇOISE LUCBERT est maître de conférences en histoire de l'art contemporain à l'université du Maine. Outre ses travaux de recherche sur le symbolisme et le cubisme, elle a co-organisé l'exposition *La Section d'or. Le Cubisme écartelé*, présentée entre septembre 2000 et juin 2001 aux musées de Châteauroux, de Montpellier et de Hong Kong (ouvrage publié au Cercle d'art, 2000).

ISABELLE NEUSCHWANDER, conservateur général du patrimoine, responsable de la section du XXe siècle au Centre historique des Archives nationales, a publié de nombreux articles dans des revues spécialisées.

CLAIRE PAULHAN, archiviste à l'IMEC (Institut Mémoires de l'édition contemporaine), éditrice, a établi l'édition de nombreux textes autobiographiques, dont le *Journal 1913-1934* de Catherine Pozzi

(1987), *Sous l'Occupation* de Jean Grenier (1997), les *Journaux 1931-1932* et *1934-1935* de Valery Larbaud (1998 et 1999) ou la *Correspondance 1925-1967* entre François Mauriac et Jean Paulhan (2001).

RENÉ RÉMOND est historien, membre de l'Académie française, et président de la Fondation nationale des sciences politiques. Il a notamment animé les travaux de deux commissions d'historiens, l'une sur Paul Touvier et l'Église, l'autre sur le « fichier juif ». Il est l'auteur de nombreux livres, de *La Droite en France* (1954), un des grands classiques de la science politique, à *Le Christianisme en accusation* (2000), en passant par *Notre Siècle* (1988) et *La politique n'est plus ce qu'elle était* (1993).

PAUL RICŒUR, philosophe, ancien professeur aux universités de la Sorbonne, Nanterre et Chicago (États-Unis), est notamment l'auteur de *Soi-même comme un autre* (1990), *Lectures I, II et III* (1991-1993), *Le Juste* (1995), *Réflexion faite* (1996) et *La Mémoire, l'histoire, l'oubli* (2000).

RÉGINE ROBIN, historienne, sociologue, professeur à l'université du Québec à Montréal, a publié *Berlin Chantiers : essai sur les passés fragiles* (2001). Elle est aussi l'auteur de *Le Deuil de l'origine. Une langue en trop, la langue en moins* (1993), *L'Immense Fatigue des pierres* (1996), *Le Golem de l'écriture. De l'autofiction au Cybersoi* (1997).

JEAN-MICHEL RODES est directeur de l'Inathèque de France (dépôt légal de la radio-télévision). Auteur de nombreux articles dans des revues spécialisées (notamment « Les bouleversements de la mémoire au seuil du troisième millénaire », dans *Médiamorphoses*, n° 1, janvier 2001), il a également publié *Le Documentaliste audiovisuel* (avec Claire Mascolo, 1992) et dirigé ou codirigé trois numéros des « Dossiers de l'audiovisuel ».

BENJAMIN STORA, historien, professeur à l'université de Paris 8, chercheur à Rabat depuis 1999, est notamment l'auteur de *La Gangrène et l'oubli. La Mémoire dans la guerre d'Algérie* (1991), *Imaginaires de guerre* (1997), *La Guerre invisible. Algérie années 90* (2001).

YVES TERNON est historien et chercheur à l'université Paul-Valéry de Montpellier. Il est notamment l'auteur de *L'État criminel : les génocides au XXe siècle* (1995), *Les Arméniens : histoire d'un géno-*

cide (1996), *Du négationnisme : mémoire et tabou* (1999), *L'Innocence des victimes* (2001).

STÉPHANE TISON, historien, enseigne à l'université du Maine. Sa thèse de doctorat a pour titre : *Guerre, mémoire et traumatisme. Comment Champenois et Sarthois sont-ils sortis de la guerre ? 1870-1940.* Il est l'auteur de nombreuses publications dans des revues spécialisées.

CLAUDE TORRACINTA, journaliste, ancien directeur de l'information de la Télévision suisse romande (TSR), fondateur du magazine *Temps présent*, est l'auteur d'une série documentaire et d'un livre, *Le Temps des passions*, sur la crise des années 1930 à Genève. Il prépare un film sur l'attitude de la Suisse à l'égard des réfugiés, notamment juifs, pendant la Seconde Guerre mondiale.

ANDRÉ VERSAILLE, fondateur et éditeur des Éditions Complexe, est notamment l'auteur du *Dictionnaire de la pensée de Voltaire* (1994), d'un *Jean de la Fontaine : Œuvres, sources et postérité d'Ésope à l'Oulipo* (1996) ainsi que d'un recueil d'entretiens croisés avec Gérard Chaliand et Jean Lacouture, *Voyage dans le demi-siècle* (2001). Il vient de faire paraître *Voltaire, un intellectuel contre le fanatisme* (2002).

NATHAN WACHTEL est professeur au Collège de France, où il est titulaire de la chaire d'histoire et anthropologie des sociétés méso- et sud-américaines. Il a publié en 2001 *La Foi du souvenir. Labyrinthes marranes,* dernier volet d'une trilogie commencée avec *La Vision des vaincus* (1971) et continuée avec *Le Retour des ancêtres* (1990). Il a également publié *Mémoires juives* (avec Lucette Valensi, 1986) et *Dieux et vampires. Retour à Chipaya* (1992).

NICOLAS WEILL est journaliste au journal *Le Monde*. Il publiera prochainement *Politique juive au XXᵉ siècle. La Question des conseils juifs* et *Antisémitisme et judéophobie contemporaine.*

ANNETTE WIEVIORKA est historienne, directrice de recherche au CNRS, présidente de l'association « Une cité pour les archives », et membre de la mission d'études sur la spoliation des Juifs de France. Elle a publié notamment *Le Procès Eichmann* (1989), *Déportation et génocide. Entre la mémoire et l'oubli* (1992), *L'Ère du témoin* (1998), *Auschwitz expliqué à ma fille* (1999).

Thomas Ferenczi

Devoir de mémoire, droit à l'oubli ?

> « L'essence d'une nation est que tous les individus aient beaucoup de choses en commun et aussi que tous aient oublié bien des choses. »
>
> Renan

Les lecteurs de Borges se souviennent sans doute de cet étrange personnage imaginé par l'écrivain argentin, Funes l'homme de mémoire, dans le récit éponyme *Funes el memorioso*. Devenu infirme après avoir été renversé par un cheval demi-sauvage, Funes s'enferma dans sa chambre et se mit alors, malgré lui, à se souvenir de tout. Sa mémoire était si parfaite, explique Borges, qu'il ne pouvait pas « *se débarrasser du poids de l'univers* ». Il ne pouvait même plus penser car « *pour penser*, dit Borges, *il faut généraliser, c'est-à-dire qu'il faut oublier* ». « *J'ai à moi seul plus de souvenirs que n'en peuvent avoir eu tous les hommes depuis que le monde est monde* », déclare Funes, avant d'ajouter tristement : « *Ma mémoire est comme un tas d'ordures.* » Accablé, l'homme qui avait trop de mémoire mourut d'une congestion pulmonaire.

La France est-elle malade de sa mémoire, comme le personnage de Borges ? Certains le pensent. Ils dénoncent la manie française des commémorations et considèrent que les Français sont obsédés par leur passé, un passé qui nourrit tantôt leur fierté, tantôt leur mauvaise conscience. Le souvenir de la Shoah, en particulier, est jugé parfois envahissant. Face à ceux qui veulent que jamais ne s'efface la mémoire du génocide nazi, il en est pour mettre en garde contre « *un passé qui ne passe pas* ». Ou pour faire valoir des mémoires concurrentes, qui appelleraient, disent-ils, la même attention, comme la mémoire du communisme, l'autre grand criminel du XXe siècle. « *Je reste troublé par l'inquiétant spectacle que donnent le trop de mémoire ici, le trop d'oubli ailleurs* », écrit par exemple, au début de son maître-livre *La Mémoire, l'histoire, l'oubli*, le philosophe Paul Ricœur, avant de plaider pour « *une politique de la juste mémoire* ».

Cette interrogation n'est pas propre à la France. Toutes les nouvelles démocraties se demandent comment gérer les années sombres dont elles viennent d'émerger. Doivent-elles tourner la page au nom de la réconciliation nationale ? Ou doivent-elles juger leurs anciens dirigeants au nom du droit des victimes, qui demandent justice ? Faudrait-il renoncer à remuer les vieux souvenirs pour ne pas rouvrir les blessures ? Ou combattre l'oubli pour permettre le travail de deuil ? Chaque nation cherche sa voie. En Europe de l'Est, on a choisi celle de l'apaisement plutôt que celle des procès. En Amérique latine, l'affaire Pinochet a fait resurgir un passé que l'on avait d'abord tenté de mettre entre parenthèses. En Afrique du Sud, une commission a tenté de concilier paix civile et recherche de la vérité. Partout s'est posée la question que soulève Nietzsche dans sa *Seconde considération inactuelle* : comment « *fixer la limite où il devient nécessaire que le passé s'oublie pour ne pas enterrer le présent* » ?

Au-delà des affrontements politiques auxquels donnent lieu les diverses révolutions démocratiques qui ont marqué la fin du XXe siècle, c'est une véritable éthique du vivre-ensemble qu'engage l'insurmontable dialectique de la mémoire et de l'oubli. Au « *devoir de mémoire* » qu'invoquent, avec raison, ceux qui refusent toute forme d'occultation ou de refoulement du passé s'oppose un « *droit à l'oubli* » qui est aussi la condition de la survie. « *Toute action comporte l'oubli, de même que la vie de tout organisme comporte non seulement de la lumière mais de l'obscurité* », écrit encore Nietzsche. L'oubli, ou du moins ses substituts que sont, dans l'ordre juridique, l'amnistie et la grâce ou, dans l'ordre religieux, le pardon et l'absolution.

Face aux abus de la mémoire se tiennent aussi les exigences de l'histoire. L'historien ne se confond pas avec le mémorialiste, affirme René Rémond en ouverture de *Notre Siècle*. Certes, il n'échappe pas au poids des souvenirs, parce qu'il vit dans son temps et qu'il en partage la mémoire collective. Mais il doit aider à les mettre à distance pour tenter de penser le lien entre hier et aujourd'hui. Ce lien est fait à la fois de continuité et de rupture. L'une et l'autre doivent être prises en compte. La dialectique entre mémoire et histoire est ainsi au cœur de la connaissance du passé. Là où la mémoire offre un « *tableau des ressemblances* », estimait Maurice Halbwachs, l'histoire propose un « *tableau des changements* ». Ce sont les deux faces complémentaires de la vérité.

PREMIÈRE PARTIE
LES TRACES DU PASSÉ

La France a connu plusieurs guerres au cours du XXe siècle.
Chacune d'entre elles a donné lieu à des conflits de mémoire qui
ont rendu difficile le travail du deuil. Ainsi la Première Guerre
mondiale a-t-elle été suivie d'une intense activité de commémora-
tion qui n'a pas permis que fonctionne vraiment le jeu du souvenir
et de l'oubli. La Seconde a fait l'objet de maintes célébrations, qui
se sont accompagnées d'une occultation persistante de ses aspects
les moins glorieux. Quant à la guerre d'Algérie, à laquelle on a
longtemps hésité à attribuer le nom même de guerre, elle est restée
pendant de nombreuses années le fait de mémoires fractionnées,
incapables de se réunir dans une mémoire commune.

Or, voici que resurgissent, à peu près en même temps, à l'aube
du XXIe siècle, au moment où la mondialisation met en question
l'identité des nations, ces diverses mémoires, comme si la France
avait besoin de faire retour sur son histoire avant d'affronter un
avenir incertain. Cette libération des contenus refoulés de la
mémoire est sans doute la condition de l'apaisement, mais elle
comporte un risque, celui de l'enfermement dans un passé obsé-
dant, un passé qui ne passe pas. Entre l'insouciance et le ressasse-
ment comment trouver le bon équilibre ?

Paul Ricœur

Esquisse d'un parcours de l'oubli

Un parcours de l'oubli ? Il ne peut s'agir de la trajectoire que suivrait l'oubli dont le chantier, on va le voir, offre à la réflexion une désarmante dispersion ; mais de la tentative, plus ou moins réussie, de tracer un chemin dans le milieu de cette profusion de significations.

Cette dispersion initiale constitue le premier indice de la dissymétrie entre la mémoire et l'oubli quant aux significations qui s'y rapportent, à l'inverse de notre attente qui voudrait que l'oubli soit le simple envers, l'ennemi ciblé de la mémoire. Comme l'usage quotidien du mot l'atteste et, plus encore, l'éventail de ses usages littéraires, auxquels Harald Weinrich a consacré un magnifique ouvrage sous le titre *Lëthë* qui en grec désigne tout ce qui est caché, dissimulé. Ce n'est pas le cas de la mémoire dont les aspects se laissent assez bien rassembler sous une problématique dominante, celle de la vérité au sens de fidélité au passé : les choses, demandons-nous, se sont-elles passées comme je m'en souviens, comme je le déclare, comme je le raconte ? Sous cette rubrique se laissent ranger d'abord la question du rapport entre le souvenir et l'image avec la sorte de dialectique de présence et d'absence, de proximité et de distance propre à l'image-souvenir, puis les problèmes posés par l'effort de rappel, de récollection, par lequel nous nous mettons en quête du souvenir perdu, avec, parfois, la récompense du petit bonheur de la reconnaissance, qui, dans le cas d'une mémoire heureuse, conclut la quête, le rassemblement de notre passé dans une mémoire une, non transférable à autrui, qui fait une grande part de notre identité.

Cette problématique de la vérité-fidélité est si prégnante que l'histoire des historiens – l'historiographie – en est l'héritière à travers la problématique du témoignage et de la critique du témoignage. En l'absence du sentiment immédiat de reconnaissance, l'histoire en cherche l'équivalent à travers ses constructions qu'elle voudrait tenir pour des reconstructions valant représentation du passé.

Tous les autres problèmes posés par la mémoire se greffent à mon sens sur celui de la vérité-fidélité, à commencer par la composante morale de cette fidélité que j'appelle fidélité-justice, au sens de rendre justice, non certes aux événements du passé mais à ses protagonistes. C'est dans ces termes que je comprends le devoir de mémoire qui figure dans la première moitié de notre titre « *commun* » ; il vient en annexe et en complément au problème de vérité comme véracité, comme volonté de dire le vrai. Si je l'ai couplé avec le thème du travail de mémoire, emprunté à la psychanalyse, ce n'est pas pour l'affaiblir, mais au contraire l'affronter aux résistances qui s'opposent au rappel, à la remémoration, et aussi à la tendance à la répétition stérile, sur laquelle doit se reconquérir l'élaboration d'un récit plausible, supportable, acceptable. Je joins volontiers au travail de mémoire le travail de deuil par lequel nous intégrons la perte d'un objet d'amour (ou de haine) et faisons en nous la part de l'irréparable, de l'irréconciliable, de l'irrévocable. Mais ce qui manque au travail de mémoire et au travail de deuil pour s'égaler au devoir de mémoire, c'est l'élément impératif qui n'est pas expressément présent dans la notion ni de travail ni de deuil, et que je trouve dans l'idée de justice, de juste mémoire, avec sa triple connotation de souci d'autrui, de sens de la dette et de respect dû aux victimes. J'évoque ici les abus que Pierre Nora épingle dans l'essai qui conclut son immense ouvrage, *Les Lieux de mémoire*, l'essai intitulé « L'ère des commémorations », et qui se termine par : « *J'espère la fin de l'ère des commémorations et de l'obsession mémorative.* » Nora oppose à cette occasion le modèle historique au modèle mémoriel. Mais, avec lui, je dis que, s'il y a abus, c'est parce que d'abord il y a usage, y compris des commémorations que nous honorons tous, à un moment ou à un autre de notre vie privée ou publique. C'est de cet éloge mesuré du devoir de mémoire que naît la question : peut-il y avoir un devoir d'oubli comme il y a un devoir de mémoire et pourquoi ne peut-il rien exister de tel ?

Dans les profondeurs de la conscience

C'est ici que se révèle l'absence de symétrie entre les problèmes de l'oubli et ceux de la mémoire. Autant les problèmes de mémoire se laissent rassembler autour de ce que je viens d'appeler sa *visée véritative*, autant les problèmes de l'oubli se présentent en ordre dispersé. Pour s'y orienter, je propose d'introduire une considération nouvelle, celle des niveaux de profondeur de la conscience, avec l'opposition entre le superficiel et le profond. Un spécialiste de neuro-sciences, comme P. Buser dans *Cerveau de soi, cerveau de l'autre*, attache une grande importance à cette notion des niveaux de conscience, des degrés de profondeur. J'ai pensé qu'on pouvait compenser la dispersion des formes d'oubli par leur répartition sur une échelle de profondeur.

Que trouve-t-on au plus bas degré de l'échelle de profondeur ? L'oubli radical, celui qui nous fait peur dès ses premières attaques, *l'oubli par effacement des traces*. Toute la problématique si complexe de la trace est ici mise en mouvement : traces corticales dans notre cerveau – traces affectives des événements qui nous ont, comme on dit, marqués, affectés, peut-être blessés ou réjouis –, traces documentaires que nos archives préservent. Or, toute trace peut être effacée, détruite. C'est l'oubli irrémédiable. Il nous rappelle que le cerveau est ce sans quoi nous ne pourrions penser.

Cela dit, nous avons le sentiment, et comme la certitude sourde, que tout n'est pas dit sur l'oubli avec l'effacement des traces. Ce que le travail de mémoire, précisément, révèle, c'est que des souvenirs que nous croyions perdus peuvent être retrouvés. Ils étaient oubliés, non pas parce qu'ils étaient effacés, mais parce qu'ils étaient empêchés, barrés, en quelque sorte interdits de séjour, et cela pour de multiples raisons qui ne sont pas ici notre affaire. C'est *l'oubli d'indisponibilité*. Nos souvenirs, croyons-nous, sont gardés quelque part, conservés, mais rendus inaccessibles.

L'inconscient, au sens freudien, répond partiellement à ce signalement ; mais on peut ouvrir plus large la brèche ; Bergson, dans *Matière et mémoire*, observait que c'est le statut normal de nos souvenirs d'exister en nous à l'état virtuel ; c'est le fameux « *souvenir pur* » du grand philosophe français, trop oublié (c'est le cas de le dire). Pour accéder à la lumière de la conscience, ces souvenirs doivent, selon lui, traverser de nombreuses couches d'épaisseur de la conscience, que Freud quelques années plus tard explorera, mais sans épuiser à mon sens l'ampleur du phénomène. Car il faut ouvrir plus large encore la brèche sur cette profondeur. N'est-ce pas le sort commun à tout ce que nous avons vu, entendu, appris, acquis, de ne pas être constamment présent à notre esprit ? N'en est-il pas ainsi des règles de grammaire, du vocabulaire des langues étrangères que nous pratiquons et de tous les savoirs acquis dans notre propre langue ou dans une langue étrangère ? Tout cela, nous le savons, mais nous ne l'avons pas présent à l'esprit, sous peine d'en être submergé. On évoquera ici le personnage imaginé par Borges dans son fameux récit *Funes el memorioso*. De quoi souffre en fait « *l'homme qui n'oubliait pas* » ? De l'impossibilité même de se remémorer, au sens actif du terme, de l'impossibilité de faire récit. Sans la sélection propre à toute narration, l'homme de l'oubli impossible est, plus cruellement encore, privé de ces moments furtifs de bonheur où nous reconnaissons le passé. Il faut en admettre le paradoxe, nous écriant « *oui, c'est bien elle, oui, c'est bien lui* » : la reconnaissance du souvenir est le fleuron commun de l'oubli et de la mémoire.

C'est ainsi que la plongée dans les profondeurs de la conscience met à nu une discordance primordiale entre l'oubli par effacement de traces et l'oubli par mise à distance, mise en réserve. C'est cette seconde sorte d'oubli profond qui donne un sens à la mémoire, au travail que nous appelons rappel, récollection, et que, dans le sillage de Platon, les Anciens nommaient *anamnesis*, réminiscence. Le mythe platonicien de *La République* le disait : il faut avoir oublié ce qu'on a une fois appris et su, pour qu'on vienne à s'en souvenir, pour qu'on le reconnaisse, pour qu'on en fasse mémoire, anamnèse. Pour qu'il y ait du mémorable, il faut qu'il y ait de l'oublié devenu inoubliable, de l'immémorial. C'est la loi de cette mémoire que le poète Supervielle dénommait « *oublieuse mémoire* ».

Cet enchevêtrement de la mémoire et de l'oubli dans les profondeurs inconscientes de l'esprit reste particulièrement troublant dans la mesure où il ruine l'idée simpliste qui fait de l'oubli le simple contraire de la mémoire, voire son ennemi identifiable. Or, c'est un brouillage comparable qui nous attend quand, parcourant et remontant la pente des niveaux de conscience, nous débouchons à la surface sur des usages et des abus de l'oubli qui tantôt conspirent avec ceux de la mémoire, tantôt lui sont antagonistes.

Nous traverserons d'un pas allègre les cas d'oubli que je dirai innocents, en tous les sens du mot, c'est le cas des oublis que Freud énumère dans la *Psychopathologie de la vie quotidienne*, avec la même verve que celle avec laquelle il égrène les plaisants mots d'esprit. Oubli des noms propres ? Bon ! Lapsus, méprise et autres actes manqués ? Passons ! Ce n'est là que la doublure de la mémoire empêchée par toutes les entraves que l'on sait et qu'on ne sait pas.

Plus inquiétant est l'oubli qui double les manœuvres de la mémoire manipulée, par le biais de l'idéologie et des autres ruses du pouvoir – des pouvoirs, devrait-on dire. Le tyran a toujours besoin d'un sophiste pour trafiquer les récits, y compris les récits fondateurs ; et le sophiste saura joindre le mensonge à l'intimidation, le faire croire à la hantise, le retour du refoulé restant le chef-d'œuvre de la culture du ressentiment et sa juste vengeance.

Les us et abus que nous allons dire maintenant oscillent entre tous ces niveaux de conscience en complicité avec ces résistances opérant au-dessous du niveau conscient, jusqu'à se mettre au service d'un déni de tout devoir de mémoire et de justice. C'est ainsi que sourdent entre deux eaux les ruses et les stratégies de l'oubli intéressé. Jadis, mon maître, Karl Jaspers, dans un essai fameux sur la culpabilité, *Die Schuldfrage*, distinguait entre la culpabilité criminelle tributaire des tribunaux, la culpabilité politique résultant de l'appartenance à un État criminel et du partage des avantages attachés à cette appartenance et qui relèvent, disait-il à cette époque, du vainqueur, et d'autre part la culpabilité proprement morale consistant dans tous les menus gestes d'omission, d'abstention à la faveur desquels on se soustrait à la franchise d'un choix ouvert. On ne veut pas voir, on ne veut pas savoir, on ne veut pas chercher à savoir, à s'informer. Ainsi avons-nous été, la plupart, comme nous n'étions ni des bourreaux, ni des victimes, mais des « *bystanders* ». Et quand ces stratégies d'omission et d'évitement réussissent, on peut dire que la conscience assoupie a oublié. C'est à cet oubli-là que le travail de mémoire et le devoir de mémoire font face.

Mais on est encore quitte avec ces conduites semi-actives, semi-passives, semi-conscientes, semi-inconscientes, qui n'engagent encore que des personnes privées, des consciences individuelles, au sens psychique et moral du mot « conscience ».

Les institutions de l'oubli

Il faut maintenant prendre en compte les mémoires collectives, celles des peuples, des nations, des communautés historiques de tous genres et de toutes dimensions. Et quelles que soient les difficultés philosophiques attachées à la notion de conscience collective, il est pragmatiquement approprié de parler de mémoire en termes de « nous » et par conséquent aussi, d'oubli : « *Nous* » nous souvenons, « *Nous* » oublions. J'accorde – et j'y tiens – que la mémoire, et donc l'oubli, peut être attribuée à tous les sujets capables de se désigner eux-mêmes en première personne (première personne du singulier, première personne du pluriel) – mais c'est un débat philosophique que je mène ailleurs.

Les stratégies d'oubli que nous avons détectées au plan de la conscience individuelle, les ruses de l'omission et de l'évitement, prennent des formes effrayantes au niveau de la conscience collective, en partie celle des peuples. Tout se passe comme si les phénomènes observables au plan individuel étaient non seulement démultipliés, mais transmutés, défigurés, au plan collectif. J'évoque dans mon travail « *le trop de mémoire ici* » et « *le trop d'oubli là* ». C'est l'effet principalement des stratégies narratives qui alternativement amplifient et atrophient des mémoires habilement sélectives. Ce que l'une raconte avec abondance, l'autre le passe sous silence. En particulier, les humiliations de l'une sont la gloire de l'autre. Ainsi les mémoires portées à l'éclat du récit se font-elles mutuellement ombrage, se font-elles mutuellement oublieuses.

On dira que je m'attarde ici à la pathologie de la mémoire collective dont l'oubli serait à la fois le symptôme et le ressort. Je voudrais me porter au niveau de ce qu'on peut appeler les institutions de l'oubli, dans la lucidité du droit et la maîtrise des passions. Je me rapprocherai ainsi du point où le devoir de mémoire est sans parallèle du côté de l'oubli pour lequel la notion de devoir d'oubli est dénuée de sens. Sous le nom d'institution de l'oubli, j'ai en vue des dispositions juridiques connues telles que la prescription, l'amnistie et, de façon plus marginale, le droit de grâce, appelé aussi grâce amnistiante. Laissons ce dernier cas, c'est un privilège régalien, vrai fossile laissé derrière lui par le droit divin. Il n'intéresse plus guère le public qu'à l'occasion de l'attente de l'amnistie que le nouvel élu à la charge de la présidence de la République est censé accorder par coutume aux délits mineurs et que, par exemple, les automobilistes anticipent une année à l'avance et transforment en droit de tuer sur la chaussée et sur les routes.

Plus significative est la prescription, cette disposition du droit civil étendu au droit pénal. Sous la première forme elle statue que, passé un certain délai, une assertion de propriété ne peut être opposée à celui qui la détient ; en outre, elle libère d'une obligation, d'une créance, en l'éteignant. Sous la deuxième forme – pénale – qui nous intéresse ici, elle consiste en une extinction de l'action de justice ; elle interdit au plaignant, passé un certain délai, de saisir le tribunal compétent ; autrement dit, elle suspend les poursuites, elle interdit de considérer les conséquences pénales d'une action nuisible, d'un tort, d'une faute ; tout se passe comme si le temps exerçait de soi-même un effet d'usure. L'argument n'est que prétexte pour ce qu'il faut bien appeler l'inertie, la négligence du pouvoir public. Au mieux, la prescription ne se justifie que par son utilité sociale : pour terminer les procès, il vaut mieux ne pas les rouvrir, ou ne pas les ouvrir du tout.

On a évoqué déjà l'imprescriptibilité, mais il faut bien dire que l'imprescriptibilité est strictement limitée au génocide et aux crimes contre l'humanité. La règle de droit international est donc doublement négative : elle suspend la suspension de poursuites, autorise à poursuivre indéfiniment. Elle se justifie par des raisons fortes, à savoir que des criminels à cette échelle ont un temps long pour se dissimuler. Il faut donc un temps long pour les trouver. La société décide qu'elle ne peut pas exercer la thérapie de la prescription, qui reste donc de règle. C'est l'imprescriptibilité qui est l'exception.

Plus intriguante est l'amnistie, cette institution qui a ses racines dans les démocraties grecques du IVe siècle avant l'ère commune. Nicole Loraux en a fait l'histoire et la théorie dans *La Cité divisée*. Elle a montré comment les politiques avaient besoin de cette loi d'amnistie pour étouffer, disait-elle, la tragédie qui, elle, est inoublieuse, l'inoublieuse tragédie. Pour que la société puisse « *continuer* », selon le mot de Nicole Loraux, elle ne peut pas être indéfiniment en colère avec elle-même. On connaît aussi l'étonnant préambule de l'édit de Nantes promulgué par Henri IV en vue de mettre fin à la guerre de religion entre catholiques et protestants : il est promulgué « *que la mémoire de toutes choses passées d'une part et d'autre demeurera éteinte et assoupie*

comme de choses non advenues ». Surprenant déni de réalité :
« *comme de choses non advenues* » ! L'oubli décrété ! Ne frôlons-
nous pas ici quelque chose comme un devoir d'oubli ?

Il faut dire haut et fort que l'amnistie, prononcée chez nous par
le Parlement, et dont l'effet est de mettre fin aux procès en cours,
de suspendre les poursuites judiciaires relatives à une catégorie
définie de petits et de moyens crimes, doit rester un oubli juridique
à effet limité ; sa justification ne peut être que de thérapie sociale.
C'est une mesure de salubrité publique ; sans plus. Le tort qui est
ici fait en profondeur à la vérité et à la justice reste indéniable ;
cette mesure législative n'atteint que les effets juridiques de cet
oubli commandé, mais n'inversons pas en devoir d'oubli le devoir
moral de mémoire en tant que devoir de vérité et de justice. Le
passé, frappé d'interdit de séjour au plan pénal, poursuit son chemin dans les ténèbres de la mémoire collective ; ce déni de
mémoire prive celle-ci de la salutaire crise d'identité qui permettrait seule une réappropriation lucide du passé et de sa charge traumatique. En deçà de cette épreuve, l'amnistie relève d'une
thérapeutique sociale d'urgence sous le signe de l'utilité, mais non
de la vérité et de la justice.

Alors n'y aurait-il place pour aucune forme respectable d'oubli
cultivé, pour aucun art d'oublier ? On sait combien Weinrich est
resté tourmenté par la recherche d'un *ars oblivionis* parallèle au
fameux *ars memoriae* cultivé par les athlètes de la mémoire – plus
exactement de la mémorisation à l'époque de la Renaissance. À
mon sens, cet éventuel art d'oublier appartient à un autre cycle que
celui dans lequel nous avons séjourné et voyagé, le cycle du pardon au sens religieux qu'on peut étendre au sens sapiential. Mais
il s'agit d'un tout autre plan que le plan politique et juridique
auquel nous nous sommes tenu parlant de grâce amnistiante, de
prescription et plus encore d'amnistie. Le modèle en est l'oubli, de
personne à personne, des offenses subies. Il s'agit d'un rapport
intime de personne à personne, dans lequel oublier signifierait ne
plus en faire souci, et, par implication, ne plus en faire accusation
à l'adresse de l'offenseur, ne plus en faire mention, ne plus en
faire grief. Nous touchons là l'ordre privé et non public de la
sagesse, avec ses maximes touchant à l'art de vivre, de vieillir et
de mourir. Cet art de vivre transcende aussi bien l'oublieuse
mémoire de la vie ordinaire que l'inoublieuse mémoire du ressentiment, de la haine et de la vengeance. À la limite, oublieuse

mémoire et inoublieuse mémoire apparaîtraient comme les deux figures complémentaires d'une mémoire soucieuse.

Une forme d'oubli pourra alors être légitimement évoquée, mais ce ne sera pas un devoir de taire le mal, mais de le dire sur un mode apaisé, sans colère.

Mais cette sagesse n'est pas à portée de main. Elle nous laisse, nous les non-sages, avec le devoir de mémoire, sans parallèle du côté de l'oubli et avec le programme moral, civique et politique d'une juste mémoire – c'est-à-dire d'une mémoire collective juste, sous l'horizon d'une mémoire personnelle apaisée.

P.-S. Le texte ci-dessus est identique, à la virgule, au souffle près, à celui prononcé à la séance d'ouverture du colloque, comme peut en témoigner l'enregistrement de ma contribution au forum. Ai-je été alors assez clair ? Il ne le semble pas. Voici ce qu'a entendu l'excellent journaliste du *Monde* résumant d'un trait allègre l'ensemble du colloque : « *D'emblée le décor était planté : le philosophe Paul Ricœur plaidait avec subtilité pour un "art d'oublier" qui permettrait d'en finir avec "les pathologies de la mémoire" et une société "éternellement en colère avec elle-même".* » Plus étonnant encore, rendant compte de la charge menée contre « *l'exaspération anti-mémorielle* » par Alexandra Laignel-Lavastine, charge où j'étais épargné, il a entendu ceci : « *Et en disant cela, je m'adresse à Paul Ricœur.* »

Je ne m'attarde pas à cette interpellation (que je n'ai pas entendue de ma place) : elle fait écho à une méchante querelle qui m'a été faite par certains à la suite de la conférence Marc Bloch donnée à la Sorbonne quelques semaines avant la publication de mon livre *La Mémoire, l'histoire, l'oubli* ; j'y marquais ma préférence pour la notion de travail de mémoire plutôt que de devoir de mémoire. Certains ont voulu y voir une critique détournée du devoir de mémoire. Ils n'ont pas lu dans le livre mon analyse détaillée des notions en jeu. Il est vrai que celle-ci vient trop tôt avant la traversée des problèmes complexes de la connaissance historique, qui constituent en effet une grande épreuve pour la mémoire ; en dépit de cette anticipation, je situe déjà les abus de « *la mémoire obligée* » à un niveau plus élevé que la pathologie de « *la mémoire empêchée* » ; or, c'est à ce premier niveau que le travail de mémoire est en lutte avec les résistances suscitées par la compulsion de répétition. Qu'est-ce que le devoir de mémoire ajoute au travail de mémoire, même complété par le travail du deuil, aujourd'hui trop négligé et prolongé par la critique des idéologies qui président aux abus de « *la mémoire manipulée* » ? Permettez-moi de me citer : « *Ce qui manque, c'est l'élément impératif qui n'est pas expressément présent dans la notion de travail : travail de mémoire, travail de deuil.* » J'identifie alors cet élément impératif au sens de la justice : « *On peut alors suggérer que le devoir de mémoire, en tant qu'impératif de justice, se projette à la façon d'un troisième terme au point de jonction du travail de deuil et du travail de mémoire.* » Je note pour finir que le caractère régressif de l'abus correspondant au devoir de mémoire, abus que j'éclaire par la critique que fait Pierre Nora dans *Les Lieux de mémoire* de « *l'obsession commémorative* », « *nous reporte au premier stade de notre parcours des us et abus de la mémoire sous le signe de la mémoire empêchée* ». C'est précisément ce que je fais dans l'article incriminé. Mais on ne prend pas en compte la suite du livre qui donne sa dimension véritable au travail et au devoir de mémoire, en particulier en relation avec les stratégies et les ruses de l'oubli d'évitement. Ma réfutation du concept de devoir d'oubli trouve son plein essor dans la critique de l'amnistie, cette forme institutionnelle de l'oubli ; à ce moment seulement la question du devoir de mémoire trouve son traitement approprié. Et qui a lu mes pages sur la mort en histoire, qui me sont particulièrement chères, la comparaison de l'écriture de l'histoire à une sépulture et l'évocation de morts comme des disparus qui restent des anciens vivants ?

Que dire alors face à la suspicion ? Ceci : qui raconte retranche, qui suggère ajoute.

Je préfère me concentrer sur la question de « *l'art d'oublier* ». Je veux dire deux choses à ce propos. La première est que la ligne générale de ma recherche n'est pas l'obligation morale, mais la quête de la vérité que je poursuis successivement sous les figures de la fidélité de la mémoire personnelle, de l'exactitude de la connaissance historique au plan des représentations que celle-ci propose des événements passés, enfin de la condition historique générale au plan anthropologique. Comment pourrait-il y avoir un devoir de mémoire si le récit historique est indiscernable d'un récit de fiction ? C'est dans cette perspective, que j'appelle « *véritative* », que je traite de l'oubli dans le dernier quart de mon livre, une fois traversées les régions arides de l'épistémologie de la connaissance historique. Avec les menaces de l'oubli, tout redevient dramatique. Tout peut être perdu. Deuxième chose : la question de l'oubli ne constitue pas un simple décalque négatif de celle de la mémoire. C'est ce que j'ai essayé de dire dans mon bref essai sur le parcours de l'oubli. Les problèmes posés par l'oubli doivent être traités pour eux-mêmes. Il en résulte que l'éventuel « *art d'oublier* » ne peut être pris en compte qu'après avoir affronté les énigmes liées à la lutte contre l'oubli par effacement des traces et l'oubli par mise en réserve des choses apprises. L'art d'oublier, dont le grand écrivain Harald Weinrich poursuit l'ombre dans son ouvrage *Lëthë*, est un art romantique, dont je dis dans ma communication qu'il voudrait égaler par ses prodiges le fameux *ars memoriae* des athlètes de la remémoration à l'époque de la Renaissance. Il ne saurait donc porter remède aux « *pathologies de la mémoire* » dont je viens de rappeler la rigueur, encore moins pourrait-il « *en finir* » avec elle ! Qui au juste peut y prétendre ? Il ne saurait non plus « *en finir avec une société éternellement en colère avec elle-même* ». Cette phrase, que j'assume, est prononcée à l'occasion de la discussion de l'amnistie et à titre d'argument en sa faveur. Je lui oppose, à la suite de Nicole Loraux dans *La Cité divisée*, le poème tragique et le cri d'Électre évoquant « *le malheur qui n'oublie pas* ». L'amnistie, ce prétendu devoir d'oublier, relève au mieux d'une thérapeutique sociale dans laquelle je dénonce une atteinte à la vérité et à la justice. De celles-ci continue de témoigner une mémoire tragique « *inoublieuse* ». Avec elle, non plus, on ne saurait « *en finir* ».

Alexandra Laignel-Lavastine

DES INTELLECTUELS CONTRE LA MÉMOIRE :
REMARQUES SUR LES RESSORTS D'UNE EXASPÉRATION

Le climat qui entoure, sur notre scène intellectuelle, la problématique contemporaine de la mémoire semble marqué par un étrange paradoxe. D'un côté, en effet, il fut rarement question, comme aujourd'hui, de la mémoire, de ses usages et de ses enjeux. Ce forum lui-même en témoigne, parmi d'autres manifestations récentes. Par comparaison avec d'autres pays européens, c'est d'ailleurs en France que l'on rencontre le plus souvent, dans le discours public, la formulation d'un « devoir de mémoire ». D'un autre côté, rarement l'idée qu'il faudrait attacher un devoir à la mémoire s'est vue autant décriée et critiquée. Au point que c'est à peine si l'on ose encore prononcer les mots de « devoir de mémoire », une notion devenue, pour beaucoup, haïssable entre toutes, symbole par excellence d'un penser « politiquement correct » qu'incarnerait l'odieuse et toute puissante figure du « vigilant », moraliste et donneur de leçons, tout à son ressassement, à ses amalgames idéologiques et à ses combats sectaires. Figure dont on peut se demander, en passant, si elle ne résulte pas, ainsi caricaturée, d'une construction passablement fantasmatique.

Puisque cette table ronde s'intitule « le temps de la réflexion », je tenterai dans mon propos de cerner quelques-unes des logiques qui président à cette curieuse hostilité à l'endroit de la mémoire. Et ce, à l'intérieur d'une approche peut-être plus interrogative que prescriptive.

Tout se passe donc, depuis quelques années, comme si un certain nombre d'intellectuels français avaient trouvé, avec la mémoire, leur « mauvais objet », pour parler comme les psychanalystes. D'où, sur la base de cette convergence, une nouvelle et bien étrange galaxie allant des nationaux-républicains à une partie de la « gauche de la gauche », de la mouvance *Esprit* à des penseurs plus proches, pour leur part, de l'école libérale et antitotalitaire, dans le sillage de Raymond Aron ou de François Furet.

Cette étonnante multiplication des discours critiques à l'adresse de la mémoire représente un phénomène nouveau qui mérite, à ce titre, qu'on s'y arrête. On remarque tout d'abord que les ressorts et les logiques à l'œuvre dans ces dénonciations, tout comme leurs plaidoyers sous-jacents, émanent d'intellectuels aux propos et aux horizons très divers.

Qu'il s'agisse de stigmatiser l'instrumentalisation de l'obsession du passé, voire de plaider en faveur d'un « devoir d'oubli » propre à équilibrer l'inflation supposée pernicieuse du devoir de mémoire (un éditorial de 1993 de la revue *Esprit* allait même jusqu'à parler, à ce propos, de « la saturation du débat public par l'impératif de mémoire ») ; que cette critique, parfois virulente, s'énonce au nom de l'histoire et de ses rigueurs, par opposition aux inévitables approximations de la mémoire et des témoins ; qu'elle procède de la quête d'une « mémoire heureuse » (Paul Ricœur) ou du souci de préserver la cohésion sociale (Henry Rousso) ; qu'elle s'adosse à la détestation d'un supposé conformisme contemporain (Alain Finkielkraut dans *Une voix vient de l'autre rive*, 2000) ou se réclame, sur un autre registre, de la nécessité de faire place aux crimes du communisme (Tzvetan Todorov) ; qu'elle s'arrime enfin à l'antisionisme, comme chez l'Américain Norman Finkelstein et ses émules parisiens (voir son essai : *L'Industrie de l'Holocauste*, 2001) : le « devoir de mémoire » se trouve, dans chacune de ces configurations, placé sous le signe de la négativité.

Non pas, bien sûr, que les excès liés à cette notion n'existent pas – victimisation, propension à commémorer à temps et à contre-temps, détournements du souvenir à des fins politiques diverses, etc. Il semble néanmoins que l'on assiste à une véritable idéologie émergente des « abus de la mémoire ». D'une mémoire qui aurait le triple inconvénient d'enfermer, d'enchaîner au passé et de nous rendre aveugles au présent. Avec souvent, en arrière-plan, l'idée qu'il serait lassant, à la longue, de voir certains groupes – et le groupe « Juifs », ici, est le plus fréquemment visé – exhiber leurs malheurs, poser en nantis du souvenir et s'en sortir toujours mieux que les autres, comme s'il s'agissait « d'obtenir la clause du groupe le plus favorisé » (Todorov).

La question est la suivante : peut-on réduire purement et simplement l'impératif de mémoire à ses formes pathologiques, le ravaler à ses abus, à ses dérives, et, pour tout dire, à ses aspects les plus antipathiques et les plus militants ? Ses détracteurs parleront ainsi tantôt de « dogme » développant de nouvelles ignorances, une nouvelle langue de bois, de nouveaux tabous ; tantôt d'un « nouveau moralisme » interdisant toute comparaison entre nazisme et communisme, pratiquant « la délation posthume » et la persécution moralisatrice (Tzvetan Todorov, Alain Besançon). Ailleurs, il ne sera plus question, à propos de la Shoah, que de rémanence obsessionnelle assortie d'injonctions péremptoires nous rendant incapables de répondre aux défis contemporains.

On note enfin que le règne de ce prétendu « terrorisme intellectuel » – esprit grégaire, droit-de-l'hommisme et antiracisme confondus – a généralement pour caractéristique, dans ces discours, qu'on ne sait jamais, au juste, qui l'incarne ni comment précisément il s'exerce. Sans compter que cette construction rédhibitoire de la figure du vigilant en vient volontiers, dans un tel contexte, à servir de label infamant, y compris pour disqualifier des travaux tout à fait sérieux qui ont justement à cœur d'éviter l'histoire-tribunal ou la corruption vigilantielle du souci de connaissance.

Comment donc interpréter cette profusion récente de discours accusateurs et de postures irritées par « l'omniprésence » supposée de la Shoah ? Irritation passagère ou retournement de conjoncture plus profond, voire plus inquiétant ? Nouvelle dissidence ou nouvelle bien-pensance ? Prises de position sans grand rapport les unes avec les autres, à la concomitance plus hasardeuse que symptomatique, ou indices, encore difficiles à déchiffrer à ce stade, d'un *Zeitgeist* à relier à d'autres évolutions intellectuelles et sociales ?

Une obnubilation aux effets grossissants

On peut avancer, sur ces points, plusieurs remarques. On observe en premier lieu que le développement de cet agacement contre-mémoriel remonte plus ou moins à la chute du communisme en 1989, avec un net effet d'accélération vers la fin de la décennie 1990. Certains facteurs contribuent peut-être à l'expliquer, comme les procès pour crimes contre l'humanité (de Paul Touvier à Maurice Papon), la multiplication des déclarations de repentance et autres demandes de pardon, l'implosion apparente de l'extrême droite, l'épuisement du courant négationniste, les débats sur Vichy, notamment sur les spoliations, etc.

Seconde remarque : le problème des présupposés politiques implicites et des impensés qui régissent la plupart de ces critiques de la mémoire – postulats dont un certain nombre ne nous semblent nullement aller de soi. Ainsi en va-t-il de l'hypothèse même qui fonde ces discours, qui consiste à poser d'emblée l'existence d'un « culte contemporain de la mémoire », présentée comme une « cause montante ». S'il est indéniable que nous soyons entrés dans « le temps de la mémoire », pour reprendre l'expression de Pierre Nora, on peut se demander si le fait d'ériger cette *doxa* en idéologie dominante n'est pas le fruit d'une construction résultant elle-même d'une obnubilation aux effets grossissants. Que dire encore de cette vision qu'on pourrait qualifier de « manipulatoire » de la mémoire, qui consiste à recourir, en guise de principe explicatif unique, à l'action volontariste de constellations aux intérêts divers pour rendre compte du développement des mémoires publiques ? Comme si celles-ci n'étaient pas aussi, et d'abord, affaire de lieux et de milieux, et comme si on pouvait prétendre prescrire ses contenus de mémoires à une société qui ne les aurait pas préalablement mis en forme ou qui ne serait pas disposée à les accueillir.

Ne retrouve-t-on pas ce type de conception simplificatrice, peut-on encore se demander après le philosophe Pierre Bouretz, dans les soupçons relatifs à une sorte de stratégie de monopolisation de la mémoire par les Juifs, dans un champ de concurrence entre victimes, situation qui accorderait aux uns les bénéfices symboliques d'une reconnaissance dont les autres seraient du coup mécaniquement privés ? Dans *Le Malheur du siècle* (1998), l'historien Alain Besançon va même, dans ce sens, jusqu'à suggérer que « *les Juifs* » pourraient bien avoir quelque intérêt à entretenir une mémoire européenne hémiplégique, marquée par l'« hypermnésie » du nazisme d'un côté et par l'« amnésie » du communisme de l'autre. L'auteur nous parle ainsi d'un « oubli juif du communisme » qu'expliquerait, par le passé, leur présence massive au sein du mouvement communiste en Europe. Non content de donner par là consistance au vieux mythe exonérateur du judéo-bolchevisme, l'historien va jusqu'à affirmer qu'il y aurait de surcroît lieu, « là aussi, à mémoire et repentance ». En clair : la communauté juive devrait demander pardon aujourd'hui pour son rôle dans l'instauration du communisme…

Par ailleurs, traiter comme une pathologie les manifestations du souvenir qui, face à un événement comme la Shoah, s'obstinent à vouloir désigner une part d'irréparable, d'imprescriptible ou d'ineffaçable, n'est-ce pas au fond tendre à rabattre la signification de ces événements extrêmes vers le seul problème d'une identité nationale blessée ? Se contenter d'invoquer une « mémoire exemplaire » (non pas centrée sur la « déploration infinie » de la souffrance mais telle que le passé devienne principe d'action pour le présent), cela suffit-il vraiment à épuiser la question de la dette qui nous incombe à l'égard des victimes et de la responsabilité qui nous revient à l'égard des générations à venir ?

La solidarité des ébranlés

Peut-on, autrement dit, raisonnablement soutenir que le vrai problème du devoir de mémoire aujourd'hui résiderait principalement dans le fait qu'il prend la forme d'une injonction « abusive » et péremptoire ? N'est-il pas plutôt dans le fait même qu'il puisse précisément en venir à être perçu comme relevant de la sphère de l'hétéronomie – comme une exhortation qui nous serait imposée du dehors, stigmatisée au passage comme une morale de substitution, voire comme un tabou –, et non plus comme une obligation subjectivement consentie, relevant en ce sens de la sphère de l'autonomie ? Et cela, dans la mesure même où, en tant qu'Européens, et que nous le voulions ou non, obligation nous est faite de continuer à penser cet ébranlement de l'histoire occidentale que constitue par excellence la Shoah ?

En quel sens, dès lors, prôner une éthique de la « mémoire apaisée », si l'on admet que le passé nous vise et nous regarde sur le mode de la problématisation de nos propres traditions de pensée – qu'il s'agisse, pour faire court, de la perversion des Lumières par le communisme ou de la perversion du romantisme par le nazisme ? Une éthique de l'inapaisement ou, pour parler comme le philosophe tchèque Jan Patocka, une « solidarité des ébranlés » ne serait-elle pas ici plutôt requise pour autant que la mémoire renvoie bien à quelque chose qui est de l'ordre de la responsabilité et des scrupules, bref, qui fait signe en direction d'une éthique ?

À concentrer l'anathème sur la mémoire, comme le fait la fièvre « anti-vigilante », au motif exaspéré que celle-ci, triomphante, n'aurait plus que d'inquiétants amis, que ces derniers se cantonnent dans la prescription (l'enrôlement systématique des morts) ou dans la crispation (le repli sur la thèse de l'unicité), ne risque-t-on pas, en vertu du principe selon lequel les ennemis de mes ennemis sont mes amis, d'en venir à préférer l'anticonformiste quel qu'il soit (de l'écrivain Renaud Camus à l'historien allemand Ernst Nolte), habillé en nouveau paria ?

De fait, on constate qu'un certain nombre de ces prétendus marginalisés de la « pensée unique » tendent aujourd'hui à apparaître comme finalement préférables, pour leur liberté d'esprit et leur audace à aller à contre-courant, à deux catégories : à ces armées de « vigilants » anachroniques, devenus, nous dit-on, les maîtres de l'heure ; mais aussi aux victimes, témoins ou survivants, dont il est frappant de constater combien le point de vue se voit de plus en plus systématiquement mis en cause. Comme si le pacte de lecture entre le public d'aujourd'hui et les témoins d'hier était en voie de s'altérer, voire de se rompre.

Convertie en vulgate, la vague contre-mémorielle serait-elle en passe de devenir l'expression d'un nouveau conformisme anti-pensée unique ? Plus d'un demi-siècle après la rupture de 1945, on peut en tout cas se demander si certains interdits ne sont pas en passe de se fissurer et certains verrous en train de sauter. Indices d'un acheminement vers une nouvelle irresponsabilité historique ?

À force de stigmatisations, et à force de voir dans une vigilance passablement imaginaire l'ennemi principal, ces discours n'en viennent-ils pas à négliger l'essentiel ? Soit l'élaboration d'une réflexion exigeante sur ce que pourrait et devrait être, aujourd'hui, une pratique légitime de l'impératif de mémoire, conçue comme la mise en œuvre d'une authentique responsabilité pour le monde dans lequel les crimes contre l'humanité des totalitarismes du XXe siècle ont été possibles. La question du devoir de mémoire renverrait dès lors à celle de savoir comment reprendre en charge cette interrogation, souvent citée, à laquelle le philosophe Jürgen Habermas eut le mérite de redonner toute sa force à la fin des années 1980 : « *De quelle manière peut-on assumer le contexte dans lequel de tels crimes ont pu se produire et à l'histoire duquel notre existence est intimement liée, sinon par la mémoire solidaire de l'irréparable et par une attitude réflexive et critique vis-à-vis des traditions constitutives de notre identité ?* »

On ne voit guère en tout cas comment se prétendre quitte, dans l'Europe d'aujourd'hui, à l'Ouest comme à l'Est, d'une telle interrogation, laquelle montre *in fine* que le devoir de mémoire n'est pas forcément incompatible avec le travail de la pensée.

René Rémond

L'EXIGENCE DE MÉMOIRE ET SES LIMITES

Venant en troisième position, survenant après deux philosophes, dont Paul Ricœur, j'ai toutes les raisons du monde de craindre d'être en surnombre. Ma seule chance de ne pas faire double emploi, ou que la comparaison ne tourne pas à mon désavantage, est de me souvenir que je suis historien et de m'interroger en cette qualité sur le devoir de mémoire. En quelques années, cette expression s'est imposée comme une évidence : son succès dans l'opinion, comme celui de la formule de « lieu de mémoire » introduite par Pierre Nora, manifeste à quel point la mémoire est aujourd'hui prégnante dans notre société. De ce fait social un historien, apparemment, ne pourrait que se satisfaire, et pourtant que cet appel insistant à la mémoire soit devenu un impératif collectif ne laisse pas de le troubler. La mémoire est une faculté dont le fonctionnement opère spontanément une sélection dans les souvenirs, exerçant normalement un tri, retenant les uns et oubliant les autres. Il est à la fois légitime et souhaitable que l'intelligence intervienne dans le fonctionnement de la mémoire spontanée pour en corriger les dérèglements éventuels, en assurer un exercice raisonnable et raisonné. Mais pourquoi en faire un devoir ? À quel titre une exigence d'un autre ordre interviendrait-elle en tiers dans le rappel du passé ? À plus forte raison, un impératif moral imposé par la collectivité ?

À la réflexion, la chose n'est pas nouvelle. De tout temps les sociétés ont utilisé l'histoire à des fins collectives : inculquer le sentiment d'appartenance à une communauté politique, honorer la mémoire de ses fondateurs, célébrer la grandeur du groupe, construire l'identité nationale. Si de nos jours l'histoire est, dans nos pays, affranchie de cette instrumentalisation, il n'en va pas ainsi dans les jeunes États qui sont encore en recherche de leur personnalité. J'en avais fait l'expérience au cours d'un colloque organisé à l'initiative de l'Unesco sur le thème « Être historien aujourd'hui » et réunissant des représentants et des nations les plus anciennes et de celles qui venaient à peine d'accéder à l'indépendance : les différences de perspectives étaient manifestes dans la façon de faire référence au passé. L'affirmation aujourd'hui en France d'un devoir de mémoire est entendue de façon tout à fait différente et prend un tout autre sens. On attend de l'accomplissement de ce devoir qu'il répare les injustices de la mémoire : au motif que l'histoire a trop souvent été écrite par les vainqueurs ou les détenteurs du pouvoir, on accordera une attention particulière aux oubliés de l'histoire, on fera un sort aux minorités. On s'intéressera au mouvement ouvrier. L'intérêt grandissant porté à l'histoire des femmes relève de cette même préoccupation. Ce sont en somme autant d'applications à la connaissance et à l'étude du passé d'une exigence de justice.

Mais l'exigence de mémoire aujourd'hui est plus encore une invitation pressante à reconnaître ses fautes et à avouer ses crimes. Ces préoccupations sont certes légitimes et l'expression d'un souci moral de plus en plus fort. Elles n'en aboutissent pas moins à instrumentaliser l'histoire, à l'assujettir à des fins qui lui sont étrangères, à la confisquer au service de causes qui la détournent de son objet propre. Qu'on m'entende bien ! Je ne conteste pas que l'historien ait des devoirs à l'égard de la société : il a notamment celui de mettre à la disposition de tous le savoir qu'il a acquis et sa connaissance du passé : ni l'un ni l'autre ne trouvent leur seule justification dans les satisfactions d'un travail intellectuel. C'est la raison pour laquelle, sollicité à plusieurs occasions de participer à l'établissement de la vérité sur des sujets controversés ou de contribuer à l'œuvre de justice, je n'ai jamais hésité à répondre positivement.

Le devoir de l'historien

Mais il importe de réaffirmer que le devoir primordial de l'historien est à l'égard de la vérité plus que de la justice. Je veux espérer qu'il n'y a généralement pas de contradiction entre ces deux impératifs. En affirmant le devoir de l'historien à l'égard de la vérité, je le fais sans illusion ni présomption. Je sais bien que la vérité absolue, même en histoire, est inaccessible : elle est comme la ligne d'horizon qu'on n'atteint jamais et qui recule indéfiniment, mais connaître cette limite, ce n'est pas renoncer à la rechercher. On y parvient par approximations successives et de génération en génération. En tout cas, on ne doit pas admettre le raisonnement, trop souvent tenu au lendemain de 1968, en vertu duquel l'impossibilité d'atteindre la vérité absolue et d'énoncer des certitudes irréfutables autoriserait à dire n'importe quoi : s'il n'est pas toujours possible de faire toute la vérité, il y a des affirmations qui lui sont assurément contraires : c'est le cas par exemple des thèses négationnistes. Je suis sans illusion aussi sur l'efficacité du travail des historiens. Année après année, génération après génération, on voit ressurgir les mêmes erreurs et les mêmes préjugés. Sans compter les oublis. Les historiens du contemporain ont souvent fait l'expérience décevante de l'apparente inutilité de leurs recherches : c'est ainsi qu'à l'occasion des récents procès faits à des collaborateurs, les médias répandaient l'idée que c'était la première fois que la France acceptait d'être confrontée à ce problème, oubliant totalement ce qu'avait été l'épuration et ne tenant aucun compte de toutes les études qui lui avaient été consacrées.

Par rapport à l'exigence première à l'égard de la vérité, la façon dont est aujourd'hui conçu et pratiqué le devoir de mémoire n'est pas pleinement satisfaisante, même si elle a permis des progrès substantiels de la connaissance dont les historiens lui sont reconnaissants. D'abord, parce qu'elle est suscitée par des groupes de pression dont les intérêts sont naturellement restreints : aussi les investigations ne portent-elles que sur des points particuliers, même s'ils sont de grande importance, et aboutissent-elles à une parcellisation de la mémoire collective. D'autre part, l'attention se porte en priorité sur les pages sombres de notre histoire. Il n'est certes pas question de les taire et il est heureux qu'on mette fin à l'occultation, spontanée ou délibérée, des fautes et des crimes. Si on peut être réservé sur cette focalisation, ce n'est pas pour éviter de contrister les uns ou de déplaire aux autres, ce qui serait encore une façon d'asservir l'histoire à des fins étrangères, mais parce que cette façon de faire impose de l'histoire et de l'action des hommes une vision criminaliste qui n'est pas sans conséquence sur l'idée que l'on se fait de l'humanité. Ce n'est pas à proprement parler une falsification de l'histoire, mais c'en est à coup sûr une déformation, un infléchissement qui fausse l'image de notre temps. À la raison de contrôler et d'orienter l'exercice de mémoire plus qu'aux passions et aux revendications de minorités agissantes.

La démarche de l'historien, au lieu d'isoler ou de privilégier certains événements, consiste à les inscrire dans une perspective globale et à les situer dans la durée. En les mettant ainsi en relation, il ne tend pas à les relativiser au sens moral du mot, mais à souligner les rapports de succession et de causalité. Mettre en évidence la complexité, souligner l'ambiguïté des situations ne visent pas à atténuer les responsabilités, à les diluer, mais à les apprécier plus exactement. Le maître mot de la démarche historique, qui définit les devoirs de quiconque exerce son intelligence sur le passé, n'est pas d'abord de juger mais de comprendre. Ceci n'exclut pas que le jugement intervienne et je me garderai de reprendre la position d'une histoire positiviste qui confondait objectivité et neutralité, je pense même que l'historien a le devoir de qualifier moralement les intentions et les actions, mais pas avant d'être entré dans la compréhension, sans pour autant tomber dans la connivence avec les intentions perverses et les actions criminelles. Comprendre, c'est accéder à la totalité : c'est en particulier chercher à pénétrer les intentions. C'est la part la plus aléatoire de la recherche historique et qui laisse la plus grande place à l'interprétation, mais on ne saurait trop se garder de la tentation d'induire les intentions à partir des actions ou de leurs résultats.

Il faut aussi tenir compte du moment dans la succession temporelle. Il n'y a de jugement équitable qu'en fonction de ce que savaient les contemporains, de ce qu'était l'état des connaissances et aussi de la conscience morale. À ce degré de réflexion, les exigences de justice et de vérité se rejoignent pour donner au devoir de mémoire sa légitimité et sa véritable signification. J'ajouterai que cette façon de concevoir et d'exercer le devoir de mémoire est plus utile pour la formation du citoyen qu'un détournement à des fins étrangères : rien en effet n'est plus nécessaire pour une juste appréciation de l'histoire et de la politique que la reconnaissance de la complexité et le refus des visions en noir et blanc.

Stéphane Tison

LE TRAUMATISME DE LA GRANDE GUERRE

En décembre 1930, peu après Noël, une femme d'une cinquantaine d'années, Joséphine Thomazeau, cuisinière d'un château de la région nantaise, inscrit comme chaque jour ses comptes sur une feuille de papier : « *28 décembre 1930, pains 7 F 20 ; boucherie-charcuterie 3 F 50 ; beurre et œufs, 1 F 50.* » Au verso de cette feuille de comptes, sa mémoire souffrante lui impose la copie de ce poème :

« *Dans le ciel nous les reverrons,*
Les bien-aimés qu'ici-bas nous pleurons.

Ayez pitié Seigneur de ceux qui ne sont plus
Ensevelis sans nom en des champs inconnus.
[...]

Ayez pitié de ceux qui dorment sous les Croix
Dispersés dans les champs, les coteaux et les bois.
[...]

Ayez pitié des morts des sauvages assauts
Pêle-mêle enfouis sous terre par morceaux.

Ayez pitié Seigneur des épouses en deuil
Qui n'ont pour y pleurer ni tombe ni cercueil.
[...]

De l'abîme profond de leurs iniquités
Que les appels vers vous là-haut soient écoutés. »

LIBRARY, UNIVERSITY OF CHESTER

Quinze années ont passé depuis que Joseph Thomazeau, son fils, est tombé sur le champ de bataille, près de Neuville-Saint-Vaast (Nord), le 8 juin 1915, vers 15 heures. Tombé ? Mais comment ? Où exactement ? Nul ne le sut jamais : le corps du jeune soldat ne fut pas retrouvé.

Quinze années ont passé et la mère se souvient toujours dans la souffrance : c'est une mémoire à vif qu'elle exprime ainsi, où les souvenirs sont actifs, ceux d'avant la séparation, ceux de la rupture, ceux de la douleur. La mémoire n'est pas ici un devoir, ou pas seulement, mais un besoin, une nécessité.

Une autre forme de mémoire, moins vécue qu'institutionnalisée, existe également au cours de l'entre-deux-guerres, surtout exprimée lors des cérémonies officielles. Le secrétaire de préfecture Maurel, dans la Sarthe, lors de l'inauguration du monument de Loué, définit ainsi cette importance du souvenir : « *Ô morts ! notre reconnaissance envers vous doit être éternelle. Elle doit constituer une religion nouvelle à l'abri de toutes les vicissitudes politiques, religieuses et sociales. Il faut que vous soyez pleurés non seulement par ceux qui vous ont connus mais par tous les Français.* »[1] Ici, la mémoire se fait injonction à se souvenir, un devoir de mémoire édicté par une autorité officielle.

Les deux formes de mémoire ne sont pas complètement opposées. Dans les deux cas, ne pas oublier apparaît comme un devoir : devoir que chaque individu s'impose par fidélité aux défunts ; devoir que la communauté exprime en public. En effet, les populations et l'État, par les commémorations, ont été extrêmement liés dans ce processus très lent et douloureux du travail de deuil. Quels sont les caractères de ce devoir de mémoire ? Pourquoi la rupture de la guerre et le vide ressentis dans le deuil sont-ils si difficiles à effacer au cours de l'entre-deux-guerres ? C'est sur une comparaison entre un département du front, la Marne, et un département de l'arrière, la Sarthe, que les réflexions qui suivent sont fondées.

D'abord, il faut revenir à la sortie de guerre après 1914-1918 pour mesurer la façon dont le deuil collectif a été maîtrisé, notamment par les commémorations qui ont contribué, en partie, à héroïser les soldats défunts. Ensuite, les formes de commémoration semblent collectivement donner un sens au deuil, mais ont pu retarder ou empêcher le travail de deuil, tandis que la menace de guerre, dans les années 1930, a même pu le raviver. Enfin, la continuité du traumatisme sur une longue période est liée à la nature même de la Grande Guerre, à la nature de la mort à la guerre au cours de ce conflit.

La sortie de guerre après 1914-1918

La guerre ne s'achève pas simplement parce que le feu s'est tu, le 11 novembre 1918. C'est à l'échelle collective que la sortie de guerre s'observe le plus facilement. C'est un processus assez long, durant de quelques mois à quelques années et pendant lequel les activités du temps de la paix se reconstituent, pendant lequel la guerre hante encore les esprits et les préoccupations. Bien sûr, la chronologie pour les individus varie davantage selon les expériences. Certains, qui n'ont pu accepter la mort de leur père, de leur fils, de leur frère, sont-ils jamais vraiment sortis de la guerre ?

Cette sortie de guerre sur le plan collectif se fait dans deux temps principaux.

Le premier temps, c'est le temps de la stupeur, au moins jusqu'au printemps 1919. Il correspond au moment où les hostilités s'achèvent véritablement avec les discussions du traité de paix. Pendant six mois est diffusé l'inventaire des pertes humaines et matérielles par des enquêtes administratives, par la presse aussi qui va donner connaissance à tous de l'ampleur du traumatisme. La population peut ainsi concevoir plus facilement, à partir de ce moment, en tout cas, les conséquences de la guerre à l'échelle nationale et non plus simplement à l'échelle du village ou de la commune, et le traumatisme achève de se construire dès lors que l'ensemble des Français mesure l'importance des atteintes portées au corps national. Puis apparaît, juste ensuite, le cycle des commémorations, qui se greffe sur le cycle des cérémonies commémoratives du temps de guerre dont le but était davantage de mobiliser les esprits. Ce mouvement commémoratif commence notamment avec la fête de la reconnaissance nationale en août 1919, cérémonie commanditée par l'État. Ces fêtes sont organisées avec un peu de retard dans la Marne, au mois de septembre-octobre. Un premier décalage existe ici entre la mémoire de l'arrière et la mémoire du front.

Dans un deuxième temps, la sortie de guerre devient un moment d'expression collective du traumatisme, d'un deuil vécu par une grande partie de la population. Ce mouvement est extrêmement divers. La cérémonie du 11 novembre et le mouvement d'inauguration de monuments aux morts sont bien connus. Cependant, le mouvement commémoratif comprend des formes d'une extrême diversité. Pour les seuls monuments, outre le monument communal, le plus connu, il faut ajouter les monuments régimentaires, les monuments corporatifs, érigés dans les écoles, dans les administrations, et les monuments à vocation nationale sur les champs de bataille, ou encore les édifices privés érigés par les familles. Certes, tous ont une dimension nationale dans la mesure où ils rappellent la fonction du citoyen-soldat et le sacrifice pour la survie de la nation, mais ceux qui sont érigés sur les champs de bataille ont parfois vocation à rappeler le combat pour l'ensemble de la nation : le monument de Mondement, issu d'une décision du Parlement (loi du 31 juillet 1920), construit au cours des années 1930 et inauguré en 1946, en est la parfaite illustration, mais également le monument de la ferme de Navarin dédié aux morts des armées de Champagne ou la chapelle de la reconnaissance de Dormans. Ces deux derniers édifices montrent l'appropriation de l'élément national par les corporations, sans parvenir à créer un lieu qui réunisse toute la nation : le seul hommage national achevé s'avère être le Tombeau du Soldat inconnu.

Dans la Marne, l'ensemble de tous ces édifices, difficile à comptabiliser d'une façon certaine, doit avoisiner 1 500 au moins !

Châlons-sur-Marne compte ainsi sept plaques et monuments, de même que Reims, où une flamme du souvenir était ranimée chaque semaine à partir de 1930. Dans les petites communes de l'ancien front, souvent minuscules, comme Souain, se trouvent jusqu'à huit édifices, sans compter les monuments individuels. En fait, cette deuxième phase de sortie de guerre permet d'exprimer le deuil.

Ce passage de la guerre à la paix recouvre en fait trois évolutions qui sont repérables sur plusieurs années.

La première évolution consiste en une contraction du temps commémoratif au fur et à mesure que les mois passent. Le temps commémoratif se réduit peu à peu. En 1919, des cérémonies ont lieu pratiquement toutes les semaines, tous les jours : ce sont des cérémonies funèbres, la Fête de la Victoire en 1919, et sur la zone de l'ancien front, l'anniversaire des divers jalons de la grande bataille (l'anniversaire des deux batailles de la Marne, des batailles de Champagne), puis la Fête des Poilus est organisée marquant le retour des démobilisés, cette dernière forme étant plus répandue semble-t-il à l'arrière, tandis que dans la zone de l'ancien front est remise aux communes sinistrées la croix de guerre. Enfin les inaugurations de plaques, de monuments apparaissent dès l'après-guerre, et sont très nombreuses dans la Sarthe en 1921 et 1922 en particulier, alors qu'elles demeurent un moment commémoratif important jusque vers 1925 dans la Marne.

La contraction du temps cérémoniel est accompagnée d'une simplification des formes cérémonielles, et leur réunion en un rite quasiment stéréotypé, aboutissant finalement à deux cérémonies syncrétiques de la douleur et de la joie, de l'hommage et de la reconnaissance : l'inauguration du monument aux morts, puis enfin la cérémonie du 11 novembre, dont la mise en place est progressive et assurée durablement à partir de 1922.

Dans l'espace, un phénomène semblable, une sorte de rétraction de l'espace commémoratif, est particulièrement visible sur les champs de bataille où, là aussi, les cérémonies et les monuments sont très nombreux peu après la fin de la guerre, puis petit à petit leur emprise se réduit dans l'espace. D'ailleurs certains monuments érigés en 1919 ne sont plus le théâtre de cérémonies dans les années 1920 et retrouvent un public plus tardivement, en 1937-1938, au moment où la menace de guerre est perçue avec acuité.

Cette deuxième étape s'achève, dans la Sarthe, vers 1922, au moment où la très grande majorité des monuments aux morts est édifiée, où la cérémonie du 11 novembre se met en place, et dans la Marne, un peu plus tard, au moins à partir de 1923-1924. La mise en place du cycle commémoratif peut même parfois durer jusqu'en 1925 ou 1927, voire au-delà, puisqu'on continue à ériger très tardivement des monuments aux morts ou des monuments privés sur l'ancien champ de bataille.

En fait, l'expression collective du deuil lors de la sortie de guerre s'inscrit dans un consensus national. L'État est confronté à un mouvement spontané. La décision d'ériger les monuments aux morts est prise par les communes, les municipalités, parfois même par des groupes privés, et il fallut légiférer pour encadrer ce mouvement. Une législation complexe est ainsi appliquée au cours de l'année 1920 principalement. Chaque préfecture établit une commission chargée de l'examen des dossiers communaux, et notamment de l'intérêt esthétique du monument. Ces commissions ne semblent pas être parvenues à contrôler l'ensemble du mouvement commémoratif. La plupart des communes veulent que le monument soit érigé très vite et éviter de longues discussions administratives qui pourraient remettre l'inauguration à six, sept ou huit mois plus tard. Il arrive même parfois que le projet de certains monuments soit accepté alors que ceux-ci sont déjà érigés. En revanche, pour l'État, le contrôle est absolu sur les nécropoles militaires, d'abord pour des raisons d'hygiène et de sécurité évidemment, mais aussi pour des raisons politiques, en imposant une esthétique égalitaire rappelant le sacrifice des citoyens-soldats. La nation, en fait, prend en charge, à titre de compensation, les tombes des morts pour la France.

Comment expliquer ce consensus ? D'abord, pour les populations, il s'agit de la poursuite de l'idéal de l'union sacrée, pourtant mis à mal par la reprise du jeu politique, dans l'espoir de nature eschatologique que la guerre avait changé ou allait changer les comportements. La volonté de l'État n'est pas si éloignée dans la mesure où la commémoration officielle constitue un moyen d'enraciner plus encore l'idéologie républicaine. Les deux desseins se superposent complètement. D'une certaine manière, tous deux permettent de justifier cette mort violente qu'est la mort à la guerre.

Ces formes de prise en charge collective du deuil semblent aussi faciliter le retour à la vie. Le travail de deuil collectif se réalise en partie à travers ce travail de mémoire qui sélectionne les souvenirs, ceux-ci justifiant non la guerre mais la mort du citoyen-soldat, en lui donnant un sens. Progressivement le retour à la vie se dessine par la reprise des fêtes du temps de la paix, et par la réduction de l'assistance aux cérémonies d'obsèques de soldats, surtout en ville. Au Mans, en juillet 1921, un journaliste se plaint qu'il n'y ait plus d'affluence nombreuse à suivre les obsèques de soldats dont les corps sont rapatriés à l'arrière depuis le mois de mars précédent : « *Hélas, il faut bien le dire, la foule des premiers convois n'était plus là.* »[2] Cela se manifeste aussi par la baisse de la participation populaire à certaines cérémonies commémoratives. Là aussi, la géographie de ce phénomène est extrêmement complexe et reste à faire.

Collectivement, le processus de sortie de guerre, dont le mouvement commémoratif est un des éléments, se réalise en deux à trois ans tout au plus pour les populations de l'arrière et un peu plus longuement – quatre à cinq ans – pour celles de l'avant, voire encore plus longtemps – six à sept ans – pour les communes de l'ancienne ligne de front.

Qu'en est-il pour les individus ? En outre, le sens de la mort à la guerre, construit collectivement, résiste-t-il à l'apparition des menaces qui remettent en cause les raisons du sacrifice édicté, l'idée même de la « der des ders » ?

Un oubli impossible et un interminable deuil ?

D'une part, le travail de deuil se révèle plus long dans certains cas. Évidemment, les cas sont tous individuels et particuliers. D'autre part, le traumatisme a pu être aussi ravivé à la fin des années 1930 par la menace de guerre.

Si les commémorations semblent avoir permis d'exprimer le deuil, leur forme nationale a pu parfois confisquer le travail de deuil ou le différer, l'empêcher, car l'héroïsation du soldat ne facilitait pas l'accession à la dernière étape du deuil : le détachement par rapport au défunt, et l'effacement, sinon l'oubli de la douleur. Le cas des disparus ajoute encore à la difficulté de maîtriser la mémoire et l'oubli. Pour le seul cas français, au cours de cette guerre, plus de 250 000 hommes n'ont jamais reçu de sépulture, simplement parce que leur corps ne fut pas retrouvé. Plusieurs millions de personnes portaient ainsi le deuil d'un disparu conservant dans le secret de leur conscience cette interrogation douloureuse et jamais apaisée. La proportion des deuils pathologiques dans ce cas est considérable et le deuil parfois paraît interminable. Aujourd'hui encore, des personnes âgées de 90 ans, dont le père est mort pendant la Grande Guerre, souffrent toujours de cette absence. Les familles ont parfois dû reconstituer leur identité autour de ce vide, comme le montre l'exemple de la famille du député radical-socialiste de la Sarthe, Maurice Ajam, dont le fils Pierre fut porté disparu dans la Somme, près de Roye, en octobre 1914. La mort du fils avait été occultée. On n'en parlait plus. Ce mutisme familial s'est accentué alors que la famille reconstruisait son identité autour du défunt : sa sœur obtint au moment de son mariage le droit de conserver son nom de jeune fille et de le transmettre parce que Pierre Ajam était « *mort pour la France* ». Ainsi, la succession identitaire de la famille n'était-elle pas interrompue, symboliquement.

En général, pour les soldats dont la dépouille mortelle était identifiée, 30 % des corps ont été rapatriés par l'État dans le village ou dans la ville d'origine à la demande des familles. Les autres sont restés dans les nécropoles nationales égalitaires, où les familles ne purent exprimer personnellement leur souffrance, la personnalisation des tombes étant interdite puisqu'elle remettait en cause l'égalité entre les citoyens sacrifiés.

Le travail de deuil même est différé, d'une certaine manière, par les opérations de regroupement des tombes, même pour les corps qui ont été rapatriés dans leur commune d'origine. Certains étaient inhumés depuis 1914, et cette gigantesque et macabre opération est réalisée surtout en 1921-1922. Six, sept, huit ans parfois ont passé entre le décès et le rapatriement, donc les obsèques, ou les divers rituels qui sont respectés pour ensevelir le défunt. Ce délai très important a pu accentuer le traumatisme lorsque le corps des soldats est exhumé à plusieurs reprises lors des regroupements des cimetières nationaux. Mme Wolf, de Nancy, en septembre 1923, subit ce sort cruel et exprime ainsi cette souffrance avivée par le sentiment d'un outrage : « *Mon fils était enterré au cimetière de Laval en Tourbe où, chaque année, j'allais sur la tombe. Or, cette année, j'y suis allée comme d'habitude. Je n'ai plus trouvé sa tombe. Tout était disparu croix, couronne. Je voudrais savoir s'il a été déterré et où on l'a remis ou s'il est dans un autre cimetière je n'ai pas été prévenu d'aucune façon je vous ferais remarquer que, dans ce cimetière, on y a laissé les boches, desquels les tombes existent encore et sont très bien entretenues. Je me suis aperçue que l'on prenait plus d'égards pour les boches que pour les nôtres, car l'on a même pas prévenu la mère qui a donné son enfant pour la patrie et l'on ne l'a même pas prévenue que l'on a déterré son fils, soit pour le mettre dans une autre tombe, ou soit pour faire disparaître de manière à ce qu'on l'oublie. Mais une mère n'oublie pas son fils. [sic]* »[3] La souffrance profonde causée par le deuil est avivée par l'exhumation.

L'oubli est également rendu difficile par la nature civique de la commémoration. En effet, la commémoration sert aussi à préparer le citoyen à jouer son rôle de soldat par l'enseignement de l'exemplarité des morts pour la France. La dette contractée envers ces morts oblige le citoyen à envisager de se comporter lui-même, un jour, le cas échéant, en héros et de payer cette dette en devenant lui-même un « *mort pour la France* », cela, en continuité avec l'acculturation républicaine commencée bien avant la Grande Guerre. La mémoire joue donc un double rôle : elle est une nécessité pour justifier la mort des hommes, elle est aussi une nécessité pour enjoindre à défendre la patrie, puisque chacun dans le pays, à partir de sa majorité, est citoyen-soldat.

Enfin, il semble que le traumatisme soit ravivé par le retour des menaces dans les années 1930. Il faut bien comprendre que, dans les discours, l'espoir de la « der des ders » justifiait la mort des soldats. Après 1923 et peu à peu, l'amalgame s'était même fait entre le souvenir des morts et la garantie de la paix. D'une certaine manière, la fidélité au souvenir garantissait la paix. D'où l'impossibilité de croire que la guerre puisse revenir et un refus même de cette éventualité dans certains cas. La menace de guerre sapait, dans les années 1930, la justification de la mort des soldats, justification autour de laquelle se nouait le deuil, le travail de deuil. En conséquence, les survivants, en particulier les Anciens combattants ressentirent alors un terrible désarroi, que l'on trouve dans certains discours de commémoration, notamment au mois de novembre à la fin des années 1930. Un journaliste, ancien combattant, le souligne déjà en novembre 1930 : « *Et aussi, ce qui fait froncer les sourcils : il a été dit : "Groupons-nous pour éviter le retour d'une semblable chose." Car ne dit-on pas un peu de tous les côtés dans la presse : "Le ciel en ce moment n'est pas très clair à l'horizon." On se serait donc égorgés pendant quatre ans inutilement ? Eh bien, il faut espérer que nous ne reverrons plus, ni nos enfants, si triste chose. Ce serait en fait désespérer de la civilisation.* »[4] Sept ans plus tard, le chanoine Hubert, à Châlons-sur-Marne, exprime lui aussi ce désarroi : « *Le danger est revenu, plus menaçant que jamais. Pour le conjurer, il est nécessaire de refaire à nouveau l'union de tous les Français. Mon Dieu ! Mon Dieu ! Faudra-t-il que les meilleurs fils de France soient morts en vain ? Ils auraient triomphé pour leur sacrifice et cela ne servirait de rien ?* »[5]

En fait, la mémoire ici s'apparente à une sorte de refuge qui peut expliquer en partie un aveuglement, une sorte de blocage mental, face à l'éventualité d'une nouvelle guerre à laquelle il faudrait participer. Les valeurs nées de la Grande Guerre sont surinvesties dans une sorte d'exorcisme.

Dans ces conditions, l'achèvement du travail de deuil et le cheminement vers l'oubli s'avérèrent particulièrement problématiques.

Une mémoire tyrannique

La mémoire née des traumatismes de la guerre de 1914-1918 fut certainement et longtemps une mémoire tyrannique, du fait de la nature inédite de la mort à la Grande Guerre. Cet aspect est de plus en plus mis en valeur, notamment depuis quelques années par les historiens de la Grande Guerre à la suite de travaux de l'historien américain George Mosse, et à l'initiative du groupe de chercheurs de l'Historial de Péronne, derrière Stéphane Audoin-Rouzeau, Annette Becker, Gerd Krumeich ou encore Jay Winter.

L'expérience de la guerre de 1914, c'est d'abord une expérience de la mort massive et d'une mort extrêmement violente, et cela dès le début du conflit. Qu'on imagine : au mois d'août 1914, après quinze jours qui ont été relativement peu coûteux en vies humaines, du 15 au 30 août vont tomber 80 000 hommes, ... plus de 5 000 par jour. En considérant la famille restreinte (quatre à cinq personnes), il faut estimer le nombre d'endeuillés à au moins 400 000 personnes dans toute la France[6]. À une échelle plus locale, la première bataille importante à laquelle les Manceaux aient participé dans le IVe corps d'armée est la bataille de Virton en Belgique, le 22 août 1914. Le IVe corps d'armée perd ce jour-là en quelques minutes 800 hommes. Au moins 4 000 personnes dans les départements de la Sarthe et de la Mayenne en particulier sont donc touchées immédiatement par la mort, soit près de 0,6 % de la population totale de ces deux départements : ce dernier chiffre paraît faible, mais il ne comprend pas d'autres catégories de population concernées par l'onde de choc des décès (les grands-parents, les oncles, les cousins, les amis). Il faut dès lors envisager l'hypothèse que ces morts aient concerné plus ou moins directement jusqu'à 5 % de la population totale, en une seule journée ! Immédiatement, en quelques jours, 80 000 morts font que la société française entre dans une période nouvelle et inédite de deuil massif.

Bien d'autres exemples donnent une idée de cette violence qui, avec une guerre industrielle, vient de franchir un nouveau seuil dans l'horreur. Le 117e régiment d'infanterie sarthois comptait 3 360 hommes au départ. Il perd, entre début septembre 1914 et le 15 octobre 1914, donc en un mois et demi seulement, 70 % de son effectif, dont la moitié des officiers tués, blessés, disparus.

C'est donc une expérience inédite impliquant un deuil collectif, inédit lui aussi. D'où le cadre dans lequel ces commémorations se sont inscrites, un cadre à la fois collectif et consensuel, d'autant plus que l'expérience de la violence même est tue. Cela explique également la rupture fondamentale vécue par les survivants long-temps après la guerre. La douleur a pu être accrue par le fait que les rites n'ont pu être respectés au moment du combat, comme ce fut le cas pour les soldats dont le corps fut pulvérisé par un obus. L'absence de rites ou l'éloignement même du décès fait que ce deuil est beaucoup plus difficile à vivre qu'aucun autre, même si certains rites comme la visite de condoléances, les offices funèbres par exemple, devaient permettre le commencement du travail de deuil. L'absence de corps empêche néanmoins de concevoir la réa-lité du décès, phase nécessaire au travail de deuil, impossible lorsque le soldat est porté disparu.

Sans doute ce phénomène inédit est-il aussi à l'origine du refus de l'horreur intrinsèquement lié au refus de l'oubli qui apparaît à cette époque, et donne, d'une certaine manière, sa nature au devoir de mémoire dès les années 1920.

Dans ces conditions, la mémoire de la Grande Guerre illustre un clivage entre deux cultures présentes au cours de l'entre-deux-guerres et qui s'affrontent : une culture guerrière, d'un côté, et de l'autre, cette culture pacifiste née dans le creuset de la Grande Guerre, causée par l'expérience de la violence extrême. La pre-mière culture issue de la Révolution et surtout du temps de la revanche attendue, n'est pas une culture belliciste, mais bien une culture guerrière puisque chacun doit être capable d'accepter l'idée qu'il est susceptible un jour de partir sous les drapeaux, puis, le cas échéant, de faire la guerre. Quant à la culture pacifiste, elle ne signifie en rien que la société de l'entre-deux-guerres soit pacifique.

Dans les discours des années d'entre-deux-guerres, ce clivage entre les deux cultures est courant. Pour citer un exemple particu-lier, lors des obsèques d'un soldat de la Marne, Martial Soudron, le même orateur, en l'occurrence l'adjoint au maire de la com-mune d'Écury-sur-Coole, condamne la guerre sur un ton pacifiste, et vante ensuite le sacrifice du citoyen-soldat, sans que ce discours paraisse pour autant contradictoire :

« *La fatalité a brisé sa carrière, l'horrible guerre s'est dressée contre ses projets en fauchant impitoyablement, à 32 ans, celui que nous pleurons aujourd'hui. "Maudite soit la guerre !", la guerre insensée qui sème aveuglément le deuil dans les familles et prive trop tôt le pays de l'appui matériel et moral d'un nombre toujours trop grand de ses dévoués enfants.*

[...]

Malheureusement, c'est dans un combat mémorable que notre héroïque enfant fut frappé une troisième et dernière fois ; deux balles le touchaient au bras et au cou, au moment où, se portant en avant des lignes, il volait au secours d'un camarade grièvement blessé. Transporté à l'hôpital complémentaire de Troyes, il y succombait le 22 juin 1918, des suites de sa plaie au larynx.

Cet exploit si vaillamment accompli fut récompensé par une citation à l'ordre du corps d'armée, puis à l'ordre de l'armée, et enfin par la médaille militaire, croix de guerre avec deux étoiles et une palme, médaille des braves ! Tels sont les insignes si justement mérités par le soldat Martial Soudron, insignes que nous voudrions voir briller sur la poitrine chaude et vivante de notre ami.

Aussi, mon cher Martial, avant de te quitter, avant de prononcer le suprême adieu, permets-moi de te dire merci pour le noble exemple que tu nous as donné, tu es mort pour la France que tu as contribué à sauver, ton souvenir vivra éternellement dans nos cœurs unis aux respects suscités par une si brutale séparation. »[7]

Les deux cultures sont liées et demeurent, tout au long de la période, également opératoires, d'où le désarroi, l'incapacité à réagir, et cette espèce d'impossibilité d'envisager le retour à l'horreur au moment où la menace de guerre à la fin des années 1930 est vécue avec acuité.

Pour conclure, on peut s'interroger sur la filiation entre ce devoir de mémoire né du traumatisme de la Grande Guerre et le devoir de mémoire actuel. Une filiation est-elle possible d'ailleurs ? La question est extrêmement difficile. Le devoir de mémoire d'abord a été intimement vécu, intériorisé par les plus jeunes, les personnes qui sont nées dans les années 1900-1920 à peu près, voire un peu plus tard. Peut-être cette intériorisation d'une nécessité de se souvenir a-t-elle influencé la façon dont on conçoit actuellement le devoir de mémoire. Après la Seconde Guerre mondiale, la mémoire de 1914-1918 s'est trouvée en partie éclipsée – en tout cas, c'est ainsi que les Anciens combattants l'ont vécu. Une autre mémoire souffrante s'était alors substituée, avec la même nécessité tyrannique. Pourtant, depuis une dizaine d'années, une sorte de re-jeu de la mémoire de la Grande Guerre est perceptible, que la polémique concernant les mutineries de 1917 a illustré en 1998. Plusieurs raisons peuvent expliquer ce phénomène. Dans un article récent, Serge Barcellini[8] a montré parfaitement qu'au moment de la Grande Guerre puis dans les années 1920-1930, l'État a accordé un droit au souvenir, notamment par l'attribution dès 1915 de la mention « *Mort pour la France* ». Cela a favorisé la fonction cathartique de la commémoration dans une société en deuil. Aujourd'hui, le devoir de mémoire est davantage institutionnalisé, suscité soit par les médias soit par l'État, en relation avec une aspiration générale de la société actuelle à ce mouvement de patrimonialisation. La deuxième raison qui peut expliquer aussi ce re-jeu de la mémoire récente, c'est le basculement de la Grande Guerre dans l'histoire, avec la disparition des derniers acteurs de la tragédie. De même, l'effacement de l'identité nationale qui n'est plus vécue comme une histoire-mémoire – pour reprendre l'expression de Pierre Nora[9] – montre bien que le cadre commémoratif national qui justifiait pour les survivants la mort de ces hommes disparaît lentement. Enfin, le clivage entre culture guerrière et culture pacifiste n'est plus de mise, la seconde ayant fini par s'imposer vers les années 1960-1980.

Dès lors, tout se passe comme si le traumatisme, libéré du cadre héroïsant qui lui donnait sens, affleurait de nouveau à la surface de la conscience collective, dernier écho de souffrances longtemps refoulées. Cet intérêt renouvelé pour la Grande Guerre nourri par le goût pour les recherches généalogiques, mais pas seulement, tendrait à montrer que le travail de deuil dans le cas d'une société profondément touchée par l'expérience de la mort violente et massive causée par une guerre totale, vient s'achever dans certains cas à l'échelle de l'histoire d'une famille, deux à trois générations après les faits.

En réalité, l'interrogation sur les raisons de ces morts demeure, alors même que le cadre d'expression originel du travail de deuil, celui de la nation, qui donnait sens à l'hécatombe, s'efface progressivement.

Cette observation suscite en dernier lieu deux questions : le devoir de mémoire actuel n'est-il pas en partie constitué de cette interrogation qui demeure, cette espèce de non-dit qui ressurgit finalement, un peu comme les cadavres remontent au fil du temps à la surface des champs de bataille ? Et puis, cette question passionnante et cruciale, à laquelle l'historien ne peut répondre –

c'est plutôt une question aux philosophes, aux sociologues ou aux psychologues : comment peut donc se transmettre un traumatisme d'une génération à une autre ?

NOTES

[1] *La Sarthe*, 20 juin 1921.

[2] *La Sarthe*, 9 juillet 1921.

[3] Archives départementales de la Marne, dossier 4 Z 226 (a).

[4] *La Sarthe*, 16 novembre 1930.

[5] *Journal de la Marne*, 14 novembre 1937.

[6] Ce calcul approximatif est inspiré des travaux de Stéphane Audoin-Rouzeau, et notamment de la notion de « cercle de deuil », permettant d'envisager le nombre d'endeuillés touchés par un décès de soldat, depuis les parents proches jusqu'aux personnes plus lointaines de la famille. Voir à ce propos *14-18, retrouver la guerre*, Paris, Gallimard, NRF, coll. « Bibliothèque des Histoires », 2000, 272 p., et *1914-1918 : cinq deuils de guerre*, Paris, Éd. Noêsis, 2001, 261 p.

[7] Léon Leseure, adjoint au maire de la commune, le jeudi 22 septembre 1921. Obsèques de Martial Soudron, du 150e RI, titulaire de la médaille militaire et de la croix de guerre, fils du maire, Honoré Soudron. *Journal de la Marne*, 29 septembre 1921. Sur la tombe de ce soldat, le passant peut lire cette condamnation de la guerre inscrite par les parents : « *Ni les chants ni la victoire / les lauriers de ceux qui restent / ne tariront les larmes des parents / qui avaient élevé leur fils dans / l'amour du travail et de la paix / Maudite soit la Guerre on a tué / notre enfant.* » Vraisemblablement, la mère du soldat ne put oublier et ne survécut pas à sa douleur, puisqu'elle disparut quatre mois après le retour des cendres du fils près duquel elle fut inhumée.

[8] Serge Barcellini, « Les politiques de la mémoire. Du droit au souvenir au devoir de mémoire », *in Cahiers français*, n° 303, juillet-août 2001, Parls, La Documentation française, p. 24-27.

[9] Pierre Nora, *Les Lieux de mémoire*, Tome I, *La République*, Paris, Gallimard, 1984, Introduction, p. XXXI.

Les sources concernant le soldat Thomazeau et le sous-lieutenant Ajam proviennent des archives de leurs descendants. Que Monsieur Boiteau et Monsieur Marzorati soient ici remerciés de leur aide.

Valérie Haas

LA FACE CACHÉE D'UNE VILLE

À l'heure actuelle, dans nos sociétés occidentales, une place toute particulière est accordée au souvenir. Assujettis à un contexte de « *commémorite aiguë* », comme le dit Dosse[1], ou, comme l'écrit Nora, de « *tyrannie de la mémoire* »[2], les groupes doivent rendre des comptes sur leur passé, légitimant par là même leur histoire et garantissant une sorte d'éthique de leur identité.

Depuis quelques années donc, nous avons vu émerger dans la vie sociale une préoccupation de plus en plus grande pour la question de la mémoire. Fer de lance de cette tyrannie : la période de Vichy occupe une place démesurée et prend des allures de syndrome[3]. Vichy est partout, perpétuellement rappelé à notre souvenir. Conan et Rousso dans un ouvrage polémique considèrent que Vichy est « *un passé qui ne passe pas* »[4]. Pas une semaine où l'actualité n'éclaire un nouveau visage de cette France au passé douteux ou douloureux : les affaires, les patrons, les juges, les femmes, le sport, la musique, voire le mobilier sous Vichy : combien de thèmes nous ramènent jour après jour à cette partie de notre histoire dont nous ne finissons plus de faire la catharsis ?

Occupés à ce labeur depuis plusieurs années, nous en oublions de considérer que le terme Vichy est un terme polysémique. Car Vichy est une période, ancrée dans la mémoire sociale, lieu de mémoire par excellence dans la conscience collective française[5]. Mais c'est aussi une ville, que les hasards de l'histoire ont portée sur le devant de la scène. C'est donc aussi un espace matériel, investi par la mémoire du groupe qui y réside.

À l'heure où le passé rejaillit comme un leitmotiv permanent en ce début de millénaire, où les lieux de mémoire sont mis en exergue, il m'a semblé pertinent de porter mon intérêt vers un espace où l'histoire n'était pas seulement ornée de gloire.

De plus, le caractère éminemment obsessionnel de la France de Vichy tranchait avec le vide de contenu concernant l'histoire et le vécu de cette cité depuis la fin de la Seconde Guerre. Un intérêt théorique portant conjointement sur les questions d'espace et de mémoire m'a amenée à m'interroger sur Vichy, cette petite ville du centre de la France, d'à peine 28 000 habitants, qui, depuis plus de cinquante ans maintenant, a donné son nom à l'une des périodes les plus sombres de notre histoire nationale.

Mais Vichy n'a pas toujours eu l'image qu'elle renvoie actuellement. Sa position géographique a constitué un atout indéniable. Au centre de la France – « *au centre de l'Europe* », osent même dire certains Vichyssois –, elle rayonnera à partir de la moitié du XIXe siècle, le thermalisme constituant sa première richesse. Accueillant des personnalités du monde entier, attirées par les cures et l'atmosphère qui y règne, elle se constitue très vite une identité singulière dans l'Allier. De Mme de Sévigné à Napoléon III qui y séjournera de 1861 à 1866 et dont l'empreinte marquera la cité – nous y reviendrons –, des coloniaux à Pétain, les personnages de son histoire y seront souvent arrivés par hasard. Une ville qui ne vivra que par et pour autrui, une ville où les implantations fortes et successives laisseront des traces, une ville dont toute l'histoire est une histoire d'accueil.

Sa situation géographique sera aussi à l'origine de son déclin. Le 25 juin 1940, le gouvernement français, de passage, décide de s'approprier les murs vichyssois.

Deux raisons principales sont avancées pour expliquer cette installation : la capacité hôtelière de la ville, qui avec plus de 500 hôtels permettait au gouvernement, ainsi qu'aux différents consulats et ambassades, de se faire une place dans la ville relativement rapidement. La deuxième raison est l'existence d'un central téléphonique moderne pour l'époque, en place depuis 1935. Frelastre, historien local vichyssois, relate les raisons pour lesquelles Vichy a été « *choisie* » : « *Elle offrait seulement un ensemble de possibilités. Elle était du parfait style accordéon. En hiver, elle se contractait jusqu'à ne plus compter que 25 000 permanents. En saison, son expansion lui permettait de caser au mois d'août 100 000 visiteurs. Cette capacité d'hébergement massif devait permettre d'accueillir les ministères sans trop de problèmes. »*[6]

D'autres raisons sont avancées à Vichy, ne serait-ce que pour justifier un peu plus cette installation qui causera tant de tort à la ville. On parle d'accessibilité : la ligne de train « Paris-Vichy-Lyon » et l'aéroport « Vichy-Ruhr » constituaient de sérieux avantages. D'aucuns avancent aussi des raisons plus affectives : on explique que Laval connaissait bien la région et possédait une propriété à Chateldon. Pétain lui, dans le cadre de « *son retour à la terre* », achètera un domaine dans les environs, afin, dit-on à Vichy, d'y « *élever des moutons* » et d'y être « *proche des campagnards* ».

Les membres du gouvernement, diplomates, fonctionnaires, députés se retrouvent donc tous logés dans les divers hôtels et meublés de la ville. Les hôtels sont transformés en ministères ou ambassades pour une installation que l'on dit « provisoire ».

Cette installation finalement s'éternisera durant quatre années. Quelque temps plus tard, la fin du thermalisme et la chute des colonies retireront à Vichy une partie de sa clientèle de curistes. Alors, à la recherche d'une nouvelle identité, la ville vacillera entre de nouveaux projets (sport, hydrothérapie, séjour de « remise en forme ») qui ne verront jamais vraiment le jour et la volonté de redorer une image ancienne.

Parallèlement à cette place de capitale peu enviée – je dirais : de nos jours –, la ville peut tout de même se prévaloir d'avoir connu des heures de gloire durant la période faste du thermalisme et s'enorgueillir de son titre de « *Reine des villes d'eaux* ». Elle porte donc aussi en son sein et dans ses murs les traces de cette histoire glorieuse.

À la fin de la guerre, la cité avait su faire table rase de son « passé vichyste ». Aucun souvenir, aucun musée ne venaient entacher les rues de la cité. La ville vivait dans l'oubli ou tentait de le faire. Or, depuis plus d'une dizaine d'années, date des premières commémorations en France des événements dramatiques de 1940, la cité auvergnate s'est retrouvée, contre son gré, au centre de l'actualité. Le regain d'intérêt pour cette période, nous l'avons vu, amplifié par les derniers procès pour collaboration a rendu sensible la mémoire collective vichyssoise. Son association perpétuelle aux expressions de « *gouvernement de Vichy* » ou de

« *Vichy de Pétain* » fait d'elle le symbole de la collaboration française.

Pourtant, dès 1945, la municipalité vichyssoise avait demandé à ce que « *le nom de la cité ne soit plus associé au gouvernement traître à la patrie* » et que l'on ne confonde plus le terme de vichyste et celui de vichyssois. En vain, les médias portent peu d'intérêt à cette demande. La conscience nationale, en perpétuant le souvenir de la période de Vichy, éclaire de tous ses feux la cité et ravive les mémoires collectives.

Quand j'ai entrepris une étude monographique à Vichy au milieu des années 1990, certaines difficultés sont apparues dès mon arrivée sur les lieux.

Des problèmes sont nés au cours d'échanges avec les habitants, pour la plupart originaires de Vichy, quand une sorte de tabou se posait, toutes générations confondues, au moment d'aborder la période de l'installation du gouvernement de Pétain dans la ville. Plusieurs fois, la question sous-jacente à cette installation a fait surgir chez les Vichyssois interrogés une forme d'interdit. Certains préféraient ne pas en parler, considérant que cette période était oubliée. Une volonté d'oublier qui s'exerçait comme un refus de parole. Plus fréquemment, d'autres ne souhaitaient pas que leur discours soit enregistré, par peur de laisser un témoignage, une trace ou d'être entendus par d'autres.

Comment interpréter ce silence, cette gêne, cette réticence qui prenaient parfois des allures de secret ? Les habitants, même les plus jeunes, portaient-ils en eux, sur eux, les marques indélébiles de cette histoire honteuse ?

Au cours d'entretiens recueillis sur place, j'ai perçu le fait que dominait ce regard des autres porté sur la ville, ressenti comme une attaque contre laquelle il fallait lutter. Cette souillure, qui était parfois vécue comme un handicap, se manifestait toujours au cours d'interactions avec des gens provenant de l'extérieur : « *des vacances* », « *des voyages organisés* », « *des rencontres impromptues* », « *des gens de passage dans les parcs* ». Les Vichyssois refusent cette identité qu'on leur fait porter, d'autant plus que la majorité d'entre eux se sentent salis par une époque qu'ils n'ont même pas connue. Un homme d'une quarantaine d'années me confie, magnétophone éteint, que, à l'occasion de sa victoire lors d'une élection professionnelle à Paris, l'un de ses collègues lui sert la main et s'exclame : « *Félicitations, tu vois, ça redevient le gouvernement de Vichy !* »

Ce qualificatif de Vichyssois sonne comme une injure à l'extérieur. Certains habitants tentent de s'en sortir en évoquant le fait « *qu'ils ne sont pas Vichyssois mais Moulinois* », ou « *qu'ils s'en fichent n'étant pas nés à cette période* », ou encore « *que c'est une dénomination mal appropriée car tout le monde n'a pas été collaborateur* ». Concernant le sens que prend pour eux le terme de vichyste, il signifie – je cite – : « *fasciste* », « *une insulte* », « *la collaboration avec les Allemands* », « *une trahison* », « *une erreur* », « *une étrange confusion entre une option politique et un lieu de résidence* ».

Goffman parle de symbole, de stigmate en évoquant la faille honteuse dans l'identité de ceux qui la portent[7]. Il rappelle que ce terme, au sens étymologique, renvoie à des marques corporelles – on parlerait maintenant plutôt de cicatrices – qui étaient destinées à exposer ce qu'avait d'inhabituel ou de détestable le statut moral d'une personne. Ces marques gravées au couteau ou au fer rouge proclamaient que celui qui les portait était un esclave, un criminel, ou un traître. Le traître…, n'est-ce pas le symbole du Vichyssois ?

Ne pourrait-on parler à Vichy d'un stigmate de lieu, d'une cicatrice symbolique que porteraient les habitants, reflétant leur lien à un espace dévalorisé socialement ? Une empreinte durable dans le temps, transmise par le seul fait de leur désignation et reflet de leur identité ? L'empreinte du lieu à voir comme une marque d'appartenance.

Le silence conservé par les habitants lors de nos rencontres ressemble à un secret qu'il faut cacher. Simmel écrira d'ailleurs « *que la finalité du secret est avant tout la protection* »[8]. Comment, dès lors, dissimuler une identité honteuse ou un passé humiliant, renforcé à Vichy par la présence des autres : ces curistes venant faire intrusion dans la cité durant la haute saison ? Car Vichy, ne l'oublions pas pour la suite de notre propos, est une ville d'accueil, une ville de l'apparence.

« *Toute agglomération en France aspire à être le centre d'un espace significatif et d'au moins une activité spécifique*, écrit Marc Augé. *Toutes villes, tous villages qui ne sont pas de création récente revendiquent leur histoire, la présentent à l'automobiliste de passage dans une série de panneaux qui constituent une sorte de carte de visite.* » Ainsi, si Lyon, qui est une métropole, reven-dique, entre autres titres, celui de « *capitale de la gastronomie* », une petite ville comme Thiers peut se dire « *capitale de la coutel-lerie* ». « *L'allusion au passé*, explique Augé, *complexifie le pré-sent.* »[9] J'aurais envie d'ajouter : et le glorifie, voire l'idéalise.

Effacer, nettoyer, reconstruire

Que dire de Vichy ? Que dire à Vichy ? Que présenter aux tou-ristes de passage à l'entrée de la ville ? À côté des pastilles et des eaux thermales, que faire figurer comme espace historique signi-ficatif ? À Vichy, il y a quelque temps, importuné par ce « *lourd fardeau* » de l'histoire locale, on en venait même de manière irraisonnée à vouloir rebaptiser la ville…

Toute histoire n'est pas bonne à dire ou à transmettre. Le passé d'un groupe n'est pas toujours glorieux, pas toujours valorisant et peut se montrer extrêmement difficile à assumer. La mémoire assure la continuité des individus, révèle quelque chose de leur identité et fonde leur enracinement vers l'avenir. Malgré tout, lorsque le poids du passé devient trop lourd à porter pour un groupe, pour une communauté, la mémoire peut être source de négations, d'enjeux ou de silences, et peut même s'avérer extrê-mement créative à travers le temps[10].

Ainsi, lorsque l'histoire collective est entachée de périodes diffi-ciles, les hommes peuvent être conduits à en effacer une partie. Des stratégies de reconstruction peuvent aussi apparaître servant à transformer dans le présent des passages pénibles de leur histoire.

À Vichy, nous observons depuis une dizaine d'années un pro-cessus de reconstruction historique, une forme d'oubli institution-nel ou de réécriture de l'histoire. De manière schématique, et à l'instar d'Umberto Eco lorsqu'il propose des « *stratagèmes pour oublier* »[11], je relèverai trois processus distincts qui ont été mis en place parallèlement dans la ville, volontairement ou non, et qui offrent une relecture du passé de la cité vichyssoise.

À Vichy, oublier signifie d'abord effacer, gommer.

Un effacement à voir comme une forme de refoulement : effacer en quelque sorte la souillure de la Seconde Guerre mondiale. À Vichy, tous les monuments ont conservé leur caractère d'origine. Il n'y a quasiment aucun bâtiment qui ait disparu depuis la fin de la guerre. Tout ici est resté intact. Au cours de mes séries d'observations dans la ville, j'ai voulu visiter l'ensemble des musées locaux afin de voir ce que Vichy incluait à la somme de son patrimoine. L'état des lieux fait apparaître qu'à l'exclusion des marques de l'État français, aucune trace ne témoigne, dans les deux principaux musées de la ville, de l'histoire politique de Vichy à partir de 1940.

« Le patrimoine est le témoignage d'une certaine identité, nous circulons dedans comme dans un espace sémiotique », écrit Pomian[12]. Ce vide des musées vichyssois est donc porteur de significations. Cette période semble ne jamais avoir existé. Aucun travail de remémoration collective n'a été effectué depuis toutes ces années, aucune exposition n'a jamais fait état de cette installation – pourtant coûteuse pour la population – comme si celle-ci était amnésique de quatre années. Une absence de mémoire en partie gérée par les autorités locales.

À Vichy, oublier signifie ensuite nettoyer.

Une entreprise de rénovation de la cité est mise en place en 1992 par Claude Malhuret, maire de Vichy, avec pour slogan : *« Redonnons un cœur neuf à la ville. »* Pendant plus de trois ans, les gros titres municipaux sont fréquemment consacrés à la relance et la rénovation de la cité.

Cette volonté de laver Vichy – au sens propre comme au sens figuré – représente symboliquement, d'après moi, le désir des Vichyssois de retirer de leur histoire toute tache qui l'obscurcirait.

Cette volonté rappelle d'ailleurs étrangement celle entreprise à Dallas après l'assassinat de Kennedy. Pennebaker et Banasik montrent en effet que, consécutivement à cet attentat qui a marqué toute l'Amérique, les habitants de cette cité ont été stigmatisés par l'événement et sont devenus les victimes d'un véritable harcèlement médiatique[13]. Plus de vingt ans après cet assassinat, d'énormes moyens financiers ont été mis en place afin de rendre la cité « propre » et de reconstruire des bâtiments. Dallas devint alors la ville du futur.

Cette entreprise de rénovation urbaine propose certaines analogies avec le cas vichyssois. Malgré tout, à Vichy, la volonté d'embellir la ville a coïncidé avec le moment où un certain nombre d'affaires liées à la période de Vichy, sont revenues sur le devant de la scène, au plan national. Pour les Vichyssois, cela tombait mal et

Vichy fut à nouveau sali, comme en témoigne le désarroi de cette femme lors d'un entretien, en plein procès Papon : « *Oui, c'est vrai qu'à une époque,* dit-elle, *c'était dans les consciences mais on en parlait moins. Puis là, ils ont quand même remué toutes ces affaires, y'a pas trop longtemps. Ça tombait pile au moment où on a changé le milieu piéton, où Malhuret était en train de nous faire une ville toute neuve... Ça tombait vraiment au moment où on cherchait à faire oublier cette vieille image de Vichy... alors... elle est revenue.* » Le passé semble ici prendre des airs de cauchemar...

À Vichy, oublier signifie donc effacer, nettoyer mais surtout reconstruire, ou réécrire l'histoire si nous utilisons la métaphore du palimpseste de Baudelaire.

À l'occasion de l'une de mes visites sur le terrain vichyssois, j'observe que certaines plaques de noms de rues avaient été fraîchement posées. Sous les dénominations traditionnelles, étaient installées de nouvelles plaques : le boulevard de Russie était devenu le boulevard de l'Impératrice Eugénie, la rue Hoover renommée la rue Impériale. On sait bien que les noms de rue représentent de véritables lieux de mémoire pour les collectivités et qu'ils jouent un rôle moteur dans les processus de fixation de la mémoire collective[14]. La pose des plaques honorant le Second Empire signifiait que la ville cherchait à redonner une place à Napoléon III et imposait donc à ses habitants de vivre à l'heure d'une autre époque. Quelque temps plus tard, à l'occasion d'une recherche documentaire dans le fonds local de Vichy, je suis surprise de trouver un article consacré à l'installation d'un buste de Napoléon III. L'association des « Amis de Napoléon III », ancrée dans la cité depuis la fin des années 1980, avait réussi à obtenir de la municipalité la pose de ce buste dans le parc le plus fréquenté de la ville.

Les visites de Vichy organisées durant la haute saison pour les touristes ont aussi fait l'objet d'observations. Deux circuits pédestres aux appellations bien différentes ont été prévus : le premier, nommé « *Vichy patrimoine* », comprend toute la période de l'empereur Napoléon III, les différents centres thermaux, les églises, la maison de Mme de Sévigné et le parc des sources. Le second circuit, créé en 1992, est nommé « *Vichy : 40-44* ». Cette visite est bien délimitée dans le temps : « 40-44 », et Vichy ne l'inclut pas à la somme de son patrimoine. Cette visite donc, consiste en une balade extérieure devant les principaux édifices ayant abrité le gouvernement vichyste, les anciennes ambassades de l'époque, les consulats reconvertis maintenant pour la plupart en habitations privées.

Or, ces deux visites proposées actuellement par l'Office du tourisme vichyssois – comble de l'histoire, lui-même installé dans l'hôtel du Parc qui, je le rappelle rapidement, fut le siège du gouvernement, et notamment celui du Maréchal Pétain – correspondent strictement au même espace... La période napoléonienne peut être superposée à celle de Pétain, car on visite le même quartier, voire les mêmes bâtiments.

Ainsi, selon que les touristes décident de faire l'une ou l'autre visite, seul le discours du guide vichyssois change. Ce processus compensatoire, qui tend à remplacer la période honteuse de Pétain par celle, glorieuse, de Napoléon III, trouve aussi ses origines dans la superposition spatiale de ces histoires. De ce point de vue, le recouvrement historique d'une période par une autre est pertinent à observer à Vichy, car matériellement et symboliquement, Napoléon III « prend la place » de Pétain dans l'espace.

Bien que cette histoire fasse partie intégrante de la mémoire collective vichyssoise, le passage de Napoléon III dans cette ville n'est jamais cité dans notre histoire nationale et peut sembler totalement anodin...

L'histoire mise en scène

Pourtant, à Vichy, ce séjour a d'emblée marqué la mémoire et l'identité des habitants, mais paradoxalement dans un sens inverse à celui d'aujourd'hui... La fière reconnaissance que les Vichyssois accordent actuellement à Napoléon III ne date que de quelques années et cette glorification n'est que reconstruction.

En effet, en 1853, la population vichyssoise, fortement républicaine se soulève. En 1870, au moment de la bataille de Sedan, les Vichyssois donnent des signes évidents de rejet, en lacérant les tableaux à l'effigie de l'empereur comme dans toute la France. Après son départ, il ne reste plus à Vichy aucune trace du passage de Napoléon III.

« *Nous sommes libres de choisir dans le passé la période où nous voulons nous transporter* », écrit Halbwachs. Au niveau collectif : « *La société oblige les hommes de temps en temps, non seulement à reproduire en pensée les événements antérieurs de leur vie, mais encore à les retoucher, à les retrancher, à les compléter, de façon à ce que, convaincus cependant que nos souvenirs sont exacts, nous leur communiquons un prestige que ne possédait pas la réalité.* »[15]

Étrange situation que cette communauté condamnée à falsifier son histoire pour pouvoir exister… Car finalement, quand la France « *jetait le voile* » sur la période de Vichy, la ville s'épanouissait encore. C'est lorsque le discours social a évoqué la période que la ville s'est mise à exercer un pouvoir sur sa propre histoire. Selon le principe des vases communicants, la montée de la mémoire nationale a produit un effet inverse à Vichy.

Devoir de mémoire sur Vichy, droit à l'oubli à Vichy ?

Ces deux expressions « devoir de mémoire, droit à l'oubli » ne sont pas antithétiques, mais complémentaires. Bien sûr, chacune, envisagée à l'extrême, peut devenir effrayante tant à l'échelle individuelle qu'à l'échelle collective : l'abus de mémoire comme l'éradication du passé sont tout aussi dangereux et néfastes pour un individu que pour une communauté. La littérature en témoigne : le cas d'Irénée Funes, dans la nouvelle de Borges, comme celui de Winston, chez Orwell, dans *1984* sont tout aussi inquiétants…

Pourtant, mémoire et oubli restent inséparables et intrinsèquement liés à tel point que l'on ne peut convoquer l'une sans voir apparaître l'autre. L'oubli n'est pas le contraire de la mémoire, il est sa face cachée. L'oubli n'est pas un vide, un creux, le négatif de la mémoire. Il est, pourrait-on dire, nécessaire à la mémoire et remplit aussi des fonctions identitaires[16].

On ne peut forcer un homme à oublier. Umberto Eco explique : « *On a très sérieusement cherché des techniques pour pouvoir oublier. Geswaldo, dans sa* Plutosophie, *a proposé une expérience : imaginer une chambre remplie de symboles de souvenirs à oublier et se représenter en train de les jeter par la fenêtre. Mais l'expérience prouve que l'on n'a fait que renforcer les souvenirs que l'on voulait tuer. Ceux qui savent ce qu'ils veulent oublier – un amour malheureux, la mort d'une personne aimée, une humiliation brûlante – savent aussi que plus on se force à effacer un souvenir, plus l'image à effacer se place au centre de la conscience.* »[17]

On ne peut forcer un homme à oublier, mais peut-on y aider une communauté ?

À Vichy, le travail d'oubli, entrepris par les municipalités successives, la réécriture de l'histoire qui tend à effacer un épisode collectif honteux pour le remplacer par une histoire glorieuse imaginaire, ne génère que le repli et le silence des habitants, processus symptomatique d'une certaine forme de culpabilité portée par plusieurs générations. C'est bien de cette manière-là d'ailleurs que j'ai travaillé et que j'ai dû m'adapter au terrain vichyssois. Convaincue que, comme le dit Pollack : « *Le silence n'est pas l'oubli. Il peut être une condition de communication* »[18], les procédures de recherche mises en place m'ont permis de saisir les conditions de ce silence collectif, toutes générations confondues ; considérant que ce silence correspondait au poids du passé, j'ai été amenée à réfléchir au rapport particulier que les habitants entretenaient avec l'histoire de leur ville, à cette mise en scène de leur histoire.

Mais ce silence ne signifie pas pour autant que les habitants ont oublié.

Sur la base d'un matériel photographique, les Vichyssois, tous âges confondus, me désignaient parfaitement les lieux de la ville ayant trait à sa période vichyste. Ce silence n'est donc pas un oubli collectif, mais le témoignage du blocage qui s'exerce à Vichy entre l'incapacité à oublier et l'interdiction de se souvenir.

Yerushalmi nous dit « *qu'un groupe ne peut oublier ce qu'il n'a pas d'abord reçu* »[19]. Le silence autour de cet épisode vichyste, entretenu par le pouvoir et précipité par le discours social, a généré une absence de transmission entre les générations.

Mais c'est peut-être là qu'il faudrait s'attarder davantage…

Soulever cet interdit et laisser se verbaliser les maux (ou les mots) de cette communauté. Laisser enfin s'échapper l'histoire, celle du groupe lui-même, pour qu'une transmission puisse avoir lieu et laisser venir ensuite l'oubli salvateur. Accepter son histoire, aussi difficile soit-elle du point de vue identitaire, c'est aussi permettre à une communauté stigmatisée d'aller de l'avant dans le futur, même à l'échelle urbaine. Redonner enfin leurs places aux mémoires plurielles et aux identités collectives, au lieu de les déraciner de leur passé en leur proposant la version d'une histoire qu'elles n'auraient pas écrite.

Et finalement, si la mode en vient au tourisme de la mémoire, il faudra bien accepter un jour que les espaces dans lesquels nous circulons ne soient pas toujours idéalisés, pas toujours glorieux, et que l'histoire des villes, comme celles des hommes, comprenne certaines aspérités.

NOTES

[1] F. Dosse, « Entre histoire et mémoire : une histoire sociale de la mémoire », *Raison présente*, n° 128, 1998, p. 9.

[2] P. Nora, « L'ère de la commémoration », *in* P. Nora (dir.), *Les Lieux de mémoire*, tome III, vol. III, Paris, Gallimard, 1993, p. 1012.

[3] H. Rousso, *Le Syndrome de Vichy de 1944 à nos jours*, Paris, Seuil, 1987, 1990.

[4] E. Conan et H. Rousso, *Vichy un passé qui ne passe pas*, *Pour une histoire du XXᵉ siècle*, Paris, Fayard, 1994.

[5] P. Nora, « Entre Mémoire et Histoire », *in* P. Nora (dir.), *Les Lieux de mémoire*, tome I, vol. I, Paris, Gallimard, 1984, p. XVII-XLII ; P. Burin, « Vichy », *in* P. Nora (dir.), *Les Lieux de mémoire*, vol. III. *Les France*, partie I, « Conflits et partages », Paris, Gallimard, 1986, p. 321-345.

[6] G. Frelastre, *Les Complexes de Vichy ou Vichy Les Capitales*, Paris, Éditions France Empire, 1975, p. 133.

[7] E. Goffman, *Stigmate*, Paris, Éditions de Minuit, 1963, 1975.

[8] G. Simmel, *Secret et sociétés secrètes*, Paris, Circé, 1908, 1966.

[9] M. Augé, *Non-lieux. Introduction à une anthropologie de la surmodernité*, Paris, Seuil, « La librairie du XXᵉ siècle », 1922, p. 87-89.

[10] F. C. Bartlett, *Remembering : A Study in Experimental and Social Psychology*, Cambridge, Cambridge University Press, 1932 ; M. Halbwachs, *La Mémoire collective*, Paris, Albin Michel, 1950, 1997.

[11] U. Eco, « Un art d'oublier est-il concevable ? », *in Théâtres de la mémoire. Traverses 40. Revue du centre de création industrielle*, Paris, Centre Georges Pompidou, 1987, p. 124-135.

[12] K. Pomian, « Musée et patrimoine », *in Patrimoine en folie*, Ministère de la culture et de la communication, Paris, Édition Maison des Sciences de l'homme, coll. « Ethnologie de la France », n° 5, 1987, p. 177-198.

[13] J. W. Pennebaker et B. L. Banasik, « On the creation and maintenance of collective memories : History as social psychology », *in* J. W. Pennebaker, D. Paez et B. Rimé (éd.), *Collective Memory of Political Events. Social Psychological Perspectives*, New Jersey, Lawrence Erlbaum Associates, 1997, p. 3-19.

[14] S. Barcellini, « La grande variété des lieux de mémoire », *in Les Échos de la mémoire. Tabous et enseignements de la Seconde Guerre mondiale*, Paris, *Le Monde* Éditions, 1991, p. 213-217.

[15] M. Halbwachs, *Les Cadres sociaux de la mémoire*, Paris, Albin Michel, 1925, 1994, p. 113.

[16] V. Haas, « Approche psychosociale d'une reconstruction historique. Le cas vichyssois », *in Cahiers internationaux de psychologie sociale*, 2002, n° 53, p. 32-45.

[17] U. Eco, « Introduction à : l'avenir ne peut-il se reconstruire que sur la mémoire du passé ? », *in Pourquoi se souvenir ?*, Paris, Grasset, « Académie universelle des cultures », 1999, p. 237.

[18] M. Pollak, « Mémoire, oubli, silence », *in Une identité blessée*, Paris, Métailié, 1993, p. 38.

[19] Y. H. Yerushalmi, « Réflexions sur l'oubli », *in Usages de l'oubli. Colloque de Royaumont*, Paris, Seuil, 1988, p. 11.

Benjamin Stora

LA MÉMOIRE RETROUVÉE DE LA GUERRE D'ALGÉRIE

Sur la guerre d'Algérie, le passage s'opère depuis quelques années d'une sensation d'absence à une sorte de surabondance. Il ne se passe pas un jour, ou une semaine, sans qu'on découvre, ou qu'on feigne de découvrir, un épisode lié à la guerre d'Algérie, une douleur, une souffrance qui tourne autour de cette période, de cette séquence très particulière. Cette sensation d'absence, que j'avais pointée il y a dix ans dans mon ouvrage *La Gangrène et l'oubli*, semble largement dépassée aujourd'hui. L'Algérie gît là comme une obsession, il n'est pas possible de l'oublier. La sortie de la dénégation, du refoulement, du silence, commence vraiment, et désormais l'oubli obsède. Cette volonté de se remémorer sans cesse l'Algérie, l'histoire de la guerre d'Algérie, envahit l'espace public. Je voudrais m'interroger rapidement sur ce retour, sur ce questionnement, sur cette obsession d'Algérie plutôt que de faire un récit chronologique de la guerre, et de son cortège de souffrances.

Tout d'abord, la première question que je me poserai est la suivante : y a-t-il eu vraiment oubli de la guerre d'Algérie, ou avons-nous assisté plutôt à une sorte de mise en scène de l'amnésie française autour de l'Algérie et de ce conflit ? C'est une grave question. La société savait presque tout sur la torture, les souffrances, les exactions liées à la guerre elle-même. Beaucoup de choses ont été écrites, près de 250 livres ont été publiés pendant cette période, entre 1955 et 1962, ce qui est considérable. Beaucoup de propos ou d'actes ont été censurés, c'est vrai. Mais il n'en reste pas moins qu'il y a eu publication et un travail éditorial relativement important.

Cette sensation d'absence tient, à mon avis, à plusieurs raisons. D'abord, le fait que, au sortir de la guerre d'Algérie, après 1962, personne, dans le fond, ne s'est senti responsable, ni coupable. Les Européens d'Algérie, ceux que l'on appellera par la suite les « pieds-noirs », avaient la sensation très nette d'avoir été trahis et abandonnés par le pouvoir politique. Ils ne se sentaient pas responsables de la situation coloniale, mais avaient toujours vécu l'expérience de leur vie en Algérie comme des « pionniers » sur une terre vierge, à défricher. Les soldats français du contingent avaient le sentiment très net de n'être pas les responsables de la situation de guerre. Ils avaient obéi à leurs supérieurs. Les officiers français de la guerre d'Algérie, eux aussi, disaient : « *Nous avons obéi aux pouvoirs politiques. Donc, nous ne sommes pas responsables.* » Les militaires ont « oublié » les importants pouvoirs politiques dont ils disposaient, notamment au moment de la fameuse « bataille d'Alger » en 1957. Une chaîne de non-responsabilité, effarante, s'est mise en place autour de l'Algérie en guerre. Les harkis, également, ces soldats musulmans supplétifs qui ont combattu aux côtés de l'armée français, ont été abandonnés. Ils ont été massacrés, et ne pouvaient pas se sentir responsables.

Quant à la classe politique française, elle a reconstruit sa propre histoire. La droite reconnaît en de Gaulle son sauveur, et reconstruit, surtout après 1962, une sorte de consensus politique autour de sa personne pour faire oublier son attitude pour l'Algérie française. La gauche également reconstruit son histoire, puisque, ne l'oublions pas, elle a approuvé les « pouvoirs spéciaux » en mars 1956, dispositions qui ont envoyé le contingent en Algérie. Jusqu'en 1960, la gauche française était pour « *la paix en Algérie* ». Elle ne deviendra partisan de l'indépendance que très tardivement. Elle va donc reconstruire, elle aussi, un récit mythologique lié à la question de l'indépendance de l'Algérie, peut-être pour faire oublier sa position antérieure. Celle d'une position, dans le fond, classiquement jacobine, de l'amélioration des conditions de vie des « indigènes » dans les colonies. Il était inimaginable, pour la gauche française, en 1954, 1955, 1956, que l'Algérie puisse, un jour, accéder à son indépendance politique. C'était de l'ordre de l'impensé. Il aura fallu, bien sûr, le combat d'un certain nombre de militants à l'intérieur de ces organisations pour que les choses évoluent. Bref, à droite comme à gauche, une reconstruction s'opère d'un récit politique autour de la guerre d'Algérie.

Lorsque la guerre se termine, personne n'est responsable, et tout le monde se retrouve en position de victime : les soldats, les pieds-noirs, les harkis se considèrent comme des victimes. La posture adoptée, être la victime de cette tragédie, est un aspect saisissant de l'après-1962. La mise en scène de l'amnésie accompagne le processus de victimisation, pour éviter précisément d'évoquer les responsabilités – qui a pu commettre tel ou tel acte ? Cela renvoie à une dimension qui me paraît évidente : le refus de toute culpabilité sur l'Algérie et la guerre. À quoi il faut ajouter que nous entrons, dans les années 1980, moment de crise des idéologies « dures » comme le tiers-mondisme ou le socialisme, dans une situation où il vaut mieux apparaître en victime qu'en combattant ou en militant. À côté du statut de victime, le sentiment qui se développe est celui de la fausse indifférence, véritable dissimulation de la revanche par rapport aux « hommes du Sud », les immigrants algériens vivant dans la société française.

L'empire perdu

Autre aspect qui m'intéresse aussi : « *L'Algérie, c'était la France* ». Ce pays n'était pas une simple colonie lointaine, type Indochine, Sénégal ou Maroc, mais une partie constitutive du territoire national. L'abandon de l'Algérie française construit un sentiment très fort de l'amputation, pourrait-on dire, d'une partie du territoire national. La guerre s'élabore comme une sorte de guerre civile franco-française, où semble se jouer l'avenir tragique de la nation. L'indépendance de l'Algérie devient synonyme d'abaissement du sentiment national. La crise du nationalisme français est liée au « joyau » de son empire colonial perdu.

D'autres éléments historiques viennent aussi occulter très vite la guerre d'Algérie. Les « événements » de 1968 arrivent six ans seulement après l'Algérie. La génération de 68 va occuper le devant de la scène culturelle et médiatique et peut-être recouvrir les échos du combat livré par les « anciens d'Algérie », ou ceux qui étaient contre la guerre d'Algérie.

L'installation dans une situation d'amnésie conduit à une interrogation sur l'oubli. Deux types d'oubli doivent être pris en compte. L'oubli nécessaire est l'oubli pour vivre tout simplement. Comment est-il possible de vivre perpétuellement en état de mémoire frénétique, mélancolique, envahissante ? Il faut, peut-être aussi, quelquefois oublier pour vivre. Il existe en outre un autre oubli : l'oubli pervers. L'oubli organisé qui vise à dissimuler, à recouvrir, à ne pas assumer, à ne pas reconnaître ses torts ou ses responsabilités. Et peut-être que, derrière l'oubli nécessaire, celui de la sortie d'une guerre, se dissimule l'oubli pervers, qui vise à ne rien reconnaître de la culpabilité, qui s'est niché dans la société française des années 1970.

Nous savons aujourd'hui, à travers toute une série de travaux, de révélations, de combats citoyens, quel a été le drame de la guerre d'Algérie. Un drame terrible, puisque 1 200 000 jeunes du contingent ont été envoyés de l'autre côté de la Méditerrannée, et 30 000 sont morts ; nous savons que 300 000 à 400 000 Algériens – ce sont des chiffres *minima* – ont été tués pendant cette guerre, près de 8 000 villages algériens ont été rasés, deux millions de paysans algériens ont été déplacés – ce sont des chiffres énormes – ; nous savons qu'un million de pieds-noirs ont quitté leur terre natale, ils étaient là depuis trois, quatre générations ; et avec eux, les Juifs d'Algérie, qui pour certains étaient là depuis 2 000 ans, ont été complètement arrachés à cette histoire. Et enfin, des milliers de harkis ont été massacrés. C'est un tableau épouvantable, terrible qui est là, posé devant nos yeux. Et pourtant, tout au long des années 1970, l'oubli domine. Je dis « les années 1970 », parce que, si nous prenons par exemple la tragédie d'octobre 1961[1], en 1971, dix ans après les « événements », il n'y a eu aucune commémoration en France. Et dans l'après-68 où l'extrême gauche et la gauche française étaient très virulentes, il n'existe pas de références, de souvenirs, de commémorations. Il a fallu attendre octobre 1981 pour voir apparaître les premiers signes tangibles, dans les médias français, de l'histoire du 17 octobre 1961. Après, le mouvement s'est bien sûr amplifié, en 1991, puis en 2001.

Dans la réflexion sur les circonstances de ce retour, de cette sur-abondance de l'Algérie dans la société française d'aujourd'hui, un élément me paraît central, celui du passage des générations. Celui qui a vécu un événement décisif éprouve peut-être la nécessité de laisser une trace, de laisser une parole aux générations qui suivent. Au soir d'une vie apparaît la nécessité de se délivrer davantage d'un poids, d'un secret ou d'un remords. Et puis les jeunes générations ressentent le besoin de s'inscrire elles-mêmes dans une généalogie, dans une filiation, de savoir quelle a été l'attitude du père ou du grand-père dans cette guerre. Cette situation-là s'observe dans la jeunesse française, mais aussi dans la jeunesse d'origine algérienne. Cette dernière tient à savoir dans quelle généalogie elle s'inscrit, et comment elle peut essayer de comprendre, ou d'interpréter, le silence de ses pères.

Un second aspect me paraît important, celui des générations politiques. Aujourd'hui en France, depuis la mort de François Mitterrand, lui-même issu de la période de Vichy, la génération algérienne est aux commandes : ceux qui ont fait la guerre d'Algérie ou qui ont combattu contre la guerre d'Algérie, dans un sens comme dans l'autre. Le vote à l'Assemblée nationale du 10 juin 1999, à la quasi-unanimité, reconnaissant « une guerre » en Algérie est révélateur. Une majorité des députés étaient des « anciens » de l'Algérie tout simplement, des gens qui avaient connu, ou fait, la guerre d'Algérie. Ils se sont succédé à la tribune pour expliquer ce qu'avait été pour eux cette séquence particulière. Si la guerre d'Algérie se trouve sur le devant de la scène, c'est en grande partie parce qu'elle s'adosse à un cadre politique étatique institutionnel (le vote de l'Assemblée nationale) qui permet ensuite à la mémoire de pouvoir se déployer. Le vote à l'Assemblée nationale, et la présence de personnages politiques au sommet de l'État, permettent de saisir la volonté d'inscrire en des lieux de commémoration voulus par l'État, la mémoire de cette guerre. On évoque depuis quelques années la possible construction d'un « Mur » à Paris à la mémoire de soldats tombés en Algérie. Le Conseil de Paris a déjà décidé de poser une plaque à la mémoire des victimes algériennes du 17 octobre 1961. Le ministère de l'Éducation nationale va rendre hommage à des enseignants, tués le 19 mars 1962 à Alger, qui avaient espéré dans une paix fraternelle en Algérie. Bref, des cadres politiques de la mémoire se mettent en place, permettant à celle-ci de s'exprimer davantage.

D'autres éléments aussi permettent de comprendre ce retour de l'Algérie dans la société française. Parmi ces éléments, il faut réfléchir à celui qui me paraît décisif : le retour par le sud, le détour par ce qui se passe aujourd'hui en Algérie. Car on ne peut pas aujourd'hui comprendre ce qui se passe autour des enjeux brûlants de la guerre d'Algérie en France si on n'inscrit pas cette mémoire en miroir, si on ne veut pas voir ce qui se passe de l'autre côté de la Méditerranée. Or, de l'autre côté depuis dix ans, une guerre civile terrible a fait des dizaines de milliers de morts, près de 120 000 morts maintenant. Et dans cette terrible tragédie algérienne sont revenus les souvenirs, en Algérie, de la première guerre d'indépendance. Lorsque, dans cette guerre d'aujourd'hui, surgissent des mots comme « terrorisme », « fanatisme », « barbarie », « massacre », « violence », « bataille d'Alger », inévitablement le souvenir de la guerre d'avant vient bousculer, perturber celle du présent. Cette question est centrale, parce que les Algériens – on le sait trop peu souvent ici en France – ont également accompli un important travail de retour sur eux-mêmes. On ne peut pas aujourd'hui discuter de la guerre actuelle d'Algérie si on ne mesure pas ce travail.

Le secret de la violence

Aujourd'hui en Algérie, il est spectaculaire d'assister au retour des figures qui avaient été écartées de la scène politique pendant la guerre d'indépendance, ou au lendemain de cette guerre. Le retour d'hommes politiques qui avaient été soit assassinés par le FLN, soit mis à l'écart du pouvoir politique. Des hommes comme Mohamed Boudiaf, assassiné en juin 1992, sont « revenus ». D'autres figures ont fait retour dans l'espace public en Algérie, puisque l'aéroport de Tlemcen est devenu l'aéroport Messali Hadj et l'université de Sétif s'appelle « université Ferhat Abbas ». Ces deux figures fondatrices du nationalisme algérien sont longtemps restées dans l'ombre. D'autres personnages occultés, pères fondateurs du nationalisme algérien, comme Abane Ramdane, animateur central du congrès de la Soummam en août 1956, ont fait leur « réapparition ». Cela prouve la nécessité pour les Algériens de comprendre la violence dans laquelle ils ont évolué tout au long des années 1990. La nécessité pour eux également de se réinscrire en quelque sorte dans une filiation, et de chercher le secret de la violence, peut-être aussi dans leur guerre d'indépendance.

Les débats qui ont eu lieu sur les pères fondateurs du nationalisme algérien, puis les débats qui ont eu lieu en Algérie autour du massacre des messalistes, en particulier du massacre de Melouza, en mai 1957, où 374 villageois paysans ont été égorgés par l'unité de l'ALN, ont été portés à la connaissance du public algérien. Très souvent certains intellectuels français disent : « *On ne peut pas, nous, faire la lumière sur tout notre passé terrible, sanglant, si, de leur côté, les Algériens n'accomplissent pas ce type de travail.* » Mais les Algériens, justement, commencent à faire ce travail. Le massacre de Melouza éclaire, en grande partie, cet extraordinaire archaïsme des violences paysannes à l'œuvre aujourd'hui en Algérie. La violence trouve, en partie, son ressort dans la fabrication d'un parti unique, exclusiviste, à visée hégémonique qui a écarté tous ses concurrents, non seulement les messalistes, mais aussi les communistes, les « berbéristes ». L'origine de l'islamisme politique est à chercher, là aussi, à quelque degré que ce soit, dans cette violence du communautarisme paysan et religieux. Tout un travail se fait en Algérie, qui vise à remettre en selle, loin des discours officiels, admis, la mémoire de la guerre d'indépendance algérienne.

Dernier exemple, tabou, en Algérie, le sujet des harkis. Lorsque le président Abdelaziz Bouteflika est venu à Paris, il a dit : « *Les harkis, je n'en parle pas. Ce sont des collaborateurs.* » Ce discours à la télévision a choqué en France et a provoqué une interrogation en Algérie. Des gens ont dit : « *Pourquoi ne discuterait-on pas du problème des harkis ?* » Les harkis ont été près de 150 000 à combattre aux côtés de l'armée française. 60 000 se sont enfuis en France. Plusieurs milliers d'entre eux ont été massacrés après l'indépendance (les historiens n'ont pas encore établi leur nombre exact). Des descendants de harkis vivent en Algérie, pas seulement en France. Dans la guerre d'indépendance, il n'était pas rare de trouver dans une famille algérienne un fils qui était harki, et un autre qui était au maquis du FLN. Une vraie histoire algérienne est en train de se découvrir en Algérie même. Ce partage familial terrible d'une guerre civile algéro-algérienne est un secret qui remonte à la surface. Le 1er novembre 2001, journée de fête nationale en Algérie, les premiers articles d'historiens algériens sur la question des harkis ont été publiés sous l'angle de : « *Comment comprendre le caractère contre-révolutionnaire, paysan, existant dans la révolution algérienne ?* » Ce débat vise à remettre en cause le principe de l'unicité du peuple, avec un seul parti qui était le FLN. Cette discussion est décisive pour l'établissement d'un espace démocratique en Algérie.

D'autres débats ont vu le jour, sur la question berbère en particulier, dans l'histoire du mouvement nationaliste algérien. Tous ces questionnements visent à nous dire une chose : l'État perd progressivement le monopole d'écriture de l'histoire de la guerre d'indépendance algérienne. Cela se passe aussi – par parenthèse – au Maroc, où émerge une interrogation sur la réappropriation de l'histoire. Une critique radicale se développe sur les « années de plomb » du règne du roi Hassan II. Là aussi, tout un débat s'organise, de manière citoyenne. Une série d'associations essaient de se frayer leur chemin, particulièrement sur les problèmes de la torture et de la privation des droits et des libertés pendant trente ans. Ce sont des débats difficiles, extrêmement importants. Bref, nous évoluons dans une situation où se développe, selon moi, un processus de mondialisation mémorielle, de retour de mémoire. Il n'est pas possible d'envisager les retours de mémoire liés à la question de l'Algérie en France indépendamment du travail qui s'exerce de l'autre côté de la Méditerranée. La circulation, le passage entre les différentes mémoires favorisent les retours d'histoire, car les Algériens, eux aussi, se battent pour reprendre cette mémoire, et essayer de se débarrasser d'une mémoire falsifiée de guerre.

Autre aspect de réflexion qui me paraît décisif : le retour de mémoire sur la guerre d'Algérie, dans l'espace public en France, est aussi à mettre en rapport avec les processus de « judiciarisation » de l'histoire. Des mises en accusation sur le plan judiciaire s'accomplissent, accompagnent les installations mémorielles. Ce processus est observable dans d'autres pays, comme au Chili avec la question Pinochet, mais également dans les anciens pays communistes ou en Afrique du Sud. La France se trouve imbriquée dans ce mouvement mémoriel qui s'exprime à l'échelle internationale, avec peut-être une restriction du temps de latence. Très souvent, les traumatismes liés aux guerres entraînent un long temps de latence pour essayer de regarder en face, assumer ce qui s'est passé. On a pu observer ce phénomène autour de la question de Vichy, ou de la Première Guerre mondiale. Il a fallu trente ou quarante ans pour commencer à « assumer » les phénomènes sur le plan historique, passer de la mémoire à l'histoire, trouver et désigner les coupables. Ce qui est remarquable dans les dernières années que nous venons de vivre, à travers le génocide rwandais et la guerre civile bosniaque, c'est la restriction de ce temps de latence. En cinq ans – les massacres au Rwanda et en Bosnie se produisent dans les années 1993-1995 –, très vite se sont produites des mises en accusation judiciaires et la volonté de savoir, de regarder en face. C'est une nouveauté. Le fait de vouloir situer rapidement le niveau des responsabilités étatiques et politiques apparaissait impensable il y a vingt ans à peine. Il a fallu attendre très longtemps pour que se tienne le procès de Maurice Papon, lié à son comportement sous Vichy. Dans le cours de ce procès, en 1998, très vite le « Papon de 1942 » est devenu un « autre Papon », celui d'octobre 1961. Il n'y a pas eu d'attente, de réflexion, de distance critique, historique pour mettre en œuvre des procédures d'examen, d'écriture. Les historiens sont obligés de prendre en compte la divulgation rapide des informations visant à une mise en accusation politico-étatique. Dans le domaine de l'histoire contemporaine, ils ne peuvent plus travailler comme auparavant.

La crise des idéologies globales

Enfin, il faut réfléchir à la question du désir individuel de récit, de vécu et de construction d'identité personnelle à travers des réappropriations de mémoire. La forte présence de la catégorie-mémoire sur la scène publique est à mettre en rapport avec la crise des idéologies globales. La mémoire apparaît comme le moyen de se réfugier dans ce qui peut paraître sûr, dans le vécu personnel, individuel ou familial. La méfiance est grande à l'égard des tentatives idéologiques d'explication globale. La peur de perdre son identité dans un processus d'homogénéisation, plus la perte du futur, c'est-à-dire la perte des espérances suscitées par le progrès, tout cela provoque un retour vers le passé (surtout quand le présent est rempli d'angoisses et de frustrations). La recherche mémorielle vise aussi à des constructions de récits personnels, de récits d'identité. Elle entend également pouvoir s'inscrire dans des histoires plus globales, plus générales qui visent à redéfinir, fonder des récits nationaux tout simplement.

L'apparition dans la société française de nouveaux groupes porteurs de la mémoire algérienne est fondamentale. Jusqu'à présent, deux ou trois grands groupes porteurs des années algériennes ont existé dans l'espace public. Les Européens d'Algérie, dans les années 1970, à travers toute une série de récits, de batailles, pour ce qu'on a appelé « l'indemnisation des rapatriés », se sont fait beaucoup entendre. Ce groupe porteur de la mémoire algérienne, fort d'un million de personnes, est considérable dans la société française. Un autre groupe, celui des soldats français qui ont combattu, s'est fait entendre à travers ses associations, comme la FNACA ou d'autres. Ces deux groupes, Européens et soldats, ont fait valoir un certain récit de l'histoire coloniale, de la guerre d'Algérie. Celui de la « *nostalgeria* », de la perte d'une Algérie conviviale et coloniale.

Or, un nouveau groupe a surgi dans la société française dans les années 1980, celui formé par les enfants, ou petits-enfants, issus de l'immigration algérienne en France. Ils ne s'inscrivent pas dans le récit de la « *nostalgeria* » qui veut se remémorer un passé perdu. Ils veulent, au contraire, comprendre le présent dans le passé qu'ils vivent au quotidien comme exclus, ou stigmatisés. Et où qu'ils cherchent, ils aboutissent non seulement à la guerre d'Algérie, mais aussi à la question coloniale et au racisme. À partir de là, ce nouveau groupe est porteur d'une mémoire différente des deux groupes précédents. Il entend promouvoir une mémoire citoyenne, égalitaire, qui bouscule le récit traditionnel, celui de l'Algérie coloniale. Il permet de comprendre aussi les interrogations liées autour des problèmes évoqués déjà, comme la nuit tragique du 17 octobre 1961 à Paris.

Je conclurai en disant que les retrouvailles de mémoire sont tout à fait positives. Elles permettent de regarder l'histoire en face, de pouvoir l'écrire, mais elles sont aussi révélatrices de problèmes. La réapparition de souvenirs liés à la période de la guerre d'Algérie joue un rôle ambivalent. Le risque existe d'une émergence de mémoire communautarisée, où chacun regarde l'histoire de l'Algérie à travers son vécu, son appartenance familiale, pour donner un sens à sa propre histoire. Ce regard particulier ne permet pas la circulation, ou le métissage des mémoires, pour éviter que l'histoire ne se rejoue. Un retour problématique répète le cloisonnement des mémoires où chacun vient disputer une date, un lieu de commémoration. Des stratégies communautaires réapparaissent, empêchant la fabrication d'une mémoire nationale, unifiée et plurielle. En Algérie, ce type de débat se mène à travers les événements qui se sont produits en Kabylie, de mai 2001 à l'été 2001. Les autres régions de l'Algérie craignent que le retour de la mémoire kabyle autour, par exemple, de la date du 20 août 1956, moment du congrès de la Soummam, ne vienne perturber la construction d'une mémoire nationale algérienne, en renvoyant à une mémoire communautarisée kabyle. Les débats ne se mènent pas seulement en France. Ce sont des processus qui se développent des deux côtés, d'une rive à l'autre de la Méditerranée. Les mémoires cloisonnées ne parviennent pas à apaiser les obsessions ou les douleurs liées à la séquence de la guerre d'Algérie. Mais réinstaurent, d'une certaine manière, une sorte de hiérarchie des communautés liée à l'histoire de l'Algérie coloniale.

Mais l'important est que, quarante ans après, la mémoire « ancienne combattante », celle qui veut toujours vivre avec la guerre, rejouer toujours celle-ci, s'épuise. Ceux et celles qui vont devoir faire et font déjà l'Algérie et la France de demain n'ont aucune responsabilité dans l'affrontement d'hier. La majorité des jeunes considère l'indépendance de l'Algérie comme un fait inévitable, nécessaire, normal. Le drame franco-algérien n'est plus qu'une page de leur histoire. Ils veulent lire cette page avec méthode, loin du bruit et de la fureur longtemps entretenus par leurs aînés, acteurs de cette histoire. Ils entendent sortir de l'enfermement du traumatisme colonial, sortir des litanies de l'ancienne victime et des autojustifications aveugles de l'ancien agresseur, pour forger des valeurs d'égalité sur les ruines du mépris, de la haine. Le travail pour retrouver la mémoire de la guerre d'Algérie n'est donc pas fini.

NOTE

[1] En octobre 1961, de l'Étoile à la Bastille et dans vingt arrondissements de Paris, des manifestations pacifiques de musulmans avaient été organisées à l'initiative du FNL. Elles avaient rassemblé quelque 30 000 Algériens. À la suite d'échauffourées entre Nord-Africains et forces de l'ordre, les manifestants avaient été violemment réprimés. Outre le fait que 11 000 manifestants aient été arrêtés, de nombreux Algériens furent tués. La presse fera état de plusieurs cadavres d'Algériens repêchés dans la Seine.

Jean-Luc Einaudi

DE L'INDOCHINE À L'ALGÉRIE

Certains aspects et moments de la guerre d'Algérie sont revenus en force ces derniers temps. Je voudrais m'attarder d'abord sur deux de ces aspects, avant d'en venir à la période de la guerre française d'Indochine. Il s'agit en premier lieu de la question de la torture. Dans la dernière période, elle est revenue à partir du témoignage, paru dans *Le Monde*, d'une résistante algérienne, Louisette Ighilahriz, torturée en 1957 et mettant en cause le futur général Bigeard. À partir de ce moment-là, on a assisté à un certain nombre de réactions : les déclarations du général Massu reconnaissant l'usage de la torture et disant d'ailleurs qu'on aurait pu procéder différemment ; les dénégations du général Bigeard. Il y a eu ensuite la parution du livre, maintenant célèbre, du général Aussaresses, reconnaissant toute une série d'actions pouvant être qualifiées de crimes de guerre, et cherchant à les justifier, ce qui lui vaut un certain nombre de poursuites pour apologie de crimes de guerre. La torture est, je pense, une question absolument centrale des années dites maintenant de la guerre d'Algérie.

Je rappelle qu'officiellement il n'y a eu de guerre en Algérie que depuis deux années seulement. Jusque-là, il ne s'agissait que « d'événements », « d'opérations de maintien de l'ordre », mais en aucun cas d'une « guerre ». Je voudrais d'abord rappeler que la question de la torture en Algérie se pose avant même qu'il y ait une guerre, c'est-à-dire avant le mois de novembre 1954. Sans remonter plus loin, je reviendrai rapidement sur l'usage de la torture au moment des événements du 8 mai 1945. On parle de « devoir de mémoire ». Je dois dire que ce concept ne fait pas partie de mes références, d'autant plus que, si devoir de mémoire il doit y avoir, encore faut-il qu'il y ait mémoire de quelque chose. Certes, il y a eu un 8 mai 1945 que tout le monde connaît, à juste titre, qui marque la capitulation des armées nazies en Europe. De cela il y a mémoire et on peut parler de devoir de mémoire à ce propos. Mais, à part quelques personnes, qui a connaissance du 8 mai 1945 en Algérie ?

Très rapidement, de quoi s'agit-il ? Il faut en parler et j'espère qu'on en parlera de plus en plus. On sait que les Algériens, les tirailleurs algériens, ont apporté leur contribution au combat pour la libération de la France, notamment lors de la bataille de Monte Cassino, puis sur le territoire français lui-même. Il y avait donc en 1945 chez les Algériens une forte attente de réformes profondes allant dans le sens, disons, d'une égalité des droits entre Européens et « indigènes » d'Algérie. Il y avait également, en Algérie, un courant ancien, représenté par Messali Hadj, revendiquant, quant à lui, l'indépendance de l'Algérie. Le 8 mai 1945, lors des cérémonies célébrant la victoire sur le nazisme, des manifestations d'Algériens eurent lieu, brandissant le drapeau algérien. La police intervint pour saisir ces drapeaux, notamment à Sétif et Guelma. Des manifestants furent tués et, ensuite, des Européens dans des douars : une centaine. En réaction contre cette tuerie d'Européens, une répression massive fut déclenchée, qui dura des semaines, mit en œuvre l'aviation, la marine, la Légion étrangère et puis des milices constituées d'Européens, en particulier à Guelma sous le commandement du sous-préfet, André Achiary. C'est dans ce contexte-là que la torture fut déjà employée en Algérie. C'est un moment dont il faudra bien qu'un jour, en France, on puisse avoir une bonne connaissance historique.

On peut dire que c'est en mai 1945 que s'est produit le tournant décisif qui conduisit au déclenchement de ce qu'en France nous appelons la guerre d'Algérie et qu'en Algérie on nomme guerre de libération nationale. C'est à ce moment-là qu'un certain nombre de jeunes militants perdirent définitivement confiance dans la voie des réformes préconisée par Ferhat Abbas qui aboutit ainsi à un échec. Je veux évoquer aussi 1951 et citer un article de Claude Bourdet, un homme à qui je fais souvent référence parce qu'il a été l'un des principaux artisans de la résistance française au nazisme. Il était membre du Conseil national de la résistance, fondateur de l'organisation du noyautage des administrations publiques. C'est d'ailleurs à ce titre-là qu'il fit entrer dans la Résistance le futur Premier ministre Michel Debré. Claude Bourdet fut ensuite déporté. Ce qui le caractérisait, comme un certain nombre d'autres, et qui l'amena à rompre avec des compagnons de Résistance, c'était son attitude vis-à-vis des guerres coloniales. Il se trouve qu'en décembre 1951, Claude Bourdet publia dans le journal *L'Observateur*, dont il était le responsable, un article qui s'intitulait : « *Y a-t-il une Gestapo algérienne ?* » En voici quelques passages, parce qu'il mérite, me semble-t-il, d'être connu : « *Les faits dont je suis amené à parler aujourd'hui sont d'une exceptionnelle gravité. Les inquiétudes et, hélas, certaines certitudes que je rapporte d'Algérie bouleversent à tel point le système moral sur lequel sont fondés notre civilisation et notre régime politique* [et c'est bien ce qui me paraît également essentiel à travers toute cette grande question de la torture] *que beaucoup d'électeurs auront de la peine à me croire. J'espère surtout qu'il se trouvera au Parlement quelques hommes encore suffisamment convaincus de la dignité du nom de citoyen français pour aller soulever eux-mêmes l'épais manteau dont toute information véridique sur l'Algérie est étouffée.* »

Claude Bourdet écrivait encore : « *À Paris, sous l'Occupation, la Gestapo possédait, outre la rue des Saussaies et quelques autres immeubles, une série de bâtiments situés avenue Foch. La sinistre mémoire de "l'avenue Foch" est encore présente chez tous les Français. C'est là que furent, sinon mises au point, du moins popularisées les diverses méthodes, en particulier celle de la baignoire, qui ont valu à la Gestapo la réputation qu'elle mérite. Les musulmans d'Algérie ne connaissent pas "l'avenue Foch", ils connaissent tous un autre immeuble, dont la réputation est pour eux la même : la villa Mahieddine, où officie la police des renseignements généraux d'Algérie. Cette réputation est-elle surfaite ? En toute sincérité je ne le crois pas. On pourrait se demander dès l'abord pourquoi la police "française" d'Algérie conserve illégalement un prisonnier dans ses locaux pendant huit à quinze jours, si ce n'est pour lui arracher des aveux. Mais surtout la presque totalité des accusés a déposé devant le procureur général des plaintes circonstanciées concernant diverses tortures, et ceux en liberté provisoire que j'ai pu interroger fournissent des précisions nombreuses sur les tortures dont ils ont été l'objet ; leur description est convaincante pour un homme connaissant l'atmosphère des locaux de la Gestapo ; il y a des détails qu'il faut avoir vus soi-même. »*

Claude Bourdet, vous l'aurez compris, était passé par les mains de la Gestapo avant d'être déporté. « *Ce que je sais,* concluait-il, *c'est que s'il existe encore des députés français désireux d'éviter qu'un fossé irrémédiable et définitif se creuse entre les musulmans d'Algérie et la France, et si ces mêmes députés désirent que l'histoire mondiale de l'avenir ne confonde pas dans un même mépris le IIIe Reich et le régime issu de la Résistance française, ils feront bien d'aller eux-mêmes en Algérie ouvrir tous les dossiers. Une enquête administrative n'aurait, faut-il le dire, ni intérêt ni résultat. Ce serait une enquête de complices sur leurs complices, sous le patronage d'autorités muettes qui savent que le moindre acte de courage les ferait mettre au ban de la société "colon" et briserait leur carrière. Quant à nous, nous aurons fait ce qui dépendait de nous pour que personne ne puisse plus dire "je ne savais pas". J'avertis aussi l'administration d'Algérie que si elle veut nous attaquer pour le présent article, je l'en remercie d'avance, car même si elle parvenait à engager contre nous un procès dans les commodes conditions algériennes, nous nous arrangerions pour qu'il se termine ou rebondisse en France, devant la presse du monde entier. »*

L'usage de la torture

C'était donc le 6 décembre 1951. Lorsque la guerre d'Algérie arriva, l'usage de la torture s'étendit rapidement et, dans la continuité de ce qui se pratiquait déjà, fut d'abord le fait d'un certain nombre de services de police. Puis on en vint, en particulier, à la période où se situe l'action du commandant Aussaresses. On tendrait à vouloir faire d'Aussaresses un cas particulier. On l'a radié de la Légion d'honneur, il a été mis à la retraite. Mais en vérité – et c'est le point qui me semble absolument fondamental – la torture durant les années de la guerre d'Algérie fut un système, fut institutionnalisée et releva de ce que j'appellerai un « crime d'État ». Officiellement, elle fut toujours niée. À l'époque, de nombreuses déclarations officielles gouvernementales démentirent l'usage de la torture ou durent admettre quelques cas comme étant en quelque sorte des « bavures », ainsi que l'on dit aujourd'hui.

Mais, en vérité, lorsqu'Aussaresses était à Alger, en 1957, sous les ordres du général Massu, en compagnie du colonel Bigeard, il agissait dans le cadre de pouvoirs qui avaient été confiés à l'armée par le gouvernement de l'époque, dirigé par Guy Mollet, dans lequel François Mitterrand était alors garde des Sceaux. Je crois que nous avons là – je vous parle très franchement – une des difficultés politiques à pouvoir enfin vraiment aborder cette question fondamentale de la torture durant les années de la guerre d'Algérie, et notamment pendant cette sombre période dite des « pouvoirs spéciaux ». Ce fut en application de ces pouvoirs spéciaux et d'un décret adopté en Conseil des ministres que les troupes du général Massu prirent en mains les affaires de police à Alger.

L'usage de la torture se poursuivit au-delà de ce que l'on appelle la « *bataille d'Alger* ». J'ai eu l'occasion d'enquêter sur un grand centre de torture qui se trouvait à Constantine et qui commença à fonctionner au mois de mai 1958 dans une ferme réquisitionnée qui s'appelait la Ferme Améziane. Ce centre fonctionna jusque dans le courant de l'année 1960. Toute personne raflée et conduite là-bas y était systématiquement suppliciée. Ce fut aussi un lieu à partir duquel un grand nombre de personnes, qui reste indéterminé, furent tuées. De cette question de la torture, Laurent Schwartz, l'un des plus grands mathématiciens français, parlait au mois de novembre 1961, vers la fin de la guerre d'Algérie, dans un colloque tenu à Lille. Cela donna lieu ensuite à un article paru dans *Les Cahiers de la République*.

« *La torture*, disait-il, *domine aujourd'hui la guerre d'Algérie et lui donne son caractère. Mais le problème posé par l'entrée en scène massive de la torture va survivre à la guerre d'Algérie et tous les démocrates sont intéressés à sa solution radicale.* [...] *Des soldats du contingent ont torturé ou vu torturer, ils ont été ou seront victimes d'une crise morale de plus ou moins longue durée. Des tortionnaires spécialisés, la Gestapo dont j'ai parlé antérieurement, qui sont de véritables criminels de guerre, risquent demain de se trouver dans le pays en liberté ; ils seraient évidemment un danger public pour toute la nation pendant des années, une source de contagion et de dégradation. J'ajoute que, très vraisemblablement, il y aurait des gens qui trouveraient moyen de les justifier, de les glorifier, de les magnifier. Un certain nombre de militaires, de civils, d'hommes politiques les ont couverts ou encouragés, ont tout au moins accepté leur existence. Il existe un*

*dénominateur commun à tous ces gens-là, c'est une certaine
lâcheté. Cette lâcheté a pris des proportions énormes ; le nombre
de gens qui, d'une façon ou d'une autre, ont finalement accepté
l'existence de la torture, est considérable. Nous ne pouvons pas
laisser vivre un mensonge se continuant après la guerre, sans quoi
il y aura un retour inévitable de ces événements. La France vient
d'être "malade" de la torture pendant la guerre d'Algérie, elle
doit faire une bonne et saine guérison et donner au monde
l'exemple d'une démocratie où il y a au moins un moyen qu'aucune fin ne justifie.* » Examinant ensuite ce qu'il appelait « *les
conditions d'un redressement* », il demandait que la torture soit
solennellement condamnée dans la personne des tortionnaires,
qu'une épuration soit organisée pour écarter de toute responsabilité ceux qui ont torturé ou couvert ces crimes. Et il faisait enfin
appel à l'éducation. « *Il faut que la condamnation morale de la
torture touche tous les Français. Il faut que tous les Français sans
exception – et nous disposons pour cela d'un moyen fondamental,
qui est l'instruction – sachent que la France a employé la torture ;
qu'elle ne l'emploie plus, qu'elle ne l'emploiera plus.* »

C'était en novembre 1961. Où en sommes-nous quarante ans
après ? Il y a eu, par exemple, un appel de personnalités qui, à
l'époque, avaient pris position contre la torture, dont Laurent
Schwartz, Pierre Vidal-Naquet, et bien d'autres, demandant aux
plus hautes autorités de la République de reconnaître enfin la responsabilité de l'État français concernant ce système criminel
durant les années de la guerre d'Algérie, ainsi que sa condamnation. Or, jusqu'à aujourd'hui, on attend toujours que de telles
paroles soient prononcées. À travers un sujet comme celui-là, ce
qui se trouve fondamentalement mis en cause, c'est ni plus ni
moins la question de savoir sur quelles valeurs réelles repose notre
société. Il y a les valeurs proclamées, et puis il y a l'histoire. Entre
les deux, il y a eu le mensonge d'État.

Est-ce que nous allons continuer à vivre dans cette situation ?
C'est effectivement la responsabilité de l'État qui est engagée. Je
n'en prendrai qu'un exemple. Il s'est trouvé un officier supérieur,
en 1957, pour refuser l'usage de la torture, pour refuser d'appliquer des ordres illégaux, parce que, rappelons-le, la torture a toujours été illégale. Ce général s'appelait Jacques Pâris de
Bollardière. Il fut sanctionné, se retrouva en forteresse et finalement, au fil du temps, quitta l'armée. Dans le même temps, le

commandant Aussaresses, lui, prenait du galon jusqu'à devenir général. Ce sur quoi je veux ici attirer votre attention, c'est sur l'attitude du ou des pouvoirs politiques vis-à-vis de cette question. Aujourd'hui, un signe fort serait la réhabilitation pleine et entière du général de Bollardière.

J'en viens maintenant à un deuxième point. Il s'agit des événements du 17 octobre 1961[1] à Paris. On en a beaucoup parlé ces derniers temps à l'occasion de la commémoration des quarante ans de ce massacre. Là aussi, pour qu'il y ait mémoire, encore faut-il qu'il y ait connaissance et reconnaissance. Il se trouve que, pendant quarante ans, ce massacre est resté officiellement nié, ce qui signifiait que les victimes se trouvaient niées dans leur existence d'êtres humains. Le problème, là aussi, c'est que l'on a affaire à ce que j'appellerais, dans ce cas également, un crime d'État. Les auteurs de ce massacre furent en effet des fonctionnaires de police agissant sous les ordres de leur hiérarchie, et cette action a été ensuite couverte par le pouvoir politique. La recherche de la vérité sur ces événements met en cause le gaullisme de gouvernement et provoque le mécontentement de cet autre grand courant politique. Va-t-on enfin reconnaître tout simplement les faits ? Des pas importants ont été effectués en ce sens ces dernières années, sous l'effet de la recherche, de publications, de procès, de l'action d'associations. À l'occasion de la récente commémoration, à l'issue d'un débat et d'un vote, le Conseil de Paris a décidé l'inauguration d'une plaque commémorative au pont Saint-Michel « *à la mémoire des nombreux Algériens tués lors de la répression de la manifestation pacifique du 17 octobre 1961* ». Mais jusqu'à ce jour les plus hautes autorités de l'État sont restées silencieuses.

Reconquête coloniale

J'en viens pour finir à la guerre d'Indochine. Quand on se penche sur les années de la guerre d'Algérie, inévitablement on en vient, en effet, à la guerre d'Indochine. Mais la guerre française d'Indochine a-t-elle eu lieu ? La question mérite d'être posée lorsqu'on constate l'absence quasi complète de référence à cette guerre dans les actuels débats conflictuels concernant la guerre d'Algérie. J'observe l'indifférence générale dans laquelle est paru l'ouvrage du colonel Pierre Thomas, *Combat intérieur*, le livre de Ngo Van, *Au pays de la cloche fêlée*, ou bien encore mon propre livre, *Viêtnam !* Ces livres vont à l'encontre de la conception devenue dominante de la guerre d'Indochine, qui la présente comme un combat pour les droits de l'homme. Cette conception a été clairement exprimée par Jacques Chirac, alors Premier ministre, en 1988, lors de la pose de la première pierre de la nécropole « *aux morts pour la France en Indochine* » : « *Les hommes qui ont combattu en Indochine ont droit à notre estime et à notre admiration. Car ceux qui embarquaient du rivage méditerranéen n'allaient pas défendre leur sol natal ou protéger leurs familles, ce qui eût été pour ainsi dire instinctif. Non, ils ont lutté et, pour beaucoup d'entre eux, souffert à un degré difficilement imaginable, pour que survivent ces valeurs essentielles qui se nomment honneur et liberté.* » Je ne mets pas en cause la souffrance d'un grand nombre de ceux qui se trouvèrent embarqués dans le corps expéditionnaire français en Indochine, mais ce que je mets en cause et qui me semble, en tout cas, mériter un débat important et des recherches sérieuses, c'est la qualification de la guerre française d'Indochine comme un combat pour la liberté.

À de nombreux égards, la guerre d'Algérie s'inscrit dans la continuité de la guerre d'Indochine. Dans l'édition du *Monde* du 22 juin 2000, comme on demandait au général Massu : « *Et le général Bigeard, l'avez-vous vu pratiquer la torture ?* », il répondait : « *Quand je suis arrivé en Algérie en 1955, je me souviens de l'avoir vu en train d'interroger un malheureux avec la gégène. Cela se passait dans l'Edough, un massif situé dans le Nord du Constantinois. Je lui ai dit : "Mais qu'est-ce que vous faites là ?" Il m'a répondu : "On faisait déjà cela en Indochine, on ne va pas s'arrêter ici."* »

Eh oui ! Si l'on s'en tient uniquement à cet aspect de l'histoire de la torture, effectivement on est amené à s'intéresser à l'Indochine. Là aussi, bien avant que n'éclate la guerre, dès les années 1930, une grande journaliste, Andrée Viollis, s'étant rendue en Indochine dans la suite de Paul Reynaud, en avait rapporté un témoignage qui intervenait après celui d'un autre grand reporter, Louis Roubaud. Elle décrivait déjà l'usage de la torture à l'électricité, à Saïgon, par les services de la Sûreté. Dans les années 1930, il y eut en Indochine des répressions revêtant l'ampleur d'opérations de guerre. À la suite notamment d'un soulèvement de tirailleurs indochinois, à la garnison de Yên-Baï, une répression absolument terrible s'abattit contre le Parti national vietnamien dont les dirigeants furent pendus. Ensuite éclatèrent des soulèvements paysans, dirigés par le Parti communiste indochinois, suivis de bombardements par l'aviation et de répressions de masse.

C'est en 1945 que débuta la guerre d'Indochine. Au mois d'août 1945, ce fut la capitulation japonaise, accélérée par les bombardements atomiques d'Hiroshima et Nagasaki. Dès le mois de septembre fut proclamée la République démocratique du Viêtnam. Très peu de temps après, les premières troupes françaises débarquèrent pour entreprendre ce qui fut, en vérité, le début d'une guerre de reconquête coloniale.

NOTE

[1] Voir note 1, p. 83.

DEUXIÈME PARTIE
LES BLESSURES DE L'HISTOIRE

C'est autour du souvenir de la Shoah que sont nées les princi-
pales controverses sur le « devoir de mémoire ». Le génocide des
Juifs d'Europe est en effet le traumatisme majeur qui pèse aujour-
d'hui sur la conscience occidentale. Il n'est pas seulement au
centre des débats franco-français, il commande aussi le rapport de
nombreux pays européens avec leur passé, de la Suisse à l'Alle-
magne en passant par la Hongrie ou la Pologne.

Mais d'autres mémoires s'imposent à l'attention en Europe.
Parfois même elles se posent en concurrentes. C'est le cas des
« crimes du communisme » qui, de l'avis de ceux qui jugent enva-
hissante la mémoire de la Shoah, bénéficieraient d'une étrange
indulgence alors qu'ils appelleraient la même sollicitude et la
même condamnation. C'est aussi le cas du génocide des Armé-
niens, que le Parlement français, après d'autres, vient de recon-
naître. Les traumatismes de l'histoire ont laissé des blessures à vif.

Aux souvenirs lancinants de ces drames les gouvernements et
les sociétés opposent différentes attitudes, qui vont du déni à la
repentance, de l'occultation au pardon, de l'aveuglement volon-
taire à la recherche de la vérité.

———

Nicole Lapierre

LA DISCORDANCE DES TEMPS

Les travaux, réflexions et débats se sont multipliés, ces dernières années, sur les rapports entre mémoire et histoire. Accordons-nous au moins sur un constat : la mémoire, elle aussi, a une histoire. Je voudrais donc retracer brièvement l'histoire de la mémoire du génocide juif, telle qu'elle s'est déployée en France (il est plus juste de parler de mémoire du génocide que de mémoire de la Shoah, puisque le mot « shoah » lui-même survient à un moment de cette histoire, en 1985, avec le film monument de Claude Lanzmann). Cette mémoire, en effet, a connu trois moments successifs. Et chacun d'eux a été plus ou moins discordant avec son époque.

Il y a eu le temps du silence, qui était surtout celui de la surdité embarrassée de la société, du lendemain de la Libération au milieu des années 1970. On a beaucoup évoqué le silence des déportés survivants. Pourtant, en dépit des propos maintes fois réitérés sur l'informulable de l'expérience concentrationnaire, les témoignages souvent rédigés très tôt furent nombreux. Ces textes qui eux-mêmes parlaient souvent de l'indicible des camps s'y affrontaient obstinément. « *Indicible ou inaudible ?* », c'était le titre d'un article d'Annette Wieviorka, dans lequel elle étudiait une centaine de récits publiés en français avant 1947, et où elle affirmait avec raison qu'il y avait eu largement « *transfert de la surdité du monde sur un prétendu mutisme* »[1]. Cette impossibilité d'être entendus, les déportés la craignaient déjà avant de savoir s'ils survivraient. Dans *Si c'est un homme*[2], Primo Levi raconte ce rêve récurrent que lui et d'autres faisaient au camp : revenu auprès des siens, il entame son récit avec un sentiment de soulagement intense, puis c'est le désarroi, la désespérance quand il s'aperçoit que personne ne l'écoute. Cauchemar prémonitoire : les déportés se sont en effet trouvés, au sens figuré cette fois, déplacés au lendemain de la guerre. Surtout les déportés dits raciaux. Ils n'étaient pas nimbés par l'aura de la résistance, ils ne souhaitaient pas alors avoir un statut à part de déportés juifs reproduisant d'insupportables distinctions et ils n'avaient que des rôles de figurants dans le répertoire des cérémonies officielles. Longtemps, en France, on le sait, l'essentiel de la reconnaissance publique est allé à la déportation politique, ce qui allait de pair avec l'occultation du rôle de Vichy et de la collaboration. Renvoyés à la solitude par l'effroi ou la gêne que leur expérience pouvait susciter, beaucoup de survivants ont cherché à se reconstruire une identité en s'arrachant aux forces destructrices du passé et en choisissant de se taire. Pour d'autres, écrire et témoigner était à la fois un devoir à l'égard des morts et un moyen de se délivrer un peu pour vivre, d'autant plus nécessaire que la communication avec leur entourage aussi était problématique. Elle l'est souvent restée avec les enfants nés après.

Cette difficulté, cet empêchement à parler avec la génération suivante n'a pas concerné que la déportation. Dans beaucoup de familles juives, le souvenir de la guerre est demeuré enfoui. Non-dit impressionnant et dense, ne laissant affleurer que quelques rares souvenirs, toujours les mêmes, qui rendaient plus manifeste encore le silence d'où ils émergeaient et que nul n'osait rompre. Les parents avaient de multiples raisons de se taire : ils voulaient épargner un récit insupportable à leur progéniture, éviter de raviver leurs propres blessures, reconstruire une famille délestée d'un poids mortifère. Et leurs enfants, investis d'un fol espoir, tenus de s'intégrer dans les sociétés où ils grandissaient, d'y réussir notamment par la voie privilégiée du savoir, sommés de se sauver en fait, ne pouvaient, ou ne voulaient, soulever le voile opaque qui recouvrait tout le passé. Car ce n'était pas seulement de la guerre que les parents ne parlaient pas, mais de tout ce qui lui avait préexisté. Nulle histoire familiale, nulle description de la vie juive d'autrefois dans les communautés d'Europe orientale, ou seulement, là encore, quelques rares anecdotes, si fugitives que l'imagination échouait à s'y accrocher. De ce monde physiquement anéanti, l'évocation aussi s'est trouvée abolie. Restaient donc l'éloquence du silence, le poids du non-dit et cette transmission paradoxale en forme de double contrainte : ni récit, ni oubli[3] !

Silence dans les familles et surdité dans la cité, ce n'était pas le moment d'en parler, un long moment qui dura plus de trente ans.

La prise de parole

Il a fallu attendre la fin des années 1970 pour qu'une partie de la génération qui était enfant pendant la guerre et celle qui était née après se tournent vers ce passé lacunaire sur lequel planait l'ombre portée par la destruction. Ce phénomène était à la fois génération-nel et idéologique. Il concernait une classe d'âge en position médiane, qui commençait à avoir des enfants et pour qui, dès lors, la question de la transmission se posait. Il touchait particulière-ment des Juifs intellectuels qui avaient eu accès à la culture savante majoritaire, mais dont la connaissance de la culture et des traditions juives était ténue. Nombre d'entre eux avaient eu un par-cours militant dans la gauche ou l'extrême gauche ; ils avaient adhéré à des idéologies révolutionnaires ou universalistes vers les-quelles, peut-être, les poussait leur judéité, mais qui, à celle-ci, ne laissaient guère de place. Ce mouvement d'interrogation identi-taire s'inscrivait également dans une tendance plus générale et diverse de ressourcement, de défense et de promotion des identi-tés, spécificités et cultures minoritaires ou locales.

Nous sommes alors entrés dans le temps de la parole, du témoi-gnage et de la mémoire revendiquée, tandis que les travaux des historiens se développaient et que la connaissance de « *la destruc-tion des Juifs d'Europe* », pour reprendre le titre de l'ouvrage majeur de Raul Hilberg[4], avançait considérablement grâce aux recherches de ce dernier et d'autres historiens, américains et israé-liens notamment. Une connaissance importante, nécessaire, essen-tielle, mais par construction même, plus distante et plus froide que la mobilisation mémorielle.

Celle-ci avait d'emblée trois enjeux : la singularité de la Shoah, la dignité des victimes et la reconnaissance du préjudice. L'affirmation de la singularité, avant d'être un constat – l'assassinat industriel, programmé par un État, de tout un peuple, à l'échelle d'un continent –, était d'abord une réaction contre le silence, contre l'effacement (par exemple, dans ces camps de Pologne où il n'y eut longtemps, officiellement, que des morts polonais) ou contre la dilution dans l'ensemble de la déportation. L'affirmation de la dignité des victimes était une réaction contre la honte dans laquelle elles avaient été enfermées. Pourquoi les Juifs s'étaient-ils laissés rafler sans réagir ? À quel point les déportés s'étaient-ils dégradés pour survivre ? Insidieuses, pernicieuses et douloureuses, ces questions, qui n'étaient pas nécessairement posées avec malveillance, surgissaient aussi en milieu juif et en Israël où la geste nationale, en quête de héros, préférait les identifications glorieuses aux vaincus combattants, ceux de Massada comme ceux de l'insurrection du ghetto de Varsovie. Ces questions, ces incompréhensions, étaient humiliantes pour les rescapés et dévalorisantes pour tous ceux, contemporains ou héritiers, qu'affectait indirectement ce terrible passé.

Un premier signe, très précoce, de ce renversement de la honte à la dignité, est apparu en mars 1967, à New York. Un symposium sur le thème « *Valeurs juives dans le futur d'après l'Holocauste* » réunissait notamment Emil L. Fackenheim, George Steiner et Elie Wiesel. « *Pourquoi est-il admis que nous pensions à l'Holocauste avec honte ? Pourquoi ne le revendiquons-nous pas comme un chapitre glorieux de notre histoire éternelle ?* », demandait alors Wiesel, qui proposait de « *rouvrir l'événement comme une source de fierté* ». Quant à Fackenheim, il y voyait une source d'identité et affirmait que la singularité de l'holocauste conduit à « *assumer la condition séparée qu'elle assigne aux Juifs* ». Il y avait là les prémisses d'un formidable retour de mémoire, qui allait prendre des formes différentes en Israël, aux États-Unis et en France. Le changement de perspective et la place nouvelle et centrale accordée au souvenir du génocide en Israël sont un processus idéologique et politique qui a été bien analysé, notamment par la nouvelle génération des historiens israéliens. L'historien Peter Novick a fait de même pour les États-Unis et son livre *L'Holocauste dans la vie américaine*[5] a soulevé des controverses parce qu'il mettait en cause l'instrumentalisation et l'américanisation de cette mémoire. Une mémoire qui, dans l'un et l'autre pays, est fortement institutionnalisée, en Israël *via* l'État, l'enseignement, les célébrations officielles, aux États-Unis grâce au poids des organisations juives.

Rien de tel en France, où le regain de mémoire était porté par un mouvement générationnel diffus, s'exprimant par des œuvres, des livres, des recherches, des manifestations diverses visant à rompre le silence, à retrouver les fils de la transmission et à rendre enfin hommage à la masse anonyme des Juifs assassinés. Dans un contexte très général de promotion du témoignage (ce que Annette Wieviorka a appelé « *l'ère du témoin* ») sont parus de nombreux récits tardifs sur la guerre et la déportation : il y avait enfin des lecteurs potentiels, une place pour la parole, une écoute possible et, par conséquent, chez les éditeurs, une opportunité de publication. De plus, en vieillissant, les témoins étaient mus par un sentiment d'urgence d'autant plus vif que la résurgence d'un discours d'extrême droite gagnait du terrain dans les années 1980, frayant la voie au négationnisme. Ils se sentaient investis d'une mission, celle de sentinelles de la mémoire. Et ils n'étaient pas seuls : le rappel du génocide s'est trouvé renforcé par la nécessité de combattre ses négateurs, en administrant inlassablement les preuves et en clamant obstinément, au nom des victimes, l'immensité et l'incommensurabilité du préjudice, pour en obtenir la reconnaissance.

Une reconnaissance qui, évidemment, en France, prenait un sens aigu, en raison des responsabilités de Vichy et de la collaboration. Il s'agissait alors de sortir le génocide du seul deuil juif, de lui obtenir une place dans la mémoire nationale, afin que le passé affronté et assumé puisse enfin être intégré dans un espace commun, un lieu de mémoire au sens où l'entend Pierre Nora. Souhait prématuré, l'événement était, restait, si j'ose dire, une affaire juive. C'était encore trop tôt…

Une écoute élargie

Finalement est venu le temps de la reconnaissance. La Shoah est aujourd'hui évoquée et invoquée comme jamais. On assiste à une véritable effervescence mémorielle qui se traduit par une profusion d'initiatives, de déclarations et de prises de position. Une journée commémorative officielle inscrit désormais la rafle du Vel'd'hiv' dans la mémoire nationale. Le discours de Jacques Chirac sur les persécutions de Vichy, les repentances diverses dont celle des évêques, le procès de Maurice Papon, les évaluations définitives des spoliations, traduisent une volonté, certes tardive, mais hautement significative, d'assumer les responsabilités anciennes. On a mis en place des outils pédagogiques pour enseigner l'événement dans les écoles et *Shoah*, le film de Lanzmann doit être projeté dans les lycées. Auschwitz n'est plus seulement une catastrophe juive, c'est, au sens littéral, un crime contre l'humanité, une catastrophe de portée générale qui concerne également les non-Juifs, convoque le savoir et défie la pensée. Il y aurait donc enfin écoute et accord ?

Oui et non.

D'un côté, on ne peut qu'approuver ce mouvement d'élargissement de la mémoire dans l'espace public, en espérant, sans en être complètement assuré, que cette prise de conscience fonde, comme on le dit souvent, une vraie vigilance vis-à-vis des crimes du présent. Au niveau de l'engagement individuel – bien des intellectuels, juifs ou non, l'ont montré –, on peut à la fois reconnaître la singularité de la Shoah et dénoncer avec d'autant plus de force et d'intranquillité la purification ethnique en ex-Yougoslavie ou le génocide au Rwanda, en s'insurgeant contre la bonne conscience à distance des États plus facilement enclins à reconnaître une catastrophe passée qu'à combattre les désastres contemporains. Cette mémoire n'est pas, parce qu'elle est singulière, fermée sur ce que Nietzsche appelle une « *histoire antiquaire* », elle peut avoir valeur exemplaire, être « *chargée d'à présent* » pour reprendre les termes de Walter Benjamin, être la référence d'un horizon d'exigence et de justice. Avec ses imperfections, et tout en sachant, bien sûr, qu'il y a bien des crimes impunis et des préjudices non reconnus, l'instauration et le fonctionnement du tribunal international de La Haye lui doivent beaucoup.

La concurrence des victimes

Mais, d'un autre côté, force est de constater que cette évolution s'accompagne de confusions et de captations multiples. Après le temps du silence et celui de la prise de parole, voici venu aussi, dans le sillage de la reconnaissance, le temps du brouillage et du bruit. Dans l'effervescence mémorielle et commémorative, on parle pour ne rien dire : le « *devoir de mémoire* », légitime appel des victimes du passé aux vivants du présent, est si souvent proclamé que l'expression finit par s'user en formule incantatoire. En mélangeant les époques, on dit n'importe quoi : à propos du conflit en ex-Yougoslavie, les crimes des Oustachis croates alliés des nazis ou le philosémitisme des

Serbes opposés à Hitler ont été utilisés pour une lecture partisane qui fait glisser l'histoire de l'héritage à l'hérédité. Dans la mêlée des propos, on ne s'entend plus : il n'est pas d'engagement politique ou moral, sur les diverses scènes des persécutions et massacres récents, qui ne se réfère à la destruction des Juifs. « *Plus jamais ça !* », dit-on, mais comme évidemment ce n'est jamais tout à fait ça, la bataille fait rage. Le génocide est devenu l'étalon du malheur absolu, l'aune à laquelle les drames collectifs doivent être mesurés pour être reconnus. La reconnaissance dont il bénéficie devient enviable.

Et parfois désirable jusqu'à l'identification aux victimes, comme dans l'affaire Wilkomirski. Binjamin Wilkomirski a publié en allemand, sous le titre *Fragments,* ce qui était présenté comme les souvenirs authentiques d'une enfance dans un camp de la mort. Le livre, effectivement bouleversant, fut rapidement traduit dans de nombreuses langues, salué comme un grand document et couronné, en France, par le prix Mémoire de la Shoah et aux États-Unis par le National Jewish Book Award (section biographie). L'auteur s'appelle en réalité Bruno Dössekker, du nom de ses parents adoptifs, il est né Bruno Grosjean, en Suisse, sa mère l'a abandonné, il n'est pas juif et n'a jamais été dans un camp. Il a projeté, non sans talent, ses tourments d'orphelin en mal d'origine sur un destin représentant le comble de l'horreur. Ainsi sa souffrance devenait-elle, pour lui-même comme pour les autres, dramatiquement intéressante. Il me semble qu'au-delà de la dimension psychologique singulière de ce cas, la genèse de ce texte comme son succès illustrent à l'excès l'obsession mémorielle du moment. Ils illustrent également ce que Régine Robin a appelé très justement « *la mémoire-simili* »[6] : cette mise en spectacle de l'histoire où la fiction emporte la conviction, où le faux paraît plus juste et plus émouvant que le vrai.

De ce passé, on fait donc grand usage et grand tapage. Il est sollicité, utilisé, scénarisé, enrôlé, sommé de justifier des causes parfois contradictoires, voire des égarements individuels. Et cette assourdissante cacophonie produit, de nouveau, surdité et malentendus. Ce vacarme a résonné début septembre 2001, lors de la conférence des Nations unies contre le racisme, à Durban en Afrique du Sud. Deux discours ont focalisé l'attention et cristallisé les affrontements. Tout d'abord, la dénonciation d'Israël à travers une rhétorique outrancière où les termes inversés deviennent des

armes, où le mouvement sioniste est qualifié de raciste et dit (paragraphe 68 du projet de déclaration finale) « *fondé sur la supério-
rité raciale* », où l'on parle (paragraphe 32) de « *l'holocauste de la
population arabe des terres historiques de Palestine* ». Nul besoin,
pour dénoncer les injustices subies par les Palestiniens et défendre
leur droit à un État, de ces contre-vérités qui instrumentalisent la
mémoire dans une dangereuse exaspération idéologique. Mais on
a entendu aussi, à Durban, la dénonciation de l'esclavage, de la
traite négrière, de la colonisation et de leurs séquelles contemporaines, pour lesquels était réclamé le qualificatif de « *crime contre
l'humanité* », assorti d'excuses et de réparations. Des regrets ou
des remords, éventuellement une aide au développement, d'accord, disaient les délégués occidentaux, mais des excuses et des
réparations, non, car jusqu'où irait-on ? Il n'y avait là, certes pas
une entente, mais au moins une forme de négociation. Restaient
cependant d'innombrables plaintes ignorées à Durban. Elles sont
nombreuses, très nombreuses, en effet, ces mémoires de préjudices en mal de reconnaissance qui creusent la distance et l'in-
compréhension entre les peuples du Sud et ceux du Nord. Y a-t-il
une juste mémoire et une instance pour en juger ? J'en doute. Mais
il me paraît certain que faute de reconnaissance, c'est-à-dire de
partage, les mémoires des préjudices sont condamnées à la discordance des temps et à la concurrence des victimes.

NOTES

[1] Annette Wieviorka, « Indicible ou inaudible ? La déportation : premiers récits (1944-1947) », *Pardès*, 1989, 9-10, p. 23.
[2] Primo Levi, *Si c'est un homme*, Paris, Julliard, 1987, p. 76-77.
[3] Nicole Lapierre, *Le Silence de la mémoire. À la recherche des Juifs
de Plock*, Paris, Librairie générale française, « Le Livre de poche.
Biblio-Essais », 2001.
[4] Raul Hilberg, *La Destruction des Juifs d'Europe*, Paris, Fayard,
1988.
[5] Peter Novick, *L'Holocauste dans la vie américaine*, Paris, Gallimard, 2001.
[6] Régine Robin, « La mémoire saturée », *L'Inactuel*, automne 1998,
n° 1, p. 35.

Régine Robin

UNE JUSTE MÉMOIRE, EST-CE POSSIBLE ?

Commençons par une citation très connue qui ouvre le livre de Paul Ricœur : « *Je reste troublé par l'inquiétant spectacle que donne le trop de mémoire ici, le trop d'oubli ailleurs, pour ne rien dire de l'influence des commémorations et des abus de mémoire et d'oubli. L'idée d'une politique de la juste mémoire est à cet égard un de mes thèmes civiques avoués.* »[1] Je vois bien l'importance de cette phrase – elle structure d'ailleurs le livre – au niveau d'un horizon, du normatif, d'un idéal, de quelque chose qu'on sait ne jamais atteindre mais auquel il faut tendre, mais, à coup sûr – et je crois qu'il faudrait partir de là –, il s'agit d'une impossibilité majeure. Qui déciderait de ce qu'est une juste mémoire ? Quelle serait l'instance qui déciderait de ce qui est juste en matière mémorielle et à quelle politique pourrait-on faire confiance pour engager une politique de la juste mémoire ? Quel serait l'instituteur mémoriel du mémoriel ? À quelle aune rapporterait-on tout cela ?

Si l'on faisait un rapide tour du monde, mais très rapide – il n'est pas très beau, en ce moment, ce monde –, on s'apercevrait aisément qu'il est difficile de trouver un endroit où on tend vers une juste mémoire. Du Japon qui n'arrive pas à assumer son rôle dans la Seconde Guerre mondiale à cette France où Vichy et la guerre d'Algérie reviennent périodiquement, et tous les squelettes des placards de notre histoire ; de l'impossibilité même d'organiser encore une exposition sur Hiroshima aux États-Unis à cette impossibilité d'édifier un mémorial ou un musée consacré aux Indiens d'Amérique exterminés ; du scandale de la révélation du massacre de Jedwabne, en Pologne, aux multiples révisions, relectures du passé – j'y reviendrai – en Europe de l'Est, qui aboutissent tendanciellement à un révisionnisme généralisé, où il vaut mieux avoir été fasciste que communiste dans le passé ; de l'Italie où un discours très à la mode tend soit à réhabiliter Mussolini et à dévaloriser la Résistance, soit à les mettre au même niveau avec l'idée que des bons et des mauvais il y en avait partout, à… Et l'on pourrait continuer notre tour du monde. Par là, je ne veux pas dire qu'un travail du deuil, qu'un travail mémoriel n'ait pas été entrepris, qu'un travail de mémoire ne soit pas en train de se faire ici et là, mais ce travail de mémoire est difficile, il est en débat, en conflit, n'est jamais sûr de triompher, et il est toujours pris dans une conjoncture, où il est lui-même un enjeu, remplit une fonction sociale, est plus ou moins instrumentalisé – il est peut-être impossible qu'il en soit autrement – politiquement, culturellement, historiographiquement. C'est bien là où je veux en venir, et ce sera mon premier point.

Je ne pense pas qu'il faille séparer radicalement, comme on le fait un peu trop communément dans la corporation historienne, à laquelle j'appartiens, le mémoriel de l'historique ou de l'historien, même si je ne superpose pas totalement, bien sûr, les deux régimes de gestion du passé, régimes d'historicité – pour reprendre la formule de François Hartog.

René Rémond nous a brossé un tableau idyllique extraordinaire du travail de l'historien par rapport au militant de la mémoire, de sa déontologie. Cette dernière se caractériserait par une volonté de connaissance d'abord, alors que le militant de la mémoire aurait la fidélité comme valeur essentielle. Vérité donc d'abord. Souvent vérité et justice d'ailleurs s'accordent, heureusement pour nous historiens, mais vérité d'abord. Ne jamais oublier la complexité des phénomènes qu'on étudie et, pour ne jamais oublier cette complexité, toujours bien les situer dans leur contexte, dans leur chaîne du temps, dans leur chaîne de causalités pour bien établir une distance critique. Se mettre même à la place des gens du temps passé, ne pas faire d'anachronisme, ne pas juger à partir d'aujourd'hui. Beau programme !

Malheureusement, le travail de l'historien ne correspond pas tout à fait à cet idéal. Les historiens, dans la société d'aujourd'hui, n'ont pas le monopole du discours sur le passé, même pas forcément du discours savant. L'analyse de l'historien n'est qu'un discours parmi d'autres dans la grande circulation des discours qui se tiennent sur le passé. Les historiens sont peut-être nostalgiques, en tant qu'experts, de ne pas (de ne plus) avoir ce monopole, mais ils ne l'ont pas. Et ils n'ont pas non plus le monopole de la distance critique. Très souvent ils sont, et parfois à leur insu, pourvoyeurs de mythes, créateurs du mémoriel et parfois du mémoriel le plus délirant. À propos de l'ouvrage de Thomas Gross, *Neighbours*[2], rendant compte du pogrom de Jedwabne en Pologne en juillet 1941, on a vu plusieurs historiens polonais intervenir pour nier ou minimiser la responsabilité et l'implication de la population polonaise dans le massacre, alors même que l'État polonais et, dans une moindre mesure, l'Église, reconnaissaient les faits. En Roumanie, comme Alexandra Laignel-Lavastine l'a montré à de multiples reprises, on ne compte plus les historiens de divers instituts d'histoire qui ont tous pignon sur rue, qui dressent un culte au maréchal Antonescu et nient ou minimisent ses responsabilités dans l'extermination des juifs de Transnistrie, Bessarabie et Bucovine, massacres entièrement mis au compte alors des troupes allemandes, alors même que les archives récemment disponibles depuis dix ans sont accablantes[3].

Ce sont les historiens aussi, dans ce qu'on a appelé la « querelle des historiens », qui initient les fameuses révisions de la lecture de l'histoire et des années du IIIe Reich en Allemagne. Bien sûr, ils ne sont pas les seuls protagonistes de ce débat – et on connaît aussi le rôle du philosophe Habermas –, mais ce sont les historiens et, en particulier, Ernst Nolte, qui ont joué un rôle décisif dans ces réévaluations, relectures révisionnistes. On peut compter le nombre d'historiens qu'on a trouvés dans toutes les commissions après la réunification et qui ont joué un rôle fondamental pour débaptiser les rues à Berlin-Est, constituant ce que j'ai appelé dans mon livre sur Berlin, une véritable « *dé-mémoire* » et pas simplement une mémoire nouvelle[4]. Les noms des militants des Brigades internationales ont été remplacés par les noms de généraux bismarckiens ou par ceux de chevaliers teutoniques, ce qui faisait encore mieux, parce que c'était renvoyer à un plus lointain passé. Ce fut l'œuvre d'historiens reconnus, qui ont pignon sur rue, des académiciens, si on veut, dans leur pays.

Sur un mode plus souriant, au Québec, ce sont les historiens qui ont joué un rôle majeur dans le grand récit nationaliste dans lequel le Québec vit depuis si longtemps. Ils ont été à l'avant-garde dans la constitution de ce grand récit – au sens de Lyotard –, mais à présent que celui-ci s'est plus ou moins écroulé et, en tous les cas, qu'il est en crise, la nature historienne ayant, elle aussi, horreur du vide, ce sont les historiens qui se précipitent avec angoisse pour dire qu'il faut au Québec un nouveau grand récit, et qui s'interrogent sur la façon de le construire, de revisiter le passé pour que le Québec soit enfin fier de lui[5].

Donc, distance critique ? Tout dépend. Oui, par moments. Non, à d'autres moments où, au contraire, le mythique revient en force. En tout cas, il n'y a pas de monopole, pas de garantie. Le discours de l'historien n'est pas un discours de la vérité, par définition. Discours savant, certes. L'historien travaille sur des archives. Il déploie dans sa recherche toute une déontologie – que René Rémond a très bien rappelée –, mais il n'est pas du tout à l'abri de manipulations plus ou moins conscientes. Parfois, dans certains états de société, à des moments précis, c'est la littérature, c'est l'art, ce sont des essais hybrides, c'est la mémoire culturelle, au sens où Jan et Aleida Assmann[6] ont développé cette notion, mais parfois ce sont d'autres zones du discours social qui sont porteurs de la distance critique. On a donc toujours affaire à un tissage de fragments à la fois mémoriels, historiens et historiographiques.

Le grand nivellement

Pourtant, on assiste à quelque chose d'un peu particulier aujourd'hui, comme en témoigne l'article de Giovanni Levi dans un recueil qui vient de paraître[7], où il nous montre, à propos de l'Italie et de l'Espagne en particulier, que ce à quoi on a affaire n'est pas tant une remise en avant des anciennes autorités qu'une espèce de grand nivellement : pour que tout soit mis sur le même plan, il faut que Mussolini ait déjà été dans la modernité, que la Résistance n'ait pas été sans défaut, que Franco, bien sûr, ait été cruel, mais les communistes encore plus ; bref, que nous assistions à une espèce de grand renvoi dos à dos, à partir duquel, des types d'amnésie programmée, des mises en scène de l'amnésie, selon la belle expression de Benjamin Stora, puissent s'opérer, et que des redémarrages puissent se faire, mais sans travail de mémoire, des redémarrages fétichistes. De ce point de vue, le nouveau récit du *Karlshorst Museum* de Berlin est exemplaire. Il s'agit du lieu de la reddition sans condition de l'Allemagne, le fameux 8 mai 1945.

Ce sont aussi des historiens qui ont revu complètement le récit qui guide le visiteur du musée. Autrefois, comme c'était en zone soviétique et en RDA après la fondation de l'État, le musée était à la gloire de la grande guerre patriotique de l'URSS, à la gloire de la prise de Berlin. Tout alors était clair, idéologique, directement idéologique. Nos historiens ont complètement revu le discours. C'était beaucoup trop idéologique pour eux, surtout après les événements de 1989 et la réunification. Bien entendu, ils n'ont pas fait un musée à la gloire des vaincus, de la *Wehrmacht*. L'Allemagne est une démocratie, et le 8 mai 1945 a été, non sans mal, imposé comme une libération du nazisme, même si c'était par le mauvais côté (le côté soviétique).

Tout dans le nouveau discours participe du grand nivellement. Dans le fond, on est passé de la grande guerre patriotique, de la grande Armée rouge qui avait pris Berlin, à un discours que je résumerai en une phrase : à Stalingrad, il faisait froid pour tout le monde. Alors, au musée, une vitrine nous montre la chaussette du soldat allemand – elle est évidemment très usée –, sa timbale de zinc, sa croix de fer, enfin la croix qu'il a reçue s'il a été vaillant, les lettres qu'il envoyait à sa famille, un bout de crayon – vitrine émouvante consacrée au quotidien du soldat allemand pendant la guerre. Et puis, on a une autre vitrine et la même chaussette pour le soldat russe – elle est de nettement moins bonne qualité que la première. Il y a aussi la timbale du soldat russe et ses décorations, un bout de crayon, ses lettres, etc. Tout est ainsi de la même eau. Il y a une vidéo où on entend les chansons que les soldats chantaient. Ce sont des chansons soviétiques que personnellement, pour des raisons biographiques, je connais bien. Et puis, la vidéo d'à côté propose les chansons que les troupes allemandes entonnaient à pleins poumons. Les visiteurs, les écouteurs dans les oreilles, écoutent, chacun en extase, ces chants. On se fait des sourires en se disant : « *Dans le fond, on a été courageux tous ensemble. C'étaient tous des pauvres types massacrés par leur gouvernement. Ils n'avaient rien choisi du tout. Tout le monde il est bon, tout le monde il est gentil* », etc.

Le deuxième point que je voudrais développer, c'est l'extrême « disponibilité du passé ». Dans le fond, ce passé, qu'on l'ait oublié momentanément, qu'on ne l'ait pas oublié, qu'on l'ait refoulé, il est perpétuellement disponible pour toutes sortes de lectures, toutes sortes d'interprétations. Non qu'on puisse vraiment affirmer n'importe quoi, mais les stratégies, conscientes ou inconscientes, de falsifications, de détournements, de contournements, d'oublis volontaires ou non, de refoulements, des multiples retours du refoulé, même de forclusions, de déplacements, de substitutions, de décalages (un passé pour un autre), sont légion. Ce presque « n'importe quoi » si n'importe quoi il y a, est fortement déterminé. Il ne s'agit pas de n'importe quel « n'importe quoi », à n'importe quel moment. Il est fortement déterminé par des conjonctures qui transcendent les écritures de l'histoire ou les rapports à la mémoire, par des rapports de forces, par des enjeux politiques desquels la mémoire est partie prenante.

Les problématiques mêmes mises en avant dans le champ scientifique de l'histoire, dans l'histoire savante, sont prises dans le grand mouvement des modifications de conjoncture et de relecture. On peut presque dater le moment où plus aucun étudiant dans les départements d'histoire d'Europe n'a voulu faire une thèse d'histoire économique ou même une thèse d'histoire sociale. Il y eut le moment de l'histoire des mentalités. Et puis, on peut dater le moment où l'histoire des mentalités elle-même a reculé et où l'histoire culturelle est venue au premier plan. Et puis, ce fut le thème de la mémoire, les mémoires, les mémoires de groupe, pour ne pas évoquer l'inflation du thème de la Shoah – dont j'ai beaucoup parlé ailleurs.

Et d'une certaine façon, le passé peut se prêter à tout. J'explique souvent aux étudiants qu'il y a un hit-parade à établir des héros des manuels d'histoire et de leur devenir. Si on s'intéresse de près, par exemple, à Jeanne d'Arc, on observe, il est vrai que cette pauvre Jeanne n'a pas eu de chance : ce n'est pas simplement dû à sa mort tragique sur le bûcher, ce qui relève du réel de l'histoire ; elle n'a pas de chance dans sa postérité. Elle a beaucoup de mal à sortir de l'extrême droite depuis toujours. Héroïne des légitimistes. Évidemment, il y a Aragon, il y a Péguy, il y a quand même eu des tentatives pour sortir cette pauvre Jeanne de là où elle se trouvait, mais ces tentatives ont été très ponctuelles, cela a été très difficile et aujourd'hui, comme vous le savez, de la place des Pyramides aux fêtes d'Orléans, il ne fait pas bon être dans les cortèges où on met Jeanne d'Arc en avant[8]. Quand j'étais petite, moi, je me souviens que les Romains, dans mes manuels d'histoire, avaient bonne presse. Vercingétorix, lui, mal peigné, avec un casque qui nous donnait l'impression, à nous gamines, d'être plutôt une casserole sur la tête, n'avait pas l'air très fréquentable. En revanche, nos manuels nous disaient que nous devions aux Romains notre langue, les aqueducs, le droit, enfin tout ce qui formait la véritable civilisation. Depuis Astérix, personnage fictif, ce n'est plus tout à fait le cas. Si on regarde, aux États-Unis, par exemple, la postérité de Lincoln, on s'aperçoit qu'elle est prodigieusement intéressante, car Lincoln est un héros qui fait absolument l'unanimité, mais dans des zones mémorielles et historiennes distinctes. Il y a le Lincoln des Noirs, des Blancs, de l'Est, du Midwest, des femmes, des conservateurs, des progressistes. On a fait appel à Lincoln au moment de la guerre de 14. Après le 11 septembre 2001, on a mis un crêpe au Lincoln Memorial parce que, l'Amérique étant atteinte, c'était aussi ses grands héros qui l'étaient et, en particulier, Lincoln.

De quelle conjoncture générale ces problèmes mémoriaux sont-ils le symptôme ou les témoins ? Il me semble d'ailleurs, puisqu'on parle aussi d'actualité, qu'on assiste peut-être en ce moment – mais c'est trop tôt pour le théoriser – à un nouveau changement de conjoncture, à l'amorce d'un changement qui va certainement transformer les problèmes et la problématique du mémorial, du mémoriel. Ce dont je parle a surtout trait à l'avant 11 septembre. Peut-être que ce 11 septembre va transformer quelque chose dans la donne conjoncturelle.

Un monde de réseaux

Je dirais que la mémoire est prise dans un âge nouveau qui est celui de la connexion généralisée. Luc Boltanski et Ève Chiapello intitulent un ouvrage récent *Le Nouvel Esprit du capitalisme*[9]. Il s'agit d'analyser les transformations des trente dernières années et les nouvelles configurations idéologiques qui nous gouvernent. Ils tentent de cerner notre monde de désarroi idéologique. Aucune alternative aux anciens dispositifs critiques n'est venue relayer les anciens discours révolutionnaires réformistes, voire du keynésianisme. Cette nouvelle configuration est issue, nous disent-ils, du modèle managérial, modèle de l'entreprise en réseau, décentralisé, qui a rejeté les anciens rapports hiérarchiques, en transformation permanente, modèle de la fluidité, de la flexibilité, de la multiplicité, de la mobilité. C'est un monde de réseaux où l'essentiel est l'établissement des connexions, des contacts. La généralité de la forme rhizomatique est déclinée au moyen de différentes métaphores qui font référence, soit, de façon classique, au tissage ou aux dispositifs dans lesquels circulent les fluides (flux, oléoduc, canal, ligne), soit, de façon plus moderne, à la biologie du cerveau (synapse, neurone, connexion). Ce dernier registre est particulièrement utilisé pour mettre l'accent sur l'autonomie et même sur la volonté du réseau, plus forte que celle des êtres qui s'y trouvent plongés, dont on décrit alors les propriétés dans le langage de l'auto-organisation, de l'autorégulation, etc. Les auteurs parlent de cette nouvelle configuration en termes de « *désarmement de la critique* ». Et je voudrais insister sur cette notion. Je crois que les problèmes mémoriels aujourd'hui sont pris dans un grand désarmement de la critique. Le capitalisme a su se transformer complètement, se réformer, adaptant même le discours de ses adversaires. Les nouvelles structures du marché n'ont que faire du capitalisme planifié ou encadré par l'État. Le capitalisme a su endosser, nous disent les auteurs, la critique artiste qui, partout dans le monde, dans les années 1960, prônait le célèbre slogan « Changer la vie », les transformations qualitatives plutôt que quantitatives, l'autonomie, la qualité de vie, la créativité. Il a vu quel parti il pouvait tirer de l'aspiration à la segmentation, à la décentralisation, à la fragmentation, à l'individualisation. Le nouvel esprit du capitalisme prend appui sur les critiques qui dénonçaient alors la mécanisation du monde. Il a repris à son compte la revendication d'authenticité, toutes les idées en lutte contre la massification, la standardisation, l'inauthentique. Il est entré de plain-pied dans la société postindustrielle et postmoderne de l'effacement du temps et de l'espace, de l'Internet, de l'effacement des frontières, dans l'âge des identités poreuses. Les nouveaux dispositifs d'organisation du travail relayent à leur façon la critique artiste des années de contestation. Même l'homme unidimensionnel de Marcuse a été complètement récupéré.

C'est dans cette déconstruction de tous les anciens modèles qu'on est arrivé à cette segmentation des sociétés, à ces fragmentations, à l'affaiblissement de l'État national à peu près partout, à l'omniprésence d'une mondialisation dévorante : dans le cadre de ce désarmement de la critique et de la fin, non pas des idéologies, comme on le dit, non pas de l'histoire, mais de la fin d'une idéologie, ce qui est tout à fait différent. Il y a bien une idéologie qui est morte avec fracas, qui n'est pas simplement, comme on l'a cru, le stalinisme, mais le communisme, mais le socialisme, au sens fort du terme, mais le marxisme. Et puis, on s'est aperçu qu'avec le marxisme en général, c'étaient aussi les Lumières qui en prenaient pour leur grade, et puis, par cercles concentriques, au-delà des Lumières, le rationalisme. C'est toute une conjoncture de pensée, y compris à la fois dans ses dévoiements et ses non-dévoiements, qui s'en est allée.

C'est dans ce nouveau *Zeitgeist* du postmoderne que la mémoire est devenue omniprésente et obsessionnelle. « *No future. Then a past.* » On pourrait dire : « *Eh bien, si l'avenir est bouché, s'il est fermé, si toutes les alternatives réelles, les aspirations utopiques à un monde meilleur ne sont plus possibles, fixons-nous donc sur les valeurs sûres.* » Les valeurs sûres, c'est le passé en fonction de son immense disponibilité, c'est l'identité, y compris locale, de groupe : être entre soi, revendiquer son identité (sexuelle, culturelle, groupale) et non plus les grandes identités nationales ou universalistes qui oubliaient le discours des dominés, et on voit très bien dans quelle conjoncture on s'inscrit. On en revient à Herder !

Pour finir, ce problème semble articulé sur un autre qui est celui de ce qu'on pourrait appeler les post-mémoires aujourd'hui, sorte de mémoire au deuxième degré, dans laquelle effectivement je classe la difficulté de distinguer aujourd'hui entre le vrai et le faux, l'original et la copie – et l'informatique n'est pas pour rien dans ce phénomène –, toutes les mémoires pseudo, toutes les mémoires simili, toutes les mémoires qui avaient déjà été pensées dans la science-fiction. Quelqu'un qui connaît la science-fiction, les films catastrophes, les films d'horreur, quelqu'un qui a vu les images en direct des événements du 11 septembre, ne peut pas ne pas s'être dit durant les premières minutes : « *Mais j'ai déjà vu ces images, mais on dirait un film, mais on dirait un film catastrophe ! Cette foule qui court avec un nuage de poussière derrière elle, j'ai déjà vu ça, sauf que c'étaient des martiens qui la poursuivaient, mais j'ai quand même déjà vu ça !* » Ce massacre hollywoodien, comme on peut l'appeler, qui a été fait aussi pour être vu à la télévision en direct, fait partie de cet âge nouveau de la post-mémoire.

Je fais allusion à ces romans de science-fiction où des êtres artificiels se mêlent aux êtres organiques que nous sommes et où on leur implante des mémoires, avec des sociétés commerciales qui vendent des souvenirs. On demande aux gens : « *Vous les voulez com-*

ment, ces souvenirs ? » Pour vendre des « *vrais souvenirs* », il faut qu'il y ait aussi des trous de mémoire. On vend donc du trou de mémoire, pour faire encore plus vrai, plus authentique. « *Voulez-vous une mémoire d'Alzheimer ?* » C'est la preuve de l'authenticité absolue, parce que vraiment, si vous êtes malade de la mémoire, on ne peut pas vous dire : « *Vous avez une fausse mémoire.* » On est comme à l'intérieur des romans de Philip Dick où il est impossible de séparer le vrai du faux. Dans ce contexte-là, on ne voit pas très bien comment les historiens vont « faire avec l'Internet », avec les trucages d'images. Ce que les Soviétiques, dans leur génie malin, mettaient du temps à faire quand même : enlever Trotski d'une photo, enlever Zinoviev…, avec Photoshop – cela ne coûte pas très cher –, vous le faites en un instant, même si vous ne savez pas très bien manipuler l'ordinateur.

Alors, imaginez le cauchemar suivant : les Archives nationales décident de tout numériser, et puis, comme on n'a jamais de place, elles finissent par garder quand même quelques fonds, mais elles détruisent les archives, qui sont numérisées. On semble totalement à l'abri d'une panne. Il y a des milliers d'exemplaires. Mais imaginez un *hacker*, un génie malin de l'informatique qui va venir manipuler ces archives, qui va changer les chiffres, même dans les inventaires après décès du XVIIe siècle. Avec quoi allons-nous écrire l'histoire ? Une de mes interrogations aujourd'hui, c'est le devenir de la mémoire dans le cyberespace, ce qu'il en sera d'un monde sans original et sans copie, sans véritable discrimination du vrai et du faux.

Les machines à laver de Berlin

Dans ce contexte, une histoire-mémoire critique – ce sera ma conclusion – est-elle possible ? Bien sûr. Tout mon exposé n'est pas pour dire que rien ne l'est, c'est simplement pour dire qu'il n'y a pas de garantie dans le discours des professionnels de l'histoire, qu'il y a toujours des enjeux, des luttes. On a vu, avec l'Algérie, à quel point le sujet était explosif. Dans mon travail sur Berlin, j'ai trouvé quelques raisons d'espérer, même s'il ne faut pas du tout idéaliser ce que l'Allemagne a fait par rapport à son passé.

Je voudrais terminer en présentant une installation, parce que je crois qu'elle a un caractère symbolique – que j'ai présentée aussi dans mon livre. Une étrange installation s'étendait sur la place du château, au centre de Berlin. Il s'agissait d'un alignement de cent quatre machines à laver le linge. Les auteurs de cette installation, Filomeno Fusco et le sculpteur Victor Kegli, du 2 septembre 2000, date anniversaire de la victoire de Sedan – pour eux, c'est une victoire, pour nous, c'est une défaite – et fondatrice de la première unité allemande, jusqu'au 3 octobre, nouvelle fête nationale qui commémore la réunification, avaient invité les Berlinois à venir laver leur linge sale en public tous les samedis. Ce n'est pas simplement une installation, les gens venaient avec leurs draps. Lavage et lessive étaient fournis gratuitement. Des cordes à linge dessinaient les arcades de l'ancien château des Hohenzollern. « *Les monuments habituels sont des endroits morts. Les gens se plantent dedans, ils regardent et c'est tout. Nous, nous avons créé un monument inter-actif où les gens sont actifs : ils lavent, se rencontrent, discutent.* » Cette installation se trouvait sous les fenêtres mêmes du bureau provisoire du chancelier Schröder qui avait pris possession de l'ancien bâtiment du Conseil d'État de l'ancienne RDA. Entre-temps, on lui a construit une nouvelle chancellerie qui s'appelle « *la machine à laver* ». La machine à laver est un signifiant-maître de l'Allemagne en ce moment. Beaucoup de passants, des flâneurs étaient venus s'y exprimer pour le plaisir de la polémique, pour participer aussi, et certains pour laver leur linge, de même que quelques squatters. Évidemment, on imagine les discussions véhémentes autour de la lessiveuse : « *Aucun respect pour l'honneur national ! Vous ne savez que salir l'Allemagne ! – Salir ? Mais on lave, mais on lessive !* » Bref, ces cent quatre machines à l'alignement parfait sont une métaphore très belle qui obligeait les gens – évidemment à l'image de la lessive mais par le dispositif interactif – à venir discuter, à venir s'expliquer, donc à penser à quelque chose de leur histoire et à faire bouger quelque chose de leur histoire.

On trouve dans Berlin beaucoup de ces contre-monuments, comme on les appelle, ou de ces installations qui tendent, par leur dispositif, à cette négociation, non pas à cet apaisement mais à la reconnaissance de quelque chose. Et effectivement, s'il n'y a pas de juste mémoire, il y a peut-être de la négociation par la reconnaissance du passé. Pour conjurer les retours, les répétitions, les parodies, les imitations, les illusions, pour conjurer tous ces fantômes et ces spectres, ces retours du refoulé, cette « hantologie » soulignée par Derrida, il faut alors une reconnaissance, reconnaissance de ce qui s'est passé, reconnaissance de sa propre responsabilité. À ce moment-là, dans les enjeux perpétuels dans lesquels le mémoriel et le régime d'historicité sont pris, quelque chose peut se mettre à bouger, quelque chose de moins mortifère, quelque chose, peut-être, pas comme une juste mémoire, mais une mémoire un tout petit peu plus juste.

NOTES

[1] Paul Ricœur, *La Mémoire, l'histoire, l'oubli*, Paris, Seuil, 2001.

[2] Jan T. Gross, *Neighbours : The Destruction of the Jewish Community of Jedwabne, Poland*, Princeton University Press, 2001.

[3] Voir sur le sujet : Alexandra Laignel-Lavastine, « Fascisme et communisme en Roumanie : Enjeux et usages d'une comparaison », *in* Henry Rousso (dir.), *Stalinisme et nazisme. Histoire et mémoires comparées*, Bruxelles, Éditions Complexe, IHTP, CNRS, 1999, p. 201-245. Plus récemment, du même auteur : *Cioran, Eliade, Ionesco : L'oubli du fascisme*, Paris, Presses Universitaires de France, 2002, et dans *Les Temps modernes*, mars-avril 2001, n° 613, la série des articles consacrés aux « Avatars du postcommunisme ».

[4] Régine Robin, *Berlin Chantiers : essai sur les passés fragiles*, Paris, Stock, 2001.

[5] Voir, en particulier, les positions antagonistes de Jocelyn Létourneau : *Passer à l'avenir : Histoire, Mémoire, Identité dans le Québec d'aujourd'hui*, Montréal, Boréal, 2000, et, de Gérard Bouchard, *Genèse des nations et des cultures du nouveau monde*, Montréal, Boréal, 1999.

[6] Jan Assmann, *Das Kulturelle Gedächtnis*, Munich, Beck, 1999. Voir aussi : Aleida Assmann, *Errinerungsräume : Formen und Wandlungen des Kulturellen Gedächtnisses*, Munich, Beck, 1999.

[7] François Hartog et Jacques Revel (dir.), *Les Usages politiques du passé*, Paris, Éditions de l'École des hautes études en sciences sociales, 2001. Voir en particulier dans ce recueil : Giovanni Levi, « Le passé lointain. Sur l'usage politique de l'histoire », p. 25-37.

[8] Cette intervention a été faite bien avant le résultat de l'élection présidentielle des 21 avril et 5 mai 2002. Lors du 1er mai, Jean-Marie Le Pen, arrivé second au premier tour, a consacré son défilé à Jeanne d'Arc, alors que la fête de Jeanne d'Arc est le 12 mai. L'extrême droite s'est approprié la « Place des Pyramides » sur le plan symbolique.

[9] Luc Boltanski et Ève Chiapello, *Le Nouvel Esprit du capitalisme*, Paris, Gallimard, 1999.

Nathan Wachtel

MÉMOIRE MARRANE

Je prendrai pour point de départ l'une des célèbres formules de Marc Bloch concernant la définition du métier d'historien : « *Il n'y a donc qu'une science des hommes dans le temps et qui a sans cesse besoin d'unir l'étude des morts à celle des vivants.* »[1]

Éclairer le présent grâce à une meilleure compréhension du passé, éclairer le passé grâce à une meilleure connaissance du présent : ces allers et retours entre les archives et le terrain, entre le terrain et les archives, m'ont conduit à pratiquer soit une histoire régressive (selon une autre formule de Marc Bloch), qui consiste à mener une recherche au rebours du temps, soit une anthropologie historique en quête des ultimes traces des siècles passés dans le contemporain.

Or, au cours d'une quête de ce genre, il arrive que l'on fasse l'expérience de moments privilégiés où l'on éprouve, pour ainsi dire physiquement, la présence d'une mémoire vivante, en même temps que l'exigence d'un devoir de mémoire, sur un fond d'oubli bien évidemment, car tout exercice de remémoration ne s'effectue, inévitablement et par définition, que dans un effort d'arrachement à l'oubli. Ce sont quelques exemples d'expériences de ce type que je me propose de retracer ici.

Il est vrai que les expériences auxquelles je fais allusion ne sont pas si fréquentes. Quand elles se produisent, il semble que le temps s'arrête, que son flux régulier s'interrompt, l'on éprouve le sentiment d'une irruption soudaine du passé dans le présent, qui provoque une sorte d'émouvante illumination. En l'occurrence, il ne s'agit pas, ou pas seulement, d'un vécu personnel, individuel, comme dans la fameuse expérience proustienne de la madeleine, non, il s'agit bien d'histoire générale et de mémoire collective. Pour employer un autre vocabulaire, celui parfois un peu ésotérique de Walter Benjamin, on peut dire que de tels moments correspondent sans doute à ce qu'il désignait comme des « images dialectiques », à savoir des ruptures du temps, des conjonctions fulgurantes entre le passé et le présent d'où surgissent des « constellations » en lesquelles se cristallisent des significations inédites.

Je vais donc présenter quatre ou cinq exemples situés en des contextes très différents et, pour commencer, il me semble opportun de choisir un exemple que nous offre Tzvetan Todorov, auteur comme l'on sait d'un petit livre intitulé *Les Abus de la mémoire*, mais dont je préfère – je l'avoue – les très belles pages qui forment l'ouverture de son livre *Face à l'extrême*.

Dans ce dernier ouvrage, Tzvetan Todorov commence par évoquer deux visites qu'il a effectuées un dimanche de novembre 1987. Il rend l'une de ces visites à l'église où avait officié le père Popieluszko, et où se trouvait sa tombe. Je cite, en vous priant d'excuser la longueur de la citation, mais il importe de conserver un ensemble cohérent : « *Il y avait de quoi être impressionné, en effet. La cour de l'église, déjà, était comme l'enclave d'un pays dans un autre, débordant de banderoles et d'affiches qu'on ne voyait nulle part ailleurs. À l'intérieur, dans le demi-cercle du chœur, une exposition présentait la vie du supplicié ; chaque vitrine, chaque étape de sa carrière, était comme une station de son chemin de croix. […] Un peu plus loin, un crucifix avec Popieluszko à la place du Christ. Dehors, la pierre tombale et, autour d'elle, un tracé du territoire de la Grande Pologne (mordant sur la Lituanie et l'Ukraine), dessiné par de lourdes chaînes rivées à des pierres. En tout, une densité d'émotion qui vous prenait à la gorge. Et, autour, la foule, sans fin : le service est terminé, nous attendons longtemps que le fleuve humain se déverse au dehors pour pouvoir entrer, mais quand on le fait, on constate, miracle, que l'église est toujours pleine.*

Du coup, je ne pouvais m'empêcher de faire un rapprochement avec notre visite précédente, ce même matin, au cimetière juif de Varsovie. Nous étions seuls. À peine avait-on quitté l'allée centrale qu'on s'enfonçait dans un fouillis indescriptible : des arbres avaient poussé entre les tombes, des herbes folles les avaient envahies, effaçant les limites et les séparations ; les pierres tombales s'étaient à leur tour enfoncées dans la terre, à la suite des cercueils. On comprenait soudain, par contraste, que les autres cimetières étaient des lieux de vie, puisque le passé y restait présent, alors qu'ici les tombes, pétrification du souvenir, mouraient à leur tour. [...]

Il y avait entre ces deux moitiés de la matinée une continuité, celle de l'émotion, et aussi un contraste que je ressentais confusément mais ne parvenais pas à formuler. »[2]

Je ne prétends pas formuler le contraste et l'émotion qu'évoque Todorov mieux qu'il ne le fait lui-même, mais je relève qu'il s'agit en somme d'une seule et même émotion puisqu'elle se développe – est-il précisé – en continuité, et qu'elle culmine dans la mise en relation entre une forte densité de mémoire d'une part, et le vide de l'oubli d'autre part ; et c'est à la suite de cette expérience que Todorov entreprend d'écrire son livre et mène à bien un magnifique travail d'historien. À ce propos, j'observe que s'il convient de distinguer entre le travail de la mémoire et le travail de l'historien, qui comportent leurs spécificités respectives, il n'y a pas lieu de les opposer, comme on se plaît parfois à le faire : il me semble au contraire qu'histoire et mémoire constituent, dans des registres certes différents, des approches complémentaires.

Les Indiens Urus de Bolivie

Le deuxième exemple est celui d'un autre moment d'intense émotion que j'ai éprouvé moi-même, il y a bien des années maintenant, en des lieux très différents, au cours de ma recherche sur les Indiens Urus de Bolivie.

Tout d'abord, le plus brièvement possible, l'indispensable rappel du contexte. Les Indiens appelés Urus, généralement pêcheurs, chasseurs et collecteurs, formaient au XVIe siècle le quart de la population du haut plateau andin, et sont réduits de nos jours à quatre ou cinq groupes isolés les uns des autres, ne comptant guère plus de deux mille personnes au total. Ces Indiens Urus représentent en quelque sorte les « vaincus des vaincus », car ils ont été dominés, marginalisés et exploités par les Indiens qui constituent la population majoritaire au sud du Lac Titicaca, à savoir les Indiens Aymaras, et ils continuent à être méprisés par ces derniers, qui les considèrent comme les descendants d'une humanité « primitive ». Parmi les Indiens Urus survivants aujourd'hui, ceux du village de Chipaya sont les seuls à subsister en tant que groupe autonome, d'un millier d'habitants environ, avec son territoire propre. Ce territoire chipaya forme une enclave à l'intérieur d'une vaste zone aymara, au nord du lac Coipasa, dans une région semi-désertique bordée de salines. Les Urus Chipayas se distinguent effectivement de leurs voisins par un ensemble composite de traits, tels que la langue, le vêtement, le mode de vie, les alliances matrimoniales, et surtout la vive conscience de leur identité.

D'autres Urus encore survivants, les Moratos du lac Poopo, en revanche dépourvus de terre et métissés avec leurs voisins aymaras, ont perdu l'usage d'éléments essentiels de leur culture, tels que le vêtement et surtout la langue. Les Moratos ont entendu parler de leurs frères lointains du lac Coipasa, de même que les Chipayas ont entendu parler des Moratos, mais les deux groupes, éloignés de quelque 200 kilomètres difficilement franchissables, ne s'étaient jamais rencontrés. C'est pourquoi j'ai osé effectuer une manière d'expérience ethnographique en invitant deux amis Chipayas à m'accompagner pour rendre visite aux Indiens Moratos du lac Poopo. Je passe sur les péripéties du voyage. Mes amis Chipayas sont chaleureusement accueillis, comme des « frères ». Pendant plusieurs jours Chipayas et Moratos entretiennent (en espagnol ou en aymara) des conversations passionnées sur leur histoire, leurs coutumes, leurs relations avec les Indiens Aymaras, et sur la langue propre aux Urus, appelée puquina, que les Chipayas continuent à employer quotidiennement entre eux, et que les Moratos – comme je l'ai signalé – ont pratiquement oubliée : ceux-ci ne gardent le souvenir que de quelques mots isolés (principalement des termes de parenté). Au bout de quelques jours vient le moment du départ. Alors se déroule une scène étonnante, et véritablement mémorable. En vous priant de m'excuser de me citer moi-même, voici le récit de l'épisode : « *Peu à peu l'après-midi avance, la lumière jaunit, il est temps de faire nos préparatifs. Tristesse des départs. Nous revenons dans la cour de l'école pour saluer nos hôtes. Visages graves. Le soleil flamboyant descend à l'horizon : il se dédouble dans le lac, dont les eaux d'un mauve bleuâtre s'embrasent, se métamorphosent en miroir violacé, scintillant, où se reflète le moutonnement doré puis pourpre des nuages. Charme de l'heure crépusculaire ? L'air plus vif semble lui-même se charger de solennité. Tout à coup quelque chose se déchire et la scène paraît transfigurée. Les Moratos, hommes et femmes, font cercle autour de Martín et de Fortunato : ils les supplient de parler dans leur langue, la vieille langue uru. Nullement surpris, obéissant à une sorte d'évidence, les deux Chipayas s'exécutent, et parlent. Les Moratos écoutent et tous, au son des paroles antiques, sans se concerter mais sous l'impulsion de la même évidence, tous en même temps retirent leurs chapeaux, inclinent la tête, dans une attitude de prière. Communion dans la mémoire des morts, irruption du sacré : ils écoutent pieusement, religieusement, sans comprendre un seul mot, la langue des ancêtres. La prière se prolonge, le soleil disparaît lentement dans le lac, la scène baigne maintenant dans un clair-obscur et se brouille à travers mes larmes. Puis les Moratos, hommes et femmes, se mettent en file devant les deux Chipayas et tous, les uns après les autres, leur donnent l'accolade pour les remercier. Les remercier de quoi ? Des paroles prononcées ? De la visite rendue ? Sans doute. Ils les remercient, simplement, d'être ce qu'ils sont, et d'avoir permis par leur visite la résurrection du passé. Mes amis chipayas ont cru faire un voyage en arrière dans le temps ; pour les Moratos, par une sorte de renversement, c'est le passé qui est revenu pour se confondre avec le présent dans un fugitif instant de grâce. Ils les remerciaient d'avoir incarné le retour des ancêtres. »*[3]

Les nouveaux chrétiens du Portugal

Le troisième exemple est encore celui d'une scène extraordinaire, qui me conduit maintenant à évoquer la mémoire marrane. Au début du XXe siècle en effet, l'on découvrit – et cette découverte avait quelque chose de sensationnel – que survivaient encore, dans certaines régions reculées du Portugal, des descendants des nouveaux-chrétiens convertis de force en 1497, et que ces marranes continuaient à judaïser. Les circonstances de cette découverte, due à Samuel Schwarz, sont si riches de sens qu'elles méritent d'être contées à leur tour.

Samuel Schwarz était un Juif polonais, ingénieur des mines, qui avait été envoyé dans le nord du Portugal, à la fin de la Première Guerre mondiale, pour y diriger des travaux de prospection. Au cours de ses activités, il rencontra en 1917 un habitant de

Belmonte qui, pour obtenir un marché et écarter un concurrent, le mit en garde contre ce dernier : « *Il suffit que je vous dise qu'il est juif* (judeu). » L'avertissement produisit évidemment un effet inverse et incita Samuel Schwarz (qui n'avait pas manqué, en Pologne, d'acquérir une certaine expérience de l'antisémitisme) à tenter d'en savoir davantage. Mais l'enquête s'avéra extrêmement difficile, car il apparut que les marranes de Belmonte ignoraient tout du monde extérieur : ils ne concevaient pas qu'un Juif pût avoir l'aspect d'un ashkénaze polonais, et surtout ne cherchât pas à cacher son judaïsme, comme ils le faisaient eux-mêmes. « *Cependant*, relate Samuel Schwarz, *à force d'efforts continuels et obstinés, nous parvînmes peu à peu à gagner la confiance de quelques nouveaux-chrétiens, principalement des hommes, qui commencèrent à nous donner diverses informations sur leurs prières et rites judaïques.* »[4] Mais Samuel Schwarz se rendit bientôt compte que c'étaient les femmes, surtout les femmes âgées, qui connaissaient toutes les prières par cœur et qui présidaient les cérémonies religieuses. Aussi bien ne gagna-t-il définitivement la confiance de la communauté qu'après une épreuve décisive auprès de ces dernières. On lui demandait en effet de prouver son identité juive en récitant des prières ; or il était bien incapable de dire les prières que prononçaient ses interlocuteurs en langue portugaise, et lorsqu'il évoquait la langue hébraïque, il découvrit que ceux-ci « *ne savaient même pas qu'elle existait* ». Enfin, à force d'insistance, il obtint qu'une vieille « sacerdote » (*sacerdotisa*) en vînt à lui proposer : « *Puisque vous connaissez d'autres prières juives, différentes des nôtres, récitez-nous au moins une de celles que vous connaissez dans cette langue hébraïque dont vous dites qu'elle est la langue des Juifs.* »[5] Samuel Schwarz prononça évidemment le *Shema* : et il vit qu'au mot *Adonaï* les femmes se voilèrent aussitôt les yeux de leur main ; quand il eut terminé, la « sacerdote » s'adressa avec autorité à ceux qui les entouraient : « *Il est réellement juif, parce qu'il a prononcé le nom d'*Adonaï. »[6]

Ce n'est pas tout. Il se trouve que Samuel Schwarz, afin sans doute de donner une manière d'expression à l'état d'exaltation que la scène suscite en lui, se croit obligé de décrire – comme je l'ai fait moi-même pour l'épisode de la rencontre entre Moratos et Chipayas – la splendeur du paysage alentour sous la lumière crépusculaire qui le transfigure. Je cite : « *C'était un délicieux aprèsmidi d'été, que baignait une douce brise descendue de la*

montagne ; à l'horizon se détachait en toute sa splendeur la serra
da Estrela, que les dernières réverbérations du soleil couchant
nimbaient d'une auréole si lumineuse qu'elle nous rappelait la
description biblique du Sinaï, quand Moïse reçut la loi de Dieu. »[7]

Aux confins du Sertão brésilien

C'est à un télescopage des temps et des lieux moins grandiose,
mais non moins émouvant, que je vous invite avec un quatrième
exemple, celui d'un épisode qui a marqué mon enquête à la
recherche de marranes contemporains, en ce début du XXIᵉ siècle.
Cette enquête nous conduit jusqu'au Nord-Est du Brésil, dans les
confins du mythique *sertão*. En ces lointaines régions de l'intérieur subsistent des familles très chrétiennes, qui se distinguent
cependant par un ensemble de coutumes particulières, transmises
depuis de nombreuses générations. Ces traditions comportent
certes des variantes, d'un témoignage à l'autre, mais dans la plupart des cas on retrouve un fonds commun qui donne lieu à une
série de thèmes récurrents. Ceux-ci n'ont en eux-mêmes rien
d'original : l'ensemble de coutumes le plus répandu concerne, en
effet, l'alimentation, avec la stricte prohibition du porc, des pois-
sons sans écailles et fruits de mer, du sang, etc. L'on n'est pas surpris, dans ce contexte, de retrouver la bougie allumée le vendredi
soir : mais c'est en l'honneur des « anges », car on n'utilise généralement pas le terme de *Shabbat* et l'on ne parle pas non plus de
Juifs, ni de nouveaux-chrétiens.

J'abrège cette description. Pour toutes ces coutumes, il n'y a
pas d'autre explication que celle de « traditions familiales ». C'est
pourquoi l'on relève d'autres récurrences encore dans les récits
des itinéraires individuels. Certains témoins, venus du lointain
sertão, arrivent dans la grande ville pour des raisons diverses, et
ils découvrent alors, tardivement, et avec stupeur, que les coutumes observées dans leurs familles, qu'ils croyaient jusqu'alors
parfaitement chrétiennes, en réalité ne le sont pas. Le changement
de milieu les amène à prendre conscience que les règles alimen-
taires ou la bougie du vendredi ne sont pas recommandées par
l'Église, mais correspondent à autre chose, que l'on ne peut iden-
tifier que comme un héritage juif, ou plus exactement judaïsant.
La personne qui découvre ainsi les particularités de sa famille

s'interroge, entreprend une recherche, étudie, puis, au terme d'une quête qui peut être longue et douloureuse, décide de revenir au judaïsme. Ou bien fait un autre choix, car divers cas de figure se produisent, qui dépendent des circonstances, de l'entourage et, bien évidemment, de la foi, du libre arbitre de chacun.

C'est ainsi que, depuis quelques années seulement, au cours des années 1980 et surtout 1990, se manifeste au Brésil, plus particulièrement dans les régions du Nord-Est, un mouvement de « retour » formé par ces « Juifs marranes » qui commencent à émerger de l'ombre. Ils ont créé en 1995 une Association sépharade Bnei Anussim (des descendants des convertis de force), et en 1997, année qui correspondait au 500e anniversaire de la conversion forcée des Juifs du Portugal, s'est réunie à Recife une manière de « congrès marrane », en commémoration du drame fondateur.

J'en viens maintenant à l'un des épisodes qui ont marqué mon enquête. À Recife, j'ai recueilli le récit de vie d'une informatrice (comme nous disons dans notre jargon) qui, en vue de notre entretien, avait apporté un livre. En guise d'introduction elle me montre ce livre, et je découvre qu'il s'agit d'un ouvrage intitulé *Izkor* ; sa couverture brochée, de qualité médiocre, porte le dessin de la flamme d'une bougie. Le livre traite évidemment des camps d'extermination nazis, et de la Shoah. Et c'est cet ouvrage, *Izkor*, « *Souviens-toi* », que ce témoin a spontanément choisi pour que notre entretien sur le passé marrane se déroule sous son signe.

Retour en Pologne

Cet épisode vécu sous les *Tristes Tropiques* nous ramène ainsi à la mémoire de la Shoah. Bouclons donc notre périple : de la Pologne à la Bolivie, puis au Portugal et au Brésil, revenons en Pologne. Permettez-moi d'évoquer, en guise de conclusion, quelques impressions d'un voyage récent (effectué au début de ce mois d'octobre), qui m'a conduit à Cracovie et en quelques autres villes. Voici en effet un autre contraste, qui fait écho à celui que décrivait Todorov au début de mon exposé.

L'ancien quartier juif de Cracovie, Kazimierz, comptait quelque 70 000 habitants avant la Seconde Guerre mondiale. Aujourd'hui, comme l'on sait, on n'y trouve pratiquement plus de Juifs. C'est une expérience bouleversante d'errer dans les rues du quartier, bordées de maisons pour la plupart délabrées, et de découvrir des synagogues à tous les carrefours : les rues sont presque vides, désertes, mais on a l'impression de marcher au milieu d'une foule de fantômes.

Et pourtant, depuis quelques années le quartier revit. L'on raconte qu'il avait longtemps servi de refuge à des marginaux, au point qu'on n'osait plus s'aventurer, de nuit, dans ce qui était devenu un coupe-gorge. Est-ce l'effet du fameux film de Steven Spielberg, *La Liste de Schindler*, dont certaines scènes furent tournées dans les rues de Kazimierz ? Des touristes viennent en visite, quelques maisons sont restaurées, ou en cours de rénovation. Dans la rue principale, la Szeroka, on relève au moins trois restaurants de cuisine juive, qui affichent plusieurs étoiles, et commencent à être à la mode. Tout cela a quelque chose d'étrange car personne n'est juif en ces restaurants, pas plus qu'au Centre pour la culture juive de Kazimierz, où j'ai été invité à donner une conférence sur les marranes. Personne n'est juif, mais il y a des plaques commémoratives, des photographies, des enseignes, la présence d'une mémoire. La grande synagogue Izaak, restaurée, abrite un musée consacré à l'histoire des Juifs de Cracovie. Le Centre pour la culture juive de Kazimierz, créé en 1993, résulte d'une initiative civique, en tant qu'émanation de l'université Jagellon de Cracovie. Il est installé dans une ancienne maison de prières, rue du Rabbin Meisels ; la rénovation du bâtiment a été conçue pour permettre des activités nombreuses et variées : expositions, conférences, concerts, etc.

Ces notations positives réconfortent par le contraste même qu'elles opposent à tant de villes ou de bourgs, en Pologne, où rien n'a changé : au mieux certaines synagogues hébergent maintenant des cafés, des banques, des bibliothèques, ou des cinémas, mais pas une plaque commémorative, rien, rien d'autre que l'oubli, et les cimetières juifs sont de plus en plus à l'abandon.

Je ne sais si je dois répondre de manière plus explicite à la question qui fait l'intitulé de notre colloque. Mais comme celui-ci a été placé sous l'exergue, en quelque sorte, de *Funes el memorioso*, je me permettrai de faire une remarque qui me semble de bon sens, en rappelant que *Funes el memorioso* n'existe pas. C'est un personnage de fiction, malheureusement suis-je tenté d'ajouter ; il n'existe pas, hélas. Et c'est l'humour féroce, et quelque peu pervers, de Borges qui fait de ce personnage de fiction un malade de la mémoire, et qui le fait mourir.

Puisque j'ai commencé en me référant à Marc Bloch, il convient que je termine par une autre citation, empruntée évidemment à Vladimir Jankélévitch, à qui ma « foi du souvenir » reste indéfectiblement fidèle. Je cite : « *Les morts dépendent entièrement de notre fidélité... Tel est le cas du passé en général : le passé a besoin qu'on l'aide, qu'on le rappelle aux oublieux, aux frivoles et aux indifférents, que nos célébrations le sauvent sans cesse du néant, ou du moins retardent le non-être auquel il est voué ; le passé a besoin qu'on se réunisse exprès pour le commémorer : car le passé a besoin de mémoire... Non, la lutte n'est pas égale entre la marée irrésistible de l'oubli qui, à la longue, submerge toutes choses, et les protestations désespérées, mais intermittentes de la mémoire ; en nous recommandant l'oubli, les professeurs de pardon nous conseillent donc ce qui n'a nul besoin d'être conseillé : les oublieux s'en chargeront d'eux-mêmes, ils ne demandent que cela. C'est le passé qui réclame notre pitié et notre gratitude : car le passé, lui, ne se défend pas tout seul comme se défendent le présent et l'avenir.* [...] »[8]

Oui, le passé a besoin qu'on l'aide, le passé a besoin de notre mémoire.

NOTES

[1] Marc Bloch, *Apologie pour l'histoire ou Métier d'historien,* (première édition, 1949), Paris, A. Colin, 1993, p. 97.

[2] Tzvetan Todorov, *Face à l'extrême*, Paris, Seuil, 1994, p. 11-12.

[3] Nathan Wachtel, *Le Retour des ancêtres. Les Indiens Urus de Bolivie (XXe-XVIe siècle) : Essai d'histoire régressive*, Paris, Gallimard, 1990, p. 232.

[4] Samuel Schwarz, *Os Gistãos-Novos em Portugal no Secolo XX*, (première édition, 1925), Lisbonne, Universidade Nova de Lisboa, [n.d.], p. 23-24.

[5] *Ibidem.*

[6] *Ibidem.*

[7] *Ibidem.*

[8] Vladimir Jankélévitch, *L'imprescriptible. Pardonner ? Dans l'honneur et la dignité*, Paris, Seuil, 1986, p. 60.

Jean-Louis Bruguès

MÉMOIRE ET PARDON

En donnant à cet échange le titre « Mémoire et pardon », je voudrais poser deux questions :

– Puisque l'oubli est un leurre, le pardon n'est-il pas le seul moyen de faire le deuil du mal passé, un deuil vraiment humain, car vraiment divin ? C'est dire que je parlerai ici comme théologien.

– Ne sommes-nous pas en train d'assister à une extension, mais aussi une mutation, de la notion de pardon ? Ce qui me conduira à parler aussi comme moraliste.

Le temps, dit-on, est à la repentance. Il semblerait que, parvenue à la fin d'un millénaire où elle joua presque constamment le premier rôle, la civilisation occidentale souhaitât assainir sa mémoire et se présenter avec un cœur plus léger, sinon une innocence recouvrée, au seuil d'une ère nouvelle.

Ces appels à la repentance ont été portés, en réalité, par une longue période de maturation. Deux facteurs y ont joué un rôle essentiel. Il y eut d'abord et incontestablement la lente prise de conscience de la Shoah. L'Holocauste n'était-il pas devenu la forme du Mal par excellence, la figure du Mal absolu[1] ? En entretenant soigneusement son souvenir, les Juifs ont comme planté la problématique du pardon au cœur de la réflexion éthique occidentale. Peut-on pardonner l'inexcusable et le démesuré ? Sur ce point, en effet, le judaïsme a quelque chose à dire d'essentiel[2]. Devant l'énormité du crime, certains soutiennent que Dieu seul peut pardonner aux bourreaux de son peuple. D'autres vont plus loin : *« Lorsque nous avons affaire à un monstre absolument inexcusable,* disait Vladimir Jankélévitch, *à un criminel pour qui le péché est premédité, froidement calculé, qui ne doit rien à l'hérédité ni à l'environnement [...] un vrai criminel parfaitement responsable, c'est alors qu'apparaît le vrai pardon. [...] Le pardon peut ce que l'excuse ne peut pas. Donc là où l'inexcusable constitue comme un dernier élément impossible à dissoudre, le pardon se présente pour le dissoudre... Bien entendu, (à nous, juifs) ce pardon est la seule chose que l'on pourrait nous demander. Or, nous ne pouvons l'accorder que gracieusement, gratuitement, pour rien, non point par magnanimité, non point par grandeur d'âme, car dans la grandeur d'âme il y a quelque chose d'un peu méprisant, d'un peu dédaigneux et le sentiment qu'on est tellement grand que l'offense ne peut plus nous atteindre ; nous pardonnerions, non point parce que les hommes sont plus bêtes que méchants, non point parce que le crime est vieux de vingt-cinq ans..., mais pour rien. »*[3]

En France, l'énormité de l'Holocauste provoqua comme une cascade de *mea-culpa*. Des hommes politiques, des fonctionnaires, des militaires, des syndicalistes, des policiers viennent demander pardon pour le comportement de leurs prédécesseurs sous le régime de Vichy. Seuls, peut-être jusqu'à présent, les intellectuels manquent à l'appel. Quant à l'épiscopat français, il publia, le 30 septembre 1997, une déclaration de repentance à propos de l'attitude de l'Église catholique pendant la dernière guerre.

Cette ultime mention me conduit naturellement à évoquer un second facteur qui joua dans l'évolution récente de nos mentalités. Un rôle de détonateur, à l'intérieur de l'Église catholique et peut-être un peu au-delà, en effet, a été joué par les initiatives personnelles de Jean-Paul II. On n'a peut-être pas mesuré sur le moment le caractère novateur, presque révolutionnaire, du numéro 33 de sa lettre apostolique *Tertio Millennio Adveniente*, signée le 10 novembre 1994[4]. Le pape indiquait à l'Église, de la manière la plus explicite, la route qu'elle devait emprunter pour purifier sa propre mémoire et donner ainsi l'exemple du repentir aux personnes comme aux sociétés civiles. « *L'Église ne peut passer le seuil du nouveau millénaire sans inciter ses fils à se purifier, dans la repentance, des erreurs, des infidélités, des incohérences, des lenteurs. Reconnaître les fléchissements d'hier est un acte de loyauté et de courage qui nous aide à renforcer notre foi, qui nous fait percevoir les tentations et les difficultés d'aujourd'hui et nous prépare à les affronter.* »

On recense maintenant une bonne centaine d'actes et de discours de repentir de Jean-Paul II pour les fautes commises par des membres de l'Église au cours du dernier millénaire : croisades, guerres de religion, inquisitions, complicité avec les dictatures, persécution des Juifs et des Indiens des Amériques, et jusqu'au « machisme » et à la condamnation de Galilée[5]...

Remarquons en passant que la situation appelée ici semble ne concerner qu'une certaine mentalité occidentale, et elle seulement[6]. Ayant participé à des colloques dans lesquels se retrouvaient des théologiens et des philosophes venant des cinq continents, j'ai souvent entendu dire, surtout de la part d'Asiatiques, que cette problématique du pardon, trop occidentale à leurs yeux, ne les impliquait guère...

La forme sublime du don

Je diviserai mon propos en trois parties :

– Qu'est-ce que le pardon ? Le christianisme répond : la forme sublime du don.
– Pardon et responsabilité : une problématique traditionnelle du pardon.
– Vers de nouvelles formes de pardon ?

Le pardon, ou la forme sublime du don. Les Juifs et les Chrétiens sont les héritiers de la Bible. Ils y entendent la Parole d'un « *Dieu de tendresse et de pitié, lent à la colère, plein de grâce et de fidélité* » (Ex 34, 6). Leur Seigneur finit toujours par pardonner le péché de son peuple, quand celui-ci consent à revenir à lui. Le pardon est l'autre nom de Dieu. Quand les Hébreux retournèrent de leur exil à Babylone, ils préférèrent retenir ce visage de la miséricorde divine : « *Dieu des pardons* » (Ne 9, 17), quel titre admirable ! Ce pardon divin, Jésus l'annonce, il l'illustre dans ses paraboles, il l'atteste par ses gestes. Il l'incarne dans sa personne. Il exerce un pouvoir réservé à Dieu seul : en guérissant les plaies du corps, il purifie celles de l'âme.

Nous pourrions soutenir que le pardon exprime l'essence du christianisme. Il n'y traduit pas seulement une exigence morale, connue d'ailleurs sous une forme ou une autre dans toutes les grandes religions, mais théologale : plus que toute autre attitude, il engage la relation avec Dieu.

Le don atteint alors sa forme sublime. « *Pardonner, c'est donner deux fois* », dit la sagesse populaire. On pourrait le définir comme un don gratuit qui répond à un manque, ou encore : une alchimie qui convertit le mal en une nouvelle chance[7].

Le pardon cherche à convertir le mal. J'en tire une conséquence : l'oubli est une prétention illusoire. Celui qui assure qu'il ne pensera plus désormais à la blessure subie et qu'il fera « comme si rien ne s'était passé » se trompe ou trompe son monde. Le pardon n'efface rien, parce que même dans sa toute-puissance, Dieu ne peut faire que ce qui a été ne soit plus. Le pardon entretient avec le mal – avec l'offense, dirait la théologie classique – une relation à la fois violente et nécessaire. Si l'offense vient à être oubliée, le pardon perd sa raison d'être[8]. Il est donc nécessaire que soit maintenue vivante la mémoire du mal, non point pour cultiver le ressentiment et préparer de lointaines revanches (un pardon qui entretiendrait le ressentiment serait proprement pervers et, loin de purifier la mémoire, il enfermerait celle-ci dans des attitudes régressives, sinon morbides), mais pour rappeler que le pardon reste une tâche constante, à renouveler sans cesse, parce que sans cesse les hommes se blessent entre eux, et offensent leur Créateur.

Le pardon ne restaure pas un état antérieur. Il ne prolonge pas une relation provisoirement interrompue. Il crée du neuf et inaugure un nouveau chapitre dans l'histoire de la relation brisée. Il n'oublie pas, il n'excuse pas, car il y a des fautes inexcusables, mais, comme nous l'indiquions dans notre définition, il donne à l'offenseur une nouvelle chance. Il ne veut pas que le dernier mot reste au mal. Signe véritablement pascal, il « troue la mort » (*cf.* I Co. XV, 54-56) pour que filtre à nouveau la lumière du Royaume qui vient.

Le pardon selon la responsabilité. Notre temps a perçu la responsabilité sous la forme lancinante d'une obsession. Avec des philosophes comme Emmanuel Levinas, par exemple, celle-ci est devenue l'autre nom de l'éthique moderne. Nous serions entrés, écrivait récemment un sociologue, dans « *le temps des responsables* »[9]. Les génocides répétés, les guerres les plus meurtrières de toute l'Histoire, et l'horreur absolue des camps nazis et soviétiques, sans parler des charniers de Bosnie, ou des attentats commis à New York et à Washington, ont fait de la responsabilité un objet tellement encombrant que nous serions tentés, à la fin d'un siècle barbare, de nous en défaire sur le bord du chemin. Impossible pourtant : elle réapparaît toujours avec l'opiniâtreté indifférente des évidences. Rien ni personne ne parvient à faire taire cette petite voix qui surgit en chaque conscience : « *Qu'as-tu fait de moi ?* » Qui est ce moi ? Moi, c'est moi, bien sûr. Il s'agit de répondre présent, de répondre à la question par une présence : « *Me voici.* » Le premier contenu de la responsabilité, c'est donc cette présence à soi et aux autres.

Apprendre à répondre : « *Me voici* » ; ainsi commence le métier d'homme. Mon premier prochain, c'est moi-même. La responsabilité pose la première des questions éthiques, celle de l'identité. Le vieux Talmud de Babylone l'avait déjà observé : « *Si je ne réponds pas de moi*, y lisons-nous, *qui pourra répondre de moi ? Mais si je ne réponds pas de moi, suis-je encore moi ?* »[10] Le moi est notre unique fenêtre sur l'autre. Ce n'est que par le singulier qu'on embrasse l'universel.

La présence à soi est donc la première tâche de la morale. Quoi de plus difficile ? « *Ce n'est pas moi !* » : rappelez-vous quand vous étiez petits. Ce n'est pas moi qui l'ai fait ; puis, devant l'évidence : « *Je ne l'ai pas fait exprès !* » L'éducation morale consiste à attribuer inlassablement ses actes à un sujet : « *Quelles que soient les fantaisies du désir qui se joue de moi, il n'y a pas, au bout du bras qui a agi, d'autre que moi-même* » (Monette Vacquin).

L'acte humain apparaît ainsi comme un condensé de la personne, certes partiel et provisoire, mais authentique. Il est son épiphanie et sa royale manifestation. Bien sûr, la personne restera toujours plus grande que ses actes, mais dans un acte conscient et librement voulu, elle se dévoile et s'expose. Elle prend le risque d'être reconnue par l'autre et de se soumettre à son jugement. La parole qui frappe un acte finira par atteindre son auteur. Dire le vol ou le mensonge, c'est désigner inévitablement le voleur et le menteur.

Des pères et des fils : voilà ce que nos actes font de nous. Des pères, car ces actes, nous les avons conçus, médités, ruminés, avant de les mettre au monde, comme des enfants. Bons ou mauvais, ils resteront nôtres et nous aurons à revendiquer leur paternité jusqu'au bout. Lancés dans l'existence, ils nous échappent et déploient leurs conséquences librement, sans nous. Puis ils nous reviennent sous la forme de ces conséquences, justement, ou des conséquences de conséquences. En réinvestissant notre existence, ils nous façonnent et tissent la trame d'un être nouveau. Ils nous interrogent sans cesse : « *Qu'as-tu fait ? Regarde-nous, reconnais-toi, reconnais-toi à travers nous. Nous sommes revenus chez toi. Peu à peu, nous t'avons transformé, nous t'avons conduit là où tu ne souhaitais pas te rendre peut-être. Tu es devenu notre enfant, et si tu nous rejettes, si tu ne réponds pas de nous, tu resteras orphelin, sans passé, sans humanité, sans vie.* »

La loi morale de la responsabilité nous pousse ainsi à revendiquer notre liberté d'homme.

Un principe moral peut alors être énoncé : la personne est responsable de ses actes, de tous ses actes, mais rien que de ses actes. Les actes ne s'effacent jamais. La réparation pourra éteindre la dette, le pardon annuler la culpabilité, mais la paternité, elle, subsiste toujours. Devant notre conscience, la responsabilité des actes est infinie.

De ce principe de l'imputation découle une conséquence décisive : pas plus que la culpabilité, la responsabilité morale ne passe dans l'Histoire. Elle ne se transmet pas d'une génération à l'autre. L'enfant qui vient au monde se présente toujours indemne. Victime ou bénéficiaire, selon les hasards de la naissance, il supporte, mais ne porte pas. Il hérite de tout, à l'exception du poids des décisions morales qui l'ont précédé. C'est ainsi qu'il serait profondément injuste de demander des comptes à propos des méfaits de leurs parents aux générations allemandes nées après la guerre. Qu'elles sachent et n'oublient point suffit assez à leur peine ! Selon une image tirée des proverbes bibliques, ce n'est pas parce que les pères ont mangé des raisins verts que les fils doivent en avoir les dents agacées.

Comme l'écrivait le philosophe anglais Alasdair MacIntyre, « *je suis ce que moi-même j'ai choisi d'être. […] Je peux être biologiquement le fils de mon père, mais je ne peux être jugé responsable de ce qu'il fit, à moins d'assumer implicitement ou explicitement une telle responsabilité. Je peux être légalement un citoyen d'une certaine nation, mais ne peux être responsable de ce que mon pays fait ou a fait, à moins que j'assume implicitement ou explicitement une telle responsabilité.* »[11]

Solidarité, exemplarité

Vers de nouvelles formes de pardon ? Selon le principe de la responsabilité morale par imputation des actes, avons-nous dit, la culpabilité ne se transmet pas de génération en génération. Les descendants peuvent, certes, regretter les actes de leurs ancêtres, et même invoquer des excuses, mais ils ne peuvent demander pardon pour eux, *à leur place*. Cette impossibilité s'explique de deux manières.

D'une part, les descendants ne peuvent se substituer à leurs prédécesseurs et solliciter le pardon en leur nom. Le croire exposerait aux erreurs de l'anachronisme, car cela reviendrait à supposer que ces ancêtres avaient conscience de mal faire et qu'ils seraient aujourd'hui désireux de se faire pardonner. Qu'en savons-nous donc ? Ne risquons-nous pas de juger des actes du passé à la lumière de critères du moment ?

D'autre part, l'Histoire a brouillé les filières. Qui sont les héritiers des fautifs d'antan ? Qui sont les successeurs des victimes du passé ? S'il fallait vraiment demander pardon pour le comportement des premiers Européens débarqués sur le continent américain, qui devrait l'offrir et à qui devrait-il être adressé ? En Amérique latine, les croisements de population ont été tels que les héritiers des uns et des autres se sont mélangés au point de former des peuples nouveaux : convient-il de cultiver en eux une sorte de conscience schizophrénique ?

Il reste que les conséquences des fautes passées continuent de déployer leurs conséquences dans le temps présent. Nous en supportons le poids. Et ce poids, déjà très lourd, s'est fait insupportable en ce changement de millénaire. Quand on connaît la condition souvent misérable des populations indiennes des Andes ou de certaines régions d'Afrique, on mesure à quel point le tragique des décisions d'antan impose leur rigueur à nos contemporains, malgré la distance historique. Que faire alors ? Se contenter de subir ce qui semble inévitable ou proposer une sorte de thérapie de la conscience, une purification de la mémoire ?

La démarche indiquée par Jean-Paul II dans *Tertio Millenio Adveniente* vise précisément cet objectif : soulager une conscience qui risquerait sinon de s'abîmer dans une contemplation plus morbide encore que stérile, d'un passé trop douloureux. Incompréhensible du point de vue de la responsabilité, elle introduit à une nouvelle forme de pardon que nous qualifierions de « cathar-sique » : le pardon selon la solidarité.

Cette deuxième forme n'est plus tout à fait éthique. D'un point de vue moral, en effet, il n'est de pardon qu'en relation avec la responsabilité. Le pardon selon la solidarité atteste un besoin : celui de soulager la conscience, et propose un moyen : l'imitation du pardon infini de Dieu qui englobe tous les pécheurs.

La considération de l'acte enfermait l'auteur et son œuvre dans une sorte de face-à-face solitaire ; mais l'individu ne vit pas seul. Il appartient à un groupe social dont il assume inévitablement le passé et la destinée. Avec cette forme analogique de pardon, la conscience s'ouvre à l'autre. Elle ne porte plus seulement les actes personnels, elle accueille des êtres de chair. Elle participe à la conscience de tout un peuple, d'une civilisation même dont elle accepte l'héritage historique. Il n'y a guère d'Histoire morte. Dans cette épreuve supportée ensemble, s'expérimente un sens inédit de la communauté humaine et des liens de solidarité qui unissent ses membres. Pour le dire autrement, nous consentons alors à prendre dans nos cœurs des êtres de chair, à défaut de leurs actes. Nous portons tous les prochains possibles, ceux d'aujourd'hui, d'hier et de demain, depuis le plus connu jusqu'à l'inconnu, du plus voisin au plus éloigné dans le temps et dans l'espace.

Enfin, une troisième espèce de pardon est peut-être en train de voir le jour : le pardon selon l'exemplarité. Cette forme relèverait avant tout du souci pédagogique.

Jean-Paul II demande à l'Église de considérer les fautes com-mises par ses propres fils. « *Il est donc juste que, le deuxième mil-lénaire du christianisme arrivant à son terme, l'Église prenne en charge, avec une conscience plus vive, le péché de ses enfants, dans le souvenir de toutes les circonstances dans lesquelles, au cours de son histoire, ils se sont éloignés de l'esprit du Christ et de son Évangile, présentant au monde, non point le témoignage d'une vie inspirée par les valeurs de la foi, mais le spectacle de façons de penser et d'agir qui étaient de véritables formes de contre-témoignage et de scandale.* »

La demande de pardon formulée par le pape englobe les chré-tiens d'hier et d'aujourd'hui, mais aussi, au nom de l'unité du genre humain et de la mission d'intercession universelle confiée à l'Église, tous les humains. Elle prendrait alors valeur d'exemplarité. En donnant l'exemple du repentir, en effet, l'Église encouragerait tous les acteurs de la vie sociale, individus et responsables politiques, à faire de même. Venant d'une autorité si prestigieuse, ce premier *mea-culpa* devait en susciter d'autres. C'est bien ce qui s'est produit, ainsi que nous le rappelions au début de cet article. Une mauvaise conscience devenue trop lourde pourrait enfin ouvrir ses vannes secrètes et se libérer en une cascade de repentirs trop longtemps contenus. Contrairement aux apparences peut-être, il ne s'agissait nullement d'établir une sorte de tribunal de l'Histoire devant lequel seraient convoqués les fantômes qui hantent l'esprit de nos contemporains. Parce qu'il n'était plus possible d'emprunter les voies habituelles d'une responsabilité morale, devenue trop diffuse et donc insaisissable, la démarche crée un climat spirituel fait d'humilité et de repentir où la mémoire se purifie, tandis que les hommes y réapprennent à croire en leur avenir.

Le changement de millénaire est chargé d'une valeur symbolique qu'il convenait d'utiliser à propos. C'est le temps des examens de conscience, des recommencements et des résolutions. La considération des fautes d'hier ne suscite pas seulement une purification de la mémoire, elle éduque notre conscience. Elle lui rappelle sa fragilité et sa vulnérabilité au péché. Les prophètes d'antan n'agissaient pas autrement : en déclinant de longues litanies de péchés, ils mettaient en garde contre les tentations du moment. Les fautes des siècles enfuis délivreraient un dernier message, salutaire celui-là : ne recommencez pas, par pitié ! Les regards portés sur le passé préparent le futur. La mémoire devient alors le lieu d'une nouvelle espérance.

NOTES

[1] Comment composer des poèmes après Auschwitz ? Comment jouer avec des idées, comment se convaincre de quoi que ce soit, comment philosopher après Auschwitz ? Ce sont des questions que se posent, après Adorno, les penseurs du moment. « *Il n'existe pour moi aucun dieu que je puisse adorer le dos tourné à Auschwitz* », disait le théologien J. B. Metz.

[2] *Cf.* A. Abecassis, « L'acte de mémoire », *Autrement*, série « Morales » n° 4, avril 1991.

[3] V. Jankélévitch, « La conscience juive face à l'Histoire », *in Autrement*, série *Morales*, n° 4, avril 1991.

[4] On en trouvera le texte intégral dans *La Documentation catholique*, n° 2105, 4 déc. 1994.

[5] L. Accattoli, *Quand le Pape demande pardon*, Paris, A. Michel, 1997.

[6] Les responsables du Japon ont présenté à plusieurs reprises leurs excuses pour le comportement des troupes nippones quand elles occupèrent la Chine et la Corée. La télévision montrait récemment des industriels japonais en pleurs, confessant devant les employés leurs erreurs qui menèrent la firme à la faillite. Ces excuses n'étaient pas à proprement parler des demandes de pardon. Quant aux musulmans, ils auraient plutôt tendance à penser dans leur grande majorité qu'une demande de pardon équivaut à un aveu de faiblesse ; en tout cas, ils refusèrent de s'associer aux manifestations commémorant les origines de l'esclavage, telles que « la route de l'esclave » en 1997.

[7] Nous avons développé cette conception du pardon dans une conférence de carême donnée à Notre-Dame de Paris. On en trouvera le texte dans : J.-L. Bruguès, *L'Éternité si proche*, Paris, Éd. du Cerf, 1995, (4e conférence : *Le Don de la vie*).

[8] *Cf.* J.-Y. Lacoste, « Pardon (clémence et pardon) », *in Dictionnaire d'éthique et de philosophie,* sous la direction de M. Canto-Sperber, Paris, Presses universitaires de France, 1996.

[9] A. Etchegoyen, *Le Temps des responsables*, Paris, Julliard, 1993.

[10] Pour ces développements, on se reportera au numéro de la revue *Autrement* déjà cité.

[11] A. MacIntyre, *After Virtue*, Notre-Dame, University of Notre-Dame Press, 1984.

Yves Ternon

LE MALHEUR DE L'AUTRE

Pour aborder le thème du « malheur de l'autre », je vais tenter d'habiliter – devrais-je dire de réhabiliter ? – la méthode comparative. Je le ferai avec la prudence et la réserve qu'impose toute étude du génocide.

En octobre 1994, des spécialistes de l'Afrique des Grands Lacs avaient demandé à des historiens qui avaient travaillé sur les questions des génocides et des crimes contre l'humanité perpétrés au XXᵉ siècle de venir leur expliquer ce qui s'était passé ailleurs. Pour ma part, cette rencontre fut d'autant plus utile que j'ignorais alors pratiquement tout de l'histoire du Rwanda. Au terme de ces échanges, je conclus qu'il était aussi profitable de recevoir l'expérience immédiate de ce drame récent que de partager les connaissances dont j'étais dépositaire et que je ne pouvais qu'imparfaitement transmettre.

Dans le même esprit, en avril 1995, dans la jeune République arménienne, à Erevan, se tint un colloque sur « *les problèmes de génocide* ». Il réunissait des chercheurs qui avaient étudié, chacun dans son domaine, les génocides et des pionniers de l'approche comparée comme Helen Fein, Roger Smith, Irving Horowitz, Yehuda Bauer, Erwin Staub. Depuis plus de dix ans en effet, sous l'impulsion d'historiens et de spécialistes des sciences humaines, en majorité américains et israéliens, la méthode comparative se développait en toute légitimité scientifique. Les premiers travaux s'étaient focalisés sur l'étude du génocide des Juifs et du génocide des Arméniens. Mon propos n'est pas ici de défendre cette méthode, mais d'abord, parce que le sujet abordé est le génocide, d'en souligner les risques. Il est évident que, à multiplier les cas de génocide, à les classer en une hiérarchie des malheurs, on dénature le sens des tragédies les plus exemplaires. En effet, certains historiens, tout en demeurant dans le cadre rigoureux de l'énoncé de vérités, manipulent les faits pour mettre en relation deux événements distincts et les inclure dans une même catégorie juridique, l'une servant de caution à l'autre. Cette contrainte ne relève pas de la science mais de la politique. Le meilleur exemple est celui d'Ernst Nolte qui a engendré la « querelle des historiens » par sa tentative de fabriquer à partir d'une antériorité – les crimes staliniens précèdent les crimes nazis – une causalité – le communisme aurait dans ce domaine inspiré le nazisme.

Dans la démarche que j'évoque, la comparaison s'effectue à l'intérieur d'un même cadre, d'une même catégorie juridique : le génocide. Le mot « génocide » est d'abord un terme de droit. Il désigne une infraction. Il est entré dans le vocabulaire juridique le 9 décembre 1948 lorsque l'Assemblée générale de l'ONU a adopté la Convention pour la prévention et la répression du crime de génocide. La définition proposée alors était apparemment claire dans son énoncé. En fait, les énumérations contenues dans les articles 2 et 3 de cette convention créaient une ambiguïté que n'ont cessé de dénoncer tous ceux qui ont abordé cette question. Cette définition ratisse trop large et ne creuse pas assez : les infractions énumérées sont si nombreuses que le caractère d'exception voulu à l'origine par le législateur est annulé ; la réduction des groupes victimes à quatre laisserait d'autres crimes de génocide impunis, si la convention était appliquée. C'est pourquoi les spécialistes des sciences humaines, et d'abord les historiens et les philosophes, ont voulu repenser le concept de génocide et l'aménager en formulant d'autres définitions, chacun tenant à apporter sa pierre à l'édifice en espérant le couronner. Ils ne sont toutefois pas parvenus à fournir une réponse satisfaisante. Par contre une conclusion s'impose : on ne peut séparer un événement, même le plus tragique et le plus exceptionnel, de son contexte historique. Quelle qu'en soit la nature, un événement rentre dans une histoire. Refuser cette évidence revient à le sacraliser, c'est-à-dire à le priver de toute approche rationnelle. La difficulté à dire ne se confond pas avec l'indicible.

La Shoah est au cœur de cette problématique. Elle peut être pensée en relation avec d'autres catastrophes, soit simultanées comme le génocide des Tsiganes, soit décalées, en temps et en lieu. On souligne quelquefois l'oubli dont souffrirait le génocide des Tsiganes. Je m'inscris en faux contre cette idée reçue. De nombreux historiens ont conduit des recherches sur ce sujet et ont publié leurs conclusions. Certes le travail n'est pas achevé – il ne l'est jamais en histoire –, mais il est bien avancé. On est en mesure de conduire une étude comparative entre le génocide des Juifs et celui des Tsiganes, en examinant, dans un même environnement criminel, les différences essentielles entre ces deux destructions. Dans le même esprit, il est légitime de rapprocher deux événements situés dans un même contexte, celui de la criminalité d'un État totalitaire et celui d'une guerre mondiale. Cette criminalité de l'État est en effet caractéristique du XXᵉ siècle. On peut même prédire qu'elle ne sera sans doute pas la même au XXIᵉ siècle. La guerre fournit l'opportunité de se livrer à des excès qui seraient moins concevables en temps de paix. Conduire une comparaison entre la Shoah et le génocide arménien, puisque tel est ici le propos, consiste autant à séparer qu'à rapprocher ces deux ensembles de faits. Je propose d'isoler trois temps du crime : la préparation, l'exécution et les conséquences.

Pourquoi un État, pourquoi une poignée d'hommes détenteurs de pouvoir – en règle générale ils sont tout au plus vingt à trente à prendre cette décision – vont-ils perpétrer un génocide ? Dans les deux cas envisagés, la réponse est la même : parce qu'ils perçoivent une menace, qu'à un moment donné cette menace devient vitale, obsédante jusqu'à poser une alternative : eux ou nous. Cependant les situations sont radicalement différentes. Dans le cas des Arméniens, la menace pouvait être perçue comme réelle. Il y avait depuis 1878 une question arménienne. Les dirigeants de l'Empire ottoman percevaient clairement à travers l'exigence de réformes dans les provinces arméniennes une menace d'autonomie arménienne, menace renforcée par l'émergence de partis politiques arméniens et le développement d'activités révolutionnaires. Cependant, en 1908, la révolution jeune-turque opère un changement politique : on passe d'un système théocratique à un régime de plus en plus nationaliste. Les Jeunes-Turcs prennent progressivement conscience de n'avoir plus d'avenir en Europe. Ils se tournent vers l'Anatolie et, dans cette région, la seule minorité non musulmane est la minorité chrétienne arménienne. Il y a plus de deux millions d'Arméniens dans l'Empire ottoman, et la moitié est concentrée en Anatolie orientale. Alors se développe un travail de sublimation de la menace, de surestimation du danger, alors même que le risque réel se réduit. En effet, les Arméniens qui, avant la révolution de 1908, menaient des actions révolutionnaires y ont mis un terme et certains partis arméniens soutiennent le régime et sont représentés au parlement ottoman. Pour les Jeunes-Turcs, la menace est politique. L'intervention de l'idéologie dans leur décision criminelle est relative. Seule une fraction du comité Union et Progrès exalte l'idéologie panturquiste ou pantouraniste, qui rêve de regrouper les Turcs d'Asie. Donc, dans ce cas précis, au moment où est prise la décision, la menace est réelle mais surestimée.

La persécution des Juifs allemands, au contraire, part de rien. Il n'y a pas la moindre matérialité pour soutenir la formulation d'une menace que les Juifs d'Allemagne pourraient représenter. Cette menace est entièrement fabriquée par l'idéologie raciale, par ce racisme spécifique qu'est, tout au long de son élaboration et de son développement, le racisme national-socialiste, que l'on peut qualifier de racisme biologique. Cette conception du monde identifie différentes catégories à détruire. Les Juifs ne représentent qu'une de ces catégories, mais c'est, de loin, la plus chargée de symboles négatifs. Les malades mentaux appartiennent à une autre catégorie : ils représentent la part malade de la race allemande. Quant aux Tsiganes, ils sont perçus depuis longtemps en Allemagne comme des asociaux. L'antisémitisme occupe donc une place à part. La menace représentée par les Juifs est purement fictive. Pendant plus de cinq ans – car c'est en novembre 1938 que s'opère la rupture des derniers liens sociaux – les nazis vont travailler pour obtenir, d'une population abrutie par le matraquage de la propagande, un consensus, une adhésion à leur antisémitisme. L'avenir des Juifs allemands n'est pas encore clairement formulé, mais il se dessine au fur et à mesure que les discriminations se radicalisent et se précipitent, par un double effet de séparation, de déshumanisation du bourreau et de la victime.

Avant que le criminel prenne sa décision et passe à l'acte, dans ces deux situations criminelles, les intentions sont différentes. Elles vont pourtant se rejoindre puisqu'elles aboutissent à la nécessité d'éradiquer une communauté humaine et de définir en les programmant les modalités d'action. C'est pourquoi, dans ces deux cas, il s'agit bien d'un génocide.

Si on se place sur le terrain du droit, le génocide est d'abord une destruction physique, ce qui le distingue de l'ethnocide où la destruction est surtout culturelle. Ce crime est également défini par l'intention, une intention avérée, un plan concerté. La destruction est donc programmée. L'objet de la destruction est un groupe humain. Enfin – surtout, devrais-je dire – les membres de ce groupe sont tués en raison de leur appartenance – c'est le *as such* de la Convention.

Le génocide arménien

Lorsqu'on examine le second temps du processus, la perpétration du génocide – qui commence avec le passage à l'acte –, les deux événements sont plus différents que similaires. On peut en suivre le déroulement au cours de la Première Guerre mondiale dans le cadre des opérations militaires, en particulier pour le génocide arménien, car l'évolution du premier conflit mondial sur le front oriental est moins connue que celle de la Seconde Guerre mondiale. On constate cependant que, dans les deux cas, les criminels emploient une structure intermédiaire, ici la SS, là l'Organisation spéciale. Les Jeunes-Turcs forment et arment en effet des groupes de tueurs et ils confient à un noyau d'hommes de confiance le soin d'assurer la liaison entre le centre – le comité central du parti Union et Progrès – et la périphérie où s'opère le nettoyage ethnique. Dans chaque province, ces responsables, qu'ils soient des membres du parti, des dirigeants civils ou des commandants militaires, contrôlent l'exécution du meurtre collectif.

La destruction de la population arménienne est conduite en deux étapes. D'abord l'éradication du noyau historique de l'Arménie, l'Anatolie orientale où le peuple arménien vit depuis environ vingt-sept siècles. Cette destruction est totale. La population arménienne est délogée, extirpée et progressivement éliminée. L'opération est conduite de façon systématique, temps par temps, afin d'éluder toute possibilité de défense. Les cinq temps de ce protocole sont : la perquisition des maisons et des édifices religieux pour chercher des armes et justifier la théorie de la trahison et du complot ; l'arrestation, l'emprisonnement, la torture et l'exécution des notables ; l'arrestation des autres hommes et leur exécution dans des lieux proches de leur habitation ; la déportation du noyau restant, des vieillards, des femmes et des enfants ; enfin leur élimination progressive au cours de la déportation.

La déportation est officialisée. Elle se justifie comme une nécessité de guerre, l'éloignement du front d'une population accusée de collaborer avec l'ennemi. Elle devient une mesure bénigne alors qu'elle est la phase finale de l'élimination. Pour entretenir la confusion, la déportation du reste des Arméniens de l'Empire ottoman opérée dans un second temps est, elle, réellement une déportation. Elle se rapproche de celle que l'on observera plus tard sous le national-socialisme. Les familles sont emmenées ensemble, par chemin de fer, dans des régions méridionales de l'empire où il n'y avait pas avant de communautés arméniennes. Des camps de concentration sont ouverts en Syrie ou établis provisoirement le long de l'Euphrate. Là les déportés sont progressivement déplacés vers l'est jusqu'à ce qu'ils disparaissent tous.

L'une des caractéristiques du génocide arménien est la possibilité de survie offerte à un certain nombre de personnes. À la différence de la Shoah, la destruction n'est pas radicale. Elle est certes massive : 1 200 000 personnes environ, en tout cas les deux tiers des Arméniens de l'Empire ottoman, disparaissent. Une partie de la destruction est effectuée sur place : des villages entiers sont rasés et tous les habitants sont tués – inutile de comparer les cruautés : exposer les plaies ne change rien à la problématique. La déportation et les camps sont des méthodes de destruction progressive, mais certaines catégories de personnes peuvent sortir du processus, soit par la conversion, soit par l'enlèvement : des femmes et des enfants essentiellement. Puisque le thème qui nous rassemble est celui de la mémoire, il importe de souligner que la mémoire des survivants de ces deux génocides est différente. Pour avoir vécu pendant plusieurs décennies parmi les deux communautés, juive et arménienne, je peux affirmer que les survivants – je parle surtout des rescapés, des « revenants » – font de ces deux catastrophes des récits différents, d'abord parce qu'ils ne l'ont pas vécue au même âge. Les Arméniens survivants étaient en majorité des orphelins et ils se sont souvent mariés entre orphelins. Ils ont été recueillis dans des orphelinats chrétiens – car il en subsistait – ou des orphelinats turcs dont ils ont pu sortir. Leurs enfants n'ont pas eu de grands-pères, ils ont parfois eu des grands-mères, et leur récit les a marqués pour la vie. Tous les hommes ont été tués. Un certain nombre de femmes ont pu s'en sortir. Je ne fais qu'établir ce constat sans chercher à lui donner un sens. On observe aussi dans le cas du génocide arménien des faits en règle générale absents dans la criminalité des nazis : des viols tellement nombreux qu'ils constituent la règle – dans les convois de déportés, les femmes se couvraient le visage de poussière pour s'enlaidir ; des trafics d'enfants ; des marchés d'esclaves. La comparaison des faits survenus au cours de ces deux génocides ne cherche en aucune façon à établir une hiérarchie des malheurs, à constater que la cruauté du bourreau, la souffrance de la victime étaient ici ou là plus grandes. L'approche comparative examine en priorité le point de vue du criminel pour comprendre la situation qui l'a conduit au meurtre et pour interpréter son comportement : qu'il imagine guérir le mal qui le ronge ou que, plus communément, il suive le groupe des tueurs et se soumette à l'autorité.

L'unicité de la Shoah

Dans cette perspective – l'exécution du meurtre de masse – la Shoah représente la forme la plus radicale de destruction constatée dans un génocide. Pour un Juif vivant dans la sphère d'occupation nazie, il n'y a, s'il est arrêté, aucune issue. Souligner cette extrémité dans le crime, c'est, en d'autres termes, parler de l'unicité de la Shoah ou plutôt de ce qui en fait la spécificité. Ce point ne fait d'ailleurs pas l'objet d'un débat. Jamais dans l'histoire contemporaine il n'y eut de radicalisation aussi totale. Jamais auparavant on n'avait interdit à un être humain d'exister sur cette terre, fût-ce dans le ventre de sa mère. Jamais on n'avait poussé le délire jusqu'à supprimer impitoyablement tous les enfants, au seul prétexte qu'ils étaient nés. C'est cette situation radicale, plus que la technique du meurtre, qui, à mon humble avis, caractérise le génocide des Juifs, un crime qui n'a cependant pas été aussi bien préparé, aussi bien pensé qu'on l'a cru, car, comme l'écrit Christopher Browning, quand ils ont décidé de détruire les Juifs d'Europe, les nazis sont entrés dans un territoire sans carte et ils ont dû improviser.

On peut cependant diviser schématiquement cette éradication en trois temps qui correspondent peut-être à des décisions décalées. Le génocide est initié par la destruction des Juifs de Russie par les groupes mobiles de tuerie – les *Einsatzgruppen*. Ce meurtre de masse est perpétré selon les techniques traditionnelles du massacre : les habitants sont rassemblés et assassinés. Le meurtre atteint à Babi Yar des proportions monstrueuses : près de

34 000 morts en un seul lieu, en quelques jours. Le second temps de la destruction porte sur les ghettos de Pologne – que ces ghettos soient directement emplis de Juifs polonais ou qu'ils aient reçu entre-temps des convois venus d'autres pays du Grand Reich. L'opération Reinhardt conduite dans les trois centres de Sobibor, Belzec et Treblinka, où les victimes sont gazées par l'oxyde de carbone répandu dans des chambres à gaz, et la mise à mort dans le centre de Chelmno par des camions à gaz itinérants s'inscrivent dans la continuité de la suppression des malades mentaux. Ceux-ci avaient été tués antérieurement, en Allemagne, dans des centres munis de chambres à gaz et dirigés par des médecins. Les exécuteurs ont simplement bénéficié de l'expérience de ces premiers tueurs professionnels. Rien dans l'histoire n'est plus monstrueux que la destruction totale – car il n'y eut pratiquement pas de survivants –, dans ces quatre centres de mise à mort, d'environ 1 700 000 personnes. On atteint là les limites de l'indicible.

Ce que l'on a appris sur Auschwitz a bouleversé l'Occident. Après Auschwitz, rien ne sera plus pareil, et il est bien qu'il en soit ainsi. Ce qui s'est passé à Auschwitz n'est ni moins ni plus que ce qui s'est passé en Russie ou dans les centres de mise à mort. C'est autre chose. On y a assassiné la plupart des autres Juifs d'Europe. Ils ont été ramassés le long d'un demi-cercle de pays – l'image du « demi-cercle » est de Raul Hilberg – qui s'étend de la Norvège aux îles grecques. Les nazis ont littéralement vidé l'Europe qu'ils occupaient de sa population juive. Dans cette folie meurtrière, on relève cependant une mesure qui se situe à l'opposé du processus de destruction des Arméniens. Les Turcs tuaient d'abord les hommes valides et épargnaient éventuellement les enfants. À Auschwitz, les nazis sont tellement sûrs d'anéantir tous les Juifs qu'ils s'autorisent une sélection à rebours. Dès l'arrivée des trains de déportés, les SS font mettre à mort toutes les personnes âgées et tous les enfants. Ils préservent seulement la partie la plus résistante physiquement de cette population carcérale, comme main-d'œuvre, car ils savent qu'elle disparaîtra spontanément dans les semaines ou les mois suivants.

L'approche de ces situations extrêmes doit être conduite avec réserve. L'historien se tient à distance du récit de l'horreur et du sensationnel. Il s'efforce seulement d'examiner les faits, d'en contrôler la véracité, de comprendre ce qui s'est passé et de le commenter. Ce savoir, si lourd à porter et destiné à être transmis, lui indique dans quelle direction poursuivre les recherches.

La négation du crime

Je voudrais aborder pour terminer le troisième temps de ces catastrophes : l'après-génocide. Dans cette perspective, on constate, là encore, une différence très nette entre les deux événements. Cette différence porte sur la nature, le sens et le contenu du déni. Les criminels, ou ceux qui endossent leur forfait en héritage, s'attachent à nier les faits ou à rejeter leur responsabilité dans leur survenue. Or, la Shoah ne peut être niée. Les circonstances dans lesquelles s'est achevée la Seconde Guerre mondiale – une reddition sans condition, livrant hommes et documents –, les témoignages innombrables, les procès ont permis de constituer un dossier d'accusation si accablant que nier le crime est non seulement abject mais absurde. Seuls des malades, dévorés par la haine, peuvent tenir sur ce sujet des propos négationnistes. Le négationnisme – un mot plus adapté à cette pathologie que « révisionnisme » – nie l'existence des chambres à gaz et même la réalité de la mise à mort des Juifs d'Europe. Il se traite donc à distance, hors de l'université et sans contact direct. Si on ne discute pas avec les négationnistes, on est toutefois contraint de prendre en considération la liberté d'expression dont ils disposent sur les réseaux Internet. Ce devoir de vigilance impose de dénoncer la diffusion d'informations incontrôlables sur des milliers de sites que tous peuvent consulter, souvent par hasard. Si un enfant cherche à s'informer sur les chambres à gaz ou sur la Shoah, il aura plus de risques, en cliquant sur ces mots, de tomber sur un site négationniste que sur un site où une description objective des faits lui sera apportée.

La négation du génocide arménien emprunte des voies différentes. De sa conception à son exécution, le crime est marqué du signe du déni. Il est nié avant même d'être pensé. Les premiers actes de violence qui frappent les Arméniens sont justifiés comme une riposte à une menace. Lorsque le génocide commence, il n'est pas présenté comme une mise à mort, mais comme une déportation légitimée par la situation militaire. Le déni est même archivé de telle sorte que les futures recherches historiques ne peuvent découvrir que la version mensongère de l'événement. Après le génocide, la négation est continue. On n'observe qu'une solution de continuité, en 1919, lorsque la justice ottomane conduit une instruction criminelle et ouvre des procès contre les principaux responsables de ce que l'on nomme alors les massacres arméniens. Ces procès permettent de reconstituer le processus criminel, en particulier de mettre en évidence l'existence d'une organisation criminelle, l'Organisation spéciale, le maillon secret de la chaîne du meurtre. Mais, quelques années plus tard, la révolution kémaliste met un terme à ces aveux. Pour éviter de répondre de leurs forfaits devant la justice, la plupart des assassins ont rejoint le mouvement nationaliste. Certains d'entre eux sont célébrés comme des héros de cette révolution et comptent parmi les fondateurs de la République turque. Des secrétaires responsables de l'Organisation spéciale, des hommes qui ont, à l'échelle d'une province, dirigé les opérations de mise à mort des Arméniens, deviennent ministres – l'un d'eux sera même président de la République. Comment dans ce contexte peut-on imaginer que eux ou leurs épigones reconnaissent ce qui s'est réellement passé ? Ce déni est renforcé par la construction, au mépris de la vraisemblance, d'une histoire de la Turquie dont le contenu est contrôlé par Mustafa Kemal. À propos de cette construction, Étienne Copeaux a parlé d'uchronie : la fabrication d'une histoire imaginaire qui ne repose que sur les fantasmes de Kemal. Une telle opération supposait l'effacement du génocide arménien. Les survivants arméniens tardent à réaliser que la mémoire de la tragédie qu'ils ont vécue a été gommée. Ils se réveillent après une phase de sidération, en 1945, lorsqu'ils comprennent que le mot « génocide », qui vient d'être créé, s'applique à ce qu'ils appellent en arménien « la grande catastrophe », le même mot « catastrophe » qui en hébreu se dit « shoah ». Ils réalisent qu'on les a oubliés, qu'ils sont escamotés dans le récit historique et ils veulent se réinscrire dans la mémoire collective. Ce sont surtout leurs enfants qui, pour préserver leur identité, leur réclament la restitution de cette mémoire. C'est dans ce sens que la lutte pour la reconnaissance du génocide arménien est entreprise. Ce combat pour la mémoire commence en 1965, dans la diaspora et en Arménie soviétique. Les Turcs opposent à cette revendication légitime une fin de non-recevoir qui entraîne en réplique des épisodes de violence – le terrorisme arménien de 1975 à 1983. Les dérives de ces pratiques sont vite dénoncées par les organisations arméniennes elles-mêmes et la cause arménienne est placée dans les rails du combat politique et judiciaire. Mais elle se heurte à un négationnisme d'État qui ne cède sur aucun point. Au fur et à mesure que le gouvernement turc sent ses positions s'affaiblir devant le travail de sape des historiens qui poursuivent leurs recherches et apportent des preuves de plus en plus accablantes du génocide – preuves qui entraînent à travers le monde la reconnaissance par de nombreux pays de la réalité du génocide arménien –, il renforce sa négation et conduit contre toute vraisemblance des manœuvres qui seraient grotesques si la force politique de leurs auteurs ne les rendait efficaces. L'éventail de ces manipulations est si large qu'il s'ouvre dans des directions opposées : l'une consiste à déclarer que les Arméniens ont perpétré un génocide des Turcs et, à chaque accusation arménienne, à répondre par une accusation turque ; l'autre consiste à organiser une commission de réconciliation arméno-turque et à expliquer aux membres arméniens de cette commission que, pour construire l'avenir entre leurs deux peuples, il faut oublier le passé. Dans un tel contexte, il n'y aura pas d'issue tant que la Turquie ne reconnaîtra pas elle-même la réalité du génocide, tant il est vrai que la mémoire d'un peuple assassiné ne peut pas disparaître. Cette mémoire peut tout au plus se transformer lorsque la vérité établie est reconnue par tous. Alors se posera la question du pardon. Mais comment accorder le pardon à des gens qui ne demandent pas pardon ?

Claude Torracinta

LA DÉCHIRURE HELVÉTIQUE

La Suisse, bien qu'au cœur de la tourmente, a été épargnée par la Seconde Guerre mondiale comme elle l'avait été par la Première. Elle n'a connu ni la guerre, ni l'occupation, ni les destructions qu'ont subies ses voisins. En 1945, au sortir du conflit, elle peut donc être satisfaite de la politique suivie depuis la fin des années 1930 par ses responsables politiques. *Nous nous en sommes encore bien sortis cette fois*, titre d'une pièce de théâtre jouée en 1944 au Schauspielhaus de Zurich, résume d'ailleurs bien l'état d'esprit de la quasi-totalité des Suisses à cette époque.

Même si certains intellectuels comme Max Frisch ou Georges Haldas expriment leur malaise d'être restés les spectateurs de la tragédie qui se déroulait aux frontières de leur pays et si le succès populaire d'une collecte nationale lancée par les autorités en mars 1945 pour venir en aide aux victimes de la guerre révèle le besoin des Suisses de se racheter d'avoir été épargnés, le sentiment dominant à l'époque est celui d'avoir bien agi, conformément aux valeurs morales du pays.

De ce fait, on pourrait trouver étrange qu'on parle ici de la Suisse lorsqu'on évoque le devoir de mémoire à propos, notamment, de la Seconde Guerre mondiale, et qu'on puisse dire, pour paraphraser Borges cité par l'organisateur de ce forum, qu'elle est aujourd'hui malade de son passé et de sa mémoire.

Pourtant, l'ampleur du débat qui divise les Suisses depuis plusieurs années quant à l'attitude de leur pays pendant la Seconde Guerre mondiale, le sérieux de la crise morale qu'il suscite dans une partie de l'opinion, notamment parmi les jeunes générations, le fait que ce devoir de mémoire remet en cause l'image que les Suisses ont d'eux-mêmes et traduit une profonde crise d'identité, tout cela justifie largement qu'on se penche sur le cas suisse.

Même si ce retour du passé n'est pas aussi obsédant que pour d'autres pays et s'il est moins passionnel depuis quelque temps, il n'en demeure pas moins essentiel non seulement pour comprendre ce qui s'est passé hier, mais peut-être encore plus pour gérer le présent, assurer le devenir de la Suisse et son destin dans un monde qui a changé.

Ce devoir de mémoire impose en effet aux Suisses non seulement de réexaminer leur passé et de faire le deuil de certains mythes créés à la fin des années 1940, mais aussi de s'interroger sur leurs raisons d'être ensemble à l'aube du XXIe siècle. Il les oblige à redéfinir une identité qui, par principe même, est malaisée à vivre dans un pays qui n'est pas vraiment une nation, mais un objet hybride qui s'est constitué sous l'effet des circonstances, une sorte de puzzle politique qui ne tient que par la seule volonté de ses membres de constituer un État et les fait vivre en permanence dans une certaine ambiguïté.

Mais revenons à l'histoire et au devoir de mémoire. En mai 1945, je l'ai dit, la Suisse sort indemne de la guerre. Indemne, mais isolée diplomatiquement, certains États, à commencer par les États-Unis et l'Union soviétique – qu'elle n'a toujours pas reconnue depuis 1917 ! – lui reprochant une politique de neutralité qu'ils ont du mal à comprendre et d'avoir maintenu ses relations commerciales avec l'Allemagne nazie jusqu'aux derniers mois de la guerre. Des reproches qui ne dureront pas longtemps, le talent des diplomates helvétiques et le début de la guerre froide qui place la Suisse, de fait, dans le camp occidental, faisant taire les critiques.

C'est l'époque où va se mettre en place une image mythique du proche passé, une sorte de mémoire officielle. Alors que l'Autriche se persuade au lendemain de la guerre qu'elle a été la première victime du nazisme et que le gaullisme permet de convaincre les Français que leur pays a été dans son ensemble un peuple de résistants, les Suisses, eux, vont se persuader qu'ils ont été épargnés des périls qui les menaçaient par leurs seules vertus, par le respect des principes moraux qui fondent la Confédération, et par la force dissuasive de leur armée, symbole de leur volonté de résistance. Ce qui leur permet de tourner rapidement le dos au proche passé en l'idéalisant et en écartant les pages les moins flatteuses.

Pour bien comprendre ce qui se passe au lendemain de la guerre, il ne faut jamais oublier comment s'est construite l'identité suisse au XIX⁰ siècle. La Suisse s'est faite « contre ». Contre les grandes puissances qui l'entouraient. Contre l'idée d'un État centralisateur. Contre le principe de toute alliance militaire.

En même temps que se créait l'État fédéral et qu'étaient adoptées des institutions qui, pour l'essentiel, n'ont pas changé depuis plus de 150 ans, la Suisse s'invente, pour reprendre la formule d'Eric Hobsbawm, un passé historique symbolisé par la figure de Guillaume Tell, le serment du Grütli de 1291, la neutralité et un corpus de valeurs patriotiques et conservatrices. Des valeurs qui, au cours des années, vont profondément imprégner la société à travers une multitude d'associations, comme les sociétés de tir, de musique ou de gymnastique qui se créent un peu partout.

En 1945, le fait d'avoir été épargnée apparaît donc, aux yeux d'une grande partie de l'opinion, comme la justesse de ces mythes fondateurs et de ces valeurs. D'avoir échappé à la guerre légitime l'idée d'une Suisse différente, vivant à l'écart des soubresauts du monde, imperméable aux idées venues d'ailleurs. Ce qui renforce l'idée du *Sonderfall Schweiz*, ce fameux cas particulier de la Suisse, qui, non sans une certaine dose de suffisance, en ferait une communauté nationale différente des autres, au mode de fonctionnement original et unique, au génie bien particulier.

S'impose ainsi à la fin des années 1940 l'image d'une Suisse unie pendant les années sombres, fidèle à elle-même, et qui durant toute la guerre n'a pas transigé avec ses valeurs morales et les principes qui ont présidé à la création de la Confédération, en dépit de quelques concessions sans grande importance à ses yeux. Une image qui se fonde sur l'exaltation des valeurs patriotiques et de l'armée de milice.

Cette image d'une Suisse héroïque épargnée par la grâce de Dieu et la force de son armée est une image rassembleuse, sécurisante et séduisante, fondée sur l'idée d'une résistance morale totale pendant toute la guerre. C'est celle d'une Suisse opposée à tous les totalitarismes, une Suisse humanitaire et généreuse dont la neutralité a rendu service aux belligérants. Une image rassurante aussi qui va notamment permettre de mettre fin au malaise perceptible, dans les derniers mois de la guerre, dans une partie de l'opinion.

Ce qui est alors mis en place est une vision idéalisée du proche passé qui fait l'impasse sur les aspects les moins glorieux de ces années sombres, comme le refoulement de réfugiés juifs ou la collaboration économique avec l'Allemagne, voire l'antisémitisme d'une partie de la population dans les années 1930. La mémoire s'unifie et masque volontairement tout ce qui ne s'inscrit pas dans la création de ce mythe. Cela est d'autant plus aisé que, durant toute la guerre, la presse n'a accordé qu'une place marginale au problème des réfugiés ou du commerce avec l'Allemagne nazie et, le plus souvent, du seul point de vue officiel.

La mémoire officielle de la guerre

Un homme, le général Guisan, chef de l'armée pendant la guerre, va devenir l'un des fondements mythiques de cette mémoire collective, la majorité des Suisses voyant en lui – et en l'armée – le héros qui les a sauvés des périls, l'homme qui n'a jamais douté et a fait front.

Objet d'une ferveur populaire qui fait sourire aujourd'hui au regard de la vision plus juste et réaliste qu'on a de son action et de sa personnalité conservatrice, Guisan est à cette époque une sorte de monument, le symbole de cette Suisse mythique qui, à aucun moment, n'aurait transigé avec ses valeurs morales, ses traditions et sa volonté d'indépendance. Il est littéralement statufié.

Plus que tout autre, il va donc contribuer à la construction de cette mémoire collective qui s'impose entre 1945 et 1947 au détriment des faits et qui va devenir pendant des années la mémoire officielle de la guerre.

En dépit des voix discordantes de quelques intellectuels, cette construction d'une mémoire collective idéalisée s'appuie sur un réel consensus. Comme l'écrit l'historien genevois Luc Van Dongen, « *cette phase de la mémoire de la Seconde Guerre mondiale correspond au temps des visions œcuméniques, intégratrices et mystificatrices. Il y a vraiment lieu de parler d'une légende dorée : peuple, armée et Conseil fédéral avaient été soudés comme un seul homme pour préserver l'indépendance du pays. Fait remarquable, les Suisses avaient été encore une nouvelle fois le peuple élu.* » En quelques années, les Suisses se fabriquent ainsi une image d'eux-mêmes et de leur proche passé qui les rassure mais va les empêcher pendant longtemps de voir que le monde change autour d'eux.

La question des réfugiés et de la politique d'asile de la Confédération est à cet égard révélatrice de la manière dont s'est construite cette mémoire, cette vision officielle d'une conscience sans tache. Alors que, dans les années 1990, elle va être la cause d'un vaste débat national et d'une profonde crise morale lorsque l'opinion prend conscience que la Suisse a non seulement fermé ses frontières à des réfugiés, mais rompu avec ses valeurs humanitaires, au lendemain de la guerre, c'est l'image d'une Suisse généreuse qui s'impose, d'une Suisse qui n'a pas failli à ses devoirs.

Le film de Léopold Lindtberg, *La Dernière Chance*, évoquant en 1945 le destin de réfugiés qui fuient les persécutions et trouvent asile en Suisse et dont le succès populaire sera grand, relève de cette image d'Épinal en présentant la vision idéalisée d'une réalité dont on sait aujourd'hui qu'elle fut beaucoup plus nuancée, mais qui correspond parfaitement au sentiment de l'époque, à savoir que, conformément à sa tradition humanitaire, la Suisse fut accueillante à toutes les victimes qui se présentaient à sa frontière.

Rares, très rares sont alors les voix, aussi bien en Suisse qu'à l'étranger, pour contester cette vision et rappeler qu'en 1933 déjà Berne décidait que la persécution raciale n'était pas un motif suffisant pour obtenir l'asile politique, que la frontière avait été fermée pendant quelque temps en été 1942, que des milliers de personnes furent refoulées et qu'un accord avait été conclu avec l'Allemagne nazie en 1938, prévoyant que les ressortissants juifs allemands devaient avoir un signe distinctif dans leurs passeports.

Un diplomate suisse affirmait récemment dans un essai sur le déclin de la Suisse qu'elle est « *un peuple privé d'une histoire nationale crédible* », un peuple historiquement déraciné. « *On a élaboré une histoire mythique qu'on a substituée à l'histoire réelle parce que celle-ci ne correspondait pas aux fins de l'heure : créer un État national institutionnel à partir de quelques particularités locales hétérogènes. Mais quelle était cette histoire réelle ? Non seulement le passé de la Suisse est à l'opposé de son présent, mais rien même ne nous relie l'un à l'autre... Nous errons sans savoir ce que nous voulons car le passé ne nous a pas dotés d'un caractère propre dont découlerait naturellement une attitude à l'égard du monde et par conséquent une conduite de nos actions.* »

C'est ce qui s'est passé au lendemain de la guerre. La Suisse s'est créé une histoire qui, sur certains aspects, ne correspondait pas à l'histoire réelle, mais lui permettait d'affirmer qu'elle n'avait pas trahi ses idéaux et ses mythes fondateurs, légitimant ainsi sa politique de neutralité intégrale et de repli qui allait être appliquée pendant des années. Nietzsche affirmait que l'histoire n'est pas une discipline historique, mais un instrument qui sert à conduire le présent. Même si la formule est excessive, elle s'applique fort bien aux responsables politiques suisses au lendemain de la guerre.

Cette réécriture de l'histoire dont je viens de parler, cette construction d'une mémoire collective faisant l'impasse sur les aspects plus négatifs de l'attitude de la Suisse pendant la guerre, vont en effet permettre, à la fin des années 1940, de fortifier le sentiment national et de réaffirmer l'identité des Suisses autour des valeurs qui, un siècle auparavant, ont fondé la Suisse moderne.

Pendant des années, elle va servir de corset idéologique à la politique fédérale et à ses relations avec le reste du monde pratiquement jusqu'à la chute du mur de Berlin et l'implosion du communisme. L'histoire, ainsi revue et corrigée, légitime le présent. Ce qui fera dire à juste titre à un observateur allemand de la réalité helvétique que la période de l'après-guerre a duré en Suisse jusqu'en 1989, alors que ce pays n'avait pas été partie prenante au conflit.

De ce fait, sur le plan politique, nous assistons, dès 1945, au retour à une neutralité intégrale, au repli sur les valeurs patriotiques et sur les mythes fondateurs du pays dont on estime qu'ils ont permis de préserver la Suisse de tous les dangers, à l'affirmation farouche de la souveraineté nationale et au refus des alliances dans un splendide isolement. La Suisse n'adhère pas à l'ONU, alors qu'elle était membre de la Société des Nations dont le siège était à Genève, comme quelques années plus tard elle refusera de participer à l'OTAN ou au Marché commun et à la construction européenne. C'est le temps des refus.

C'est aussi le temps où l'armée de milice et la défense nationale sont célébrées en permanence – chaque Suisse naît soldat, répète-t-on –, notamment par le truchement des associations de soldats mobilisés entre 1939 et 1945, cette « génération de la Mob' » dont les valeurs patriotiques et la volonté de résistance sont rappelées avec force et qui est chargée d'entretenir la mémoire du passé auprès des jeunes générations et de fortifier le sentiment national.

Certes, le rôle bien réel d'une diplomatie au service des autres sur le principe « neutralité - solidarité » est mis en valeur. C'est la Suisse des bons offices jouant les intermédiaires entre les camps antagonistes. Une Suisse refusant de s'intégrer au reste du monde, mais toujours prête à favoriser la solution des conflits qui le déchirent. Une Suisse disponible, mais en dehors de toute alliance militaire ou politique.

Cette politique qu'on peut qualifier d'isolationniste et cette image mythique du proche passé fixée au lendemain de la guerre, vont s'imposer jusqu'à la fin des années 1980 en dépit des critiques. Il faudra attendre les travaux d'une nouvelle génération d'historiens et, surtout, l'affaire des fonds juifs en déshérence, pour ébranler les certitudes, mettre à mal ces mythes et imposer un réexamen du passé, un nouveau regard sur l'attitude de la Suisse pendant la Seconde Guerre mondiale.

Si l'anniversaire de la mobilisation de 1939 avait été le prétexte cinquante ans plus tard d'une manifestation patriotique célébrant les vertus de l'armée et de la génération de la Mob', la commémoration de la fin de la guerre, six ans plus tard, marque un tournant dans la manière dont la Suisse regarde son proche passé.

Alors que s'expriment de plus en plus de critiques, en Suisse et à l'étranger, sur son attitude pendant la guerre, elle est en effet l'occasion pour le président de la Confédération de regretter l'accord de 1938 avec l'Allemagne nazie « *tout en restant conscient que pareille aberration est en dernier lieu inexcusable* » et de présenter des excuses publiques à l'égard de ceux qui arrivaient à la frontière helvétique et furent refoulés.

C'est le début d'un vaste débat national qui divise l'opinion et les historiens depuis des années et va culminer avec la question des fonds en déshérence qui fonctionne comme un électrochoc auprès d'une partie de l'opinion. Le début aussi d'une réflexion sur le devoir de mémoire et le poids du passé dans la politique actuelle de la Suisse. S'opposent, d'une part, ceux qui veulent ouvrir les placards de l'histoire pour comprendre les raisons des fautes d'hier afin d'éviter qu'elles ne se renouvellent, et d'autre part, ceux qui plaident pour le droit à l'oubli et la nécessité de tourner la page au nom de la cohésion nationale et qui voient dans cette remise en cause du passé une critique de la Suisse d'aujourd'hui. Devoir de mémoire et droit à l'oubli s'opposent au Parlement, dans la presse, dans l'opinion publique.

Certes, historiens et journalistes n'avaient pas attendu cette affaire des fonds en déshérence et les pressions du Congrès juif mondial pour s'interroger sur la réalité de cette mémoire collective et sur la manière dont la Suisse avait agi durant la Seconde Guerre mondiale. Déjà dans les années 1950, un historien bâlois avait publié à la demande du Conseil fédéral une première étude fort complète sur la politique d'asile pratiquée par la Suisse pendant la guerre. Elle sera suivie de beaucoup d'autres, mais leurs révélations n'ébranlent guère l'image du passé.

Il en est de même avec la publication en 1983 de la *Nouvelle histoire de la Suisse et des Suisses* et du chapitre consacré aux années de guerre qui remet en cause l'interprétation traditionnelle des événements. Cette relecture de l'histoire suscite de vives critiques dans les milieux conservateurs mais ne suffit pas à ouvrir un vrai débat national. Aucun débat public non plus à propos des travaux d'une nouvelle génération d'historiens moins respectueux des mythes helvétiques et du consensus national ou, encore, lors de la diffusion du film de Markus Imhof *La barque est pleine* et d'émissions de télévision qui donnent la parole, à des heures de forte écoute, aux témoins directs de ces événements.

Un vaste débat national

Ainsi tout ou presque avait été révélé dans les années 1980, mais paradoxalement peu avait été entendu, comme si les mythes étaient plus forts que la réalité, comme si la mémoire collective refusait de se mettre en cause, comme si le droit à l'oubli était plus important que le devoir de mémoire. À cette époque, ce débat sur le passé, sur la politique d'asile de la Suisse pendant la guerre et ses relations économiques avec l'Allemagne nazie, ne sort guère du milieu des historiens, des journalistes et des universitaires. Bien que de plus en plus mise à mal par les chercheurs, l'image d'une Suisse résistante qui n'a pas failli et est demeurée fidèle à ses valeurs morales demeure parole d'évangile pour nombre de citoyens.

Il faudra attendre la fin de la guerre froide qui oblige les Suisses à s'interroger sur la pertinence de leur politique de neutralité et sur leur isolement, puis l'affaire des fonds en déshérence en 1995 et les pressions étrangères, pour qu'on assiste à un vaste débat national portant à la fois sur l'attitude de la Suisse pendant la Seconde Guerre mondiale et son rôle dans le monde d'aujourd'hui.

Il ne s'agit pas ici de raconter dans le détail les principaux événements de cette crise. L'essentiel, c'est que l'affaire des fonds juifs va toucher à l'un des points les plus sensibles de l'histoire helvétique et contribuer au réexamen par les Suisses de leur propre histoire.

Devant l'ampleur des critiques, le Conseil fédéral nomme en 1996 une commission d'experts indépendants, dite commission Bergier du nom de son président, dont le mandat est d'étudier l'attitude de la Suisse et sa politique d'asile avant, pendant et immédiatement après la guerre, bref de réexaminer le passé sans complaisance.

Son premier rapport, publié trois ans plus tard et consacré à la question des réfugiés, n'apporte pas vraiment de révélations et présente même quelques erreurs de faits, mais offre une lecture plus complète, plus critique aussi, de la politique d'asile pendant la guerre et, surtout, il met à mal bien des certitudes.

Sa publication enflamme les esprits comme les avaient déjà enflammés les critiques du Congrès juif mondial ou la diffusion d'un film de la Télévision suisse romande, *L'Honneur perdu de la Suisse*, consacré à son attitude pendant la guerre. Le pays se divise. Partisans et adversaires de cette relecture de l'histoire s'affrontent à coups de statistiques et de témoignages par médias interposés, le débat portant notamment sur le nombre de réfugiés accueillis ou refoulés et la marge de manœuvre qu'avait le Conseil fédéral de l'époque. Une partie de l'opinion est désorientée par cette mise en cause du passé et entre dans ce qu'on pourrait appeler un « état de crainte ».

Le caractère émotionnel de cette polémique révèle la difficulté de certains Suisses – notamment les plus âgés qui se sentent mis en accusation – à faire le deuil d'une histoire idyllique qui leur offrait l'image rassurante d'une Suisse idéale, immuable, fidèle à ses valeurs morales, même dans les périodes les plus troublées. Pour eux, cette remise en cause revient à brader la patrie. C'est accepter à terme que la Suisse se dilue dans des alliances supranationales et qu'elle disparaisse.

Même si les passions sont aujourd'hui moins fortes et si de plus en plus de gens ne croient plus en l'image idyllique d'une Suisse ayant une conscience sans tache et acceptent l'idée que des fautes ont été commises et que les responsables politiques de l'époque n'ont été ni pires ni meilleurs que les autres, le traumatisme n'en demeure pas moins profond. Passer de l'image d'une Suisse irréprochable à celle d'un pays qui s'est compromis, a composé avec l'Allemagne et finalement s'est comporté comme n'importe quel autre pays dans la même situation, exige du temps, beaucoup de temps.

Car au fond, ce débat sur le passé, ce devoir de mémoire, dépasse la seule question de l'attitude de la Suisse pendant la Seconde Guerre mondiale et les errements de sa politique d'asile. C'est aussi, et peut-être même surtout, un débat sur la Suisse d'aujourd'hui. C'est la remise en cause d'une politique que bien des Suisses croyaient immuable, mais que les bouleversements géopolitiques et économiques rendent inadaptée aux exigences du temps. Il oppose les partisans de l'ouverture du pays aux tenants du repli, du *Sonderfall Schweiz.*

Il est en effet significatif de constater que ceux qui défendent avec le plus d'acharnement la thèse officielle d'une Suisse résistante pendant la guerre, sont les mêmes qui, autour de Christoph Blocher et ce qu'on peut définir comme un nationalisme alpin, s'opposent le plus vivement à toute participation de la Suisse à l'Union européenne ou aux Nations unies, à toute ouverture au monde.

Certes, la Suisse n'est pas le seul pays confronté actuellement à un travail sur sa mémoire, sur son histoire proche. Mais cette remise en cause de sa mémoire et les critiques formulées à l'égard de la politique suivie pendant la Seconde Guerre mondiale, particulièrement à l'égard des réfugiés juifs, ne susciteraient pas autant d'émotions et de divisions si, au fond, elles ne bouleversaient pas fondamentalement l'image que les Suisses ont d'eux-mêmes et de leur identité.

L'émotion et les passions n'auraient pas été aussi fortes s'il ne s'agissait pas d'un débat de fond sur le destin de la Suisse, sur sa place dans l'Europe et le monde, sur sa participation aux alliances que constituent les autres États, c'est-à-dire sur l'abandon de ce qui a fait sa spécificité et son originalité depuis tant de décennies.

N'est-ce pas la sérieuse *Neue Zurcher Zeitung* qui affirmait cet été, à la veille de la fête nationale, que la Suisse est devenue « *une forme vide* » et qu'elle traverse un « *processus de dénationalisation très avancé* », alors que le journal *Le Temps* parlait, à propos du même événement, des « *signes de l'agonie d'une nation* » !

On comprendra que le devoir de mémoire auquel est contrainte la Suisse est d'autant plus douloureux à effectuer qu'il oblige les Suisses à définir une nouvelle identité pour le XXIe siècle et que, peut-être plus qu'ailleurs, le passé est devenu un enjeu pour l'avenir. D'où la tentation d'un repli frileux d'une partie des citoyens sur une Suisse idéalisée et mythique, un repli qui s'exprime régulièrement depuis quelques années lors des votations populaires sur des thèmes de politique étrangère.

D'où aussi cette peur fantasmée d'une dilution de la Confédération dans des ensembles plus grands et l'incapacité de bien des citoyens d'admettre que dans le monde d'aujourd'hui la souveraineté s'affirme mieux au sein d'alliances que dans un splendide isolement qui n'a plus sa raison d'être.

Paradoxalement, on le voit, ce retour du passé, ce devoir de mémoire, mettent à nu les contradictions de la politique helvétique d'aujourd'hui, ses insuffisances et ses erreurs. Ils n'opposent pas seulement les Suisses sur le nombre de réfugiés refoulés pendant la guerre ou sur certaines compromissions, mais à propos de l'indépendance nationale, de la participation de la Suisse à l'Union européenne, à l'OTAN ou à l'ONU, de son rôle dans le monde.

Il ne s'agit pas seulement pour eux d'opposer devoir de mémoire et droit à l'oubli, mais de s'interroger sur le destin de leur pays. *Changez l'histoire pour qu'on voie l'avenir*, pourrait-on dire, paraphrasant le titre d'une récente enquête sur ce thème d'un journal romand.

À Séville, lors de l'Exposition universelle, le slogan du pavillon helvétique affirmait d'une manière provocante que « *La Suisse n'existe pas !* » En fait, la Suisse existe bien, mais elle ne sait plus ni comment ni pourquoi. S'interroger sur son passé, s'imposer ce devoir de mémoire auquel les événements et les pressions étrangères la contraignent, n'est pas seulement l'occasion pour les Suisses de se dire que, pendant la dernière guerre, ils n'ont été ni meilleurs, ni pire que les autres et que des fautes contre la morale ont été commises.

C'est aussi pour eux l'occasion de prendre conscience que leur pays n'est pas différent des autres et que c'est avec eux, au cœur d'une Europe unie, qu'il pourra le mieux affirmer son identité et son originalité. Ce n'est pas le moindre des défis pour une communauté de sept millions d'hommes et de femmes qui ont fait de cette différence une vertu nationale.

Peter Brooks

Aveu, mémoire et trauma devant le tribunal

Julia Kristeva a proposé récemment une disjonction radicale entre le jugement et le pardon. Le domaine public serait le lieu de jugement, tandis que l'aire du pardon serait exclusivement la relation privée. C'est dire que le crime, et surtout le crime collectif – le crime contre l'humanité –, requiert le jugement. Le pardon, et la compréhension de la faute que le pardon implique, ne peut avoir lieu que dans un rapport de personnes. Pour Kristeva, c'est le rapport entre le psychanalyste et l'analysant qui fournit un paradigme de l'appel au pardon, de la reconnaissance, et de la possibilité de la transformation, voire du rachat. Le crime, par contre, rompt le contrat social et demande un jugement public, social.

La distinction proposée par Kristeva me paraît essentiellement juste, et je suis, comme elle, convaincu que les crimes collectifs, tels les génocides du Rwanda ou des Balkans, ne doivent avoir droit ni au pardon ni à l'oubli. Le tribunal s'impose dans de tels cas, quelle que soit la difficulté d'établir sa légitimité. Et je suis, comme elle aussi, admirateur de la relation psychanalytique qui est, je pense, notre meilleure élaboration, dans une culture sécularisée, du modèle de l'aveu et du pardon conçu, avec pas mal d'acuité psychologique, par l'Église il y a huit siècles. C'est la version moderne d'une longue tradition de la cure des âmes. Le problème, me semble-t-il, c'est que la disjonction radicale entre public et privé ne peut être réellement maintenue – elle n'est pas maintenue dans notre pratique quotidienne de la justice.

Un mot d'abord sur l'aveu, instrument du pardon et de l'absolution dans la cure des âmes, instrument aussi de la nomination du coupable en justice criminelle. Dans sa présentation de notre colloque, Thomas Ferenczi évoque le travail de la Commission pour la vérité et la réconciliation en Afrique du Sud – travail qui semble vouloir combiner les paradigmes publics et privés, juridiques et absolutifs, afin, de pratiquer la « cure » d'une nation qui a vécu un traumatisme massif, suivi d'une sorte de retour de son refoulé collectif. Nous ne sommes pas encore prêts à dire si cette expérience, peut-être unique dans l'histoire, a réussi ou non. Je tiendrai cependant à souligner que la Commission a fait un usage de l'aveu qui confond volontairement les deux paradigmes : l'aveu exigé des suspects par la justice, et l'aveu qui recherche la consolation et l'absolution.

Mais je dirais qu'en fait les deux paradigmes se sont confondus il y a très longtemps – peut-être même dès leur origine. Quand le pape Innocent III a fait décréter, par le concile du Latran en 1215, l'obligation de la confession annuelle, et dans le même document la profession du dogme qu'il fallait que chaque croyant accepte, et, toujours dans le même document, la création d'une Inquisition pour l'extirpation de l'hérésie, il nous a fourni un modèle où l'aveu sert en même temps à la consolation et à la discipline des âmes. L'introspection morale exigée et promue par la confession crée pour ainsi dire l'individu moderne, le sujet à profondeurs psychiques, et aussi le surmoi moderne, la surveillance de ce qui se passe dans ces profondeurs. Le confesseur, c'est explicite dans les actes du concile, doit être en même temps le médecin des âmes et le policier de la foi.

Et dans la pratique courante de la justice criminelle encore aujourd'hui, ces deux fonctions de l'aveu sont en jeu. Si la police réussit aussi souvent à obtenir l'aveu du suspect – le taux aux États-Unis est d'environ 85 %, malgré le « droit au silence » assuré par la Cour suprême – c'est que les interrogateurs contemporains ont bien compris le statut mixte, ambigu, de l'aveu. Leurs manuels leur apprennent à jouer le rôle paternel, à faire le « frère aîné », à expliquer au suspect qu'il est moins coupable que malade, qu'il a besoin de compréhension et de conseils plutôt que de punition, à demander que le suspect se fie à lui, l'interrogateur, qui de toute façon détient absolument le droit de le lâcher, ou de l'enfermer. Les interrogateurs prétendent tout savoir, être déjà convaincus de la culpabilité de l'interrogé. Les aveux des suspects se produisent souvent dans une situation de contrainte, de honte, d'abjection, dans un besoin de propitiation du sujet supposé savoir qui dans ce cas-ci est le policier.

La notion qu'avouer sa faute, se confesser, amène le pardon est profondément enracinée dans notre culture – voir par exemple les parents qui demandent que leurs enfants confessent leurs délits, d'ordinaire avec la promesse implicite qu'un aveu sincère mitigera la punition. Et la police a très bien appris à jouer sur ce modèle absolutif, tout en sachant très bien que, pour le suspect qui avoue, la fin ne sera nullement la consolation, mais la punition. De plus en plus, aux États-Unis, on commence à reconnaître que le bilan des faux aveux – aveux de ceux qui ne sont pas coupables – est assez lourd. L'innocence ne sait pas toujours se défendre contre une interrogation qui insiste sur le fait que la culpabilité est là, occultée, et que l'interrogation ne cessera qu'avec l'aveu. En effet, bon nombre de suspects au psychisme un peu fragile commencent à croire à leur culpabilité pendant une interrogation prolongée – pour essayer de renier leur aveu plus tard, quand c'est trop tard. C'est un problème peu reconnu par la justice qui, nous le verrons, n'a que faire des problèmes d'ordre psychique.

L'aveu, le discours confessionnel, tel qu'il se produit dans le domaine de la justice criminelle, offre pour moi un exemple frappant de notre incapacité à maintenir la séparation entre le public et le privé proposée par Kristeva, et donc la séparation entre les paradigmes, punitif et absolutif. L'exemple ouvre la question plus générale de la place de la mémoire et de l'aveu devant le tribunal criminel dans une culture, la nôtre, qui vit une certaine confusion des domaines public et privé. C'est une culture de la confession qui de plus en plus demande, surtout aux États-Unis, des actes d'aveu et de pénitence publics, mais sans vraiment savoir à quelles fins. Notre culture a absorbé certaines des leçons de la psychanalyse sans très bien savoir où, ou comment, il faut les appliquer. D'un côté il y a la pratique quotidienne, banale, de l'aveu public – devant les téléspectateurs, par exemple –, de l'autre une demande de juger et de punir publiquement des abus qui autrefois restaient plus ou moins cachés dans la sphère privée, celle de la famille surtout. Ici je voudrais évoquer la rencontre entre la justice, appelée à rendre un verdict public, définitif, et à punir, et une accusation de crime qui, elle, surgit des obscures profondeurs de la mémoire : accusation d'abus, surtout de l'inceste, d'ordinaire pratiqué par un adulte (souvent un père) sur un enfant.

Devant la loi, la mémoire joue un rôle primordial. Tout procès fait appel à la mémoire – des témoins, des inculpés, des accusateurs. Tout procès se construit en effet sur une reconstruction de ce qui s'est passé, un passé recomposé des souvenirs des participants et des témoins. Or, que se passe-t-il quand les souvenirs en cause sont lointains, quand les événements évoqués, survenus dans l'enfance, n'ont laissé qu'une mince trace dans la conscience de l'adulte, ou bien en ont été totalement effacés, pour être retrouvés longtemps après, souvent sous l'action de la psychothérapie ? Les États-Unis ont connu de tels cas, de mémoire retrouvée, qui ont posé des problèmes primordiaux pour les tribunaux. En évoquant certains de ces cas, de ces procès, ce qui m'intéresse n'est pas tellement la réalité ou l'irréalité de ces mémoires retrouvées, mais plutôt la rencontre, le heurt, des langages de la justice et de la psychothérapie ou, pour parler une langue plus classique, de la cure des âmes.

La question de la prescription

Ce genre de mémoire devant le tribunal aux États-Unis rencontre souvent la prescription, qui dit que l'on ne peut pas plaider une cause vieille de plus de x ans (le nombre d'années peut varier selon le crime allégué). On ne peut plus entrer dans le processus de « découverte » du crime – recherche de l'évidence, interrogation des témoins, etc. – au-delà du temps préconisé par la prescription.

Typiquement, le statut dira que, dans un cas d'abus contre la personne, la plaidoirie doit commencer dans un délai de trois ans après le délit. S'il s'agit d'un mineur, on suspend la prescription jusqu'à l'âge de dix-huit ans – il faut donc entamer son procès à vingt et un ans. Mais que faire quand il s'agit précisément d'une mémoire bloquée, d'un souvenir perdu, refoulé – et pour cause – pendant des années ? La question posée à certaines cours, et à des corps législatifs des cinquante États (beaucoup d'entre eux ont récemment suspendu la prescription dans de tels cas) est la suivante : doit-on abolir la notion d'une limitation temporelle à l'action légale d'un souvenir ? Différentes cours ont tranché différemment la question. D'un côté, il a paru scandaleux à beaucoup de juristes que quelqu'un soit empêché de plaider sa cause parce que le délit même avait causé l'oubli de la cause à plaider. De l'autre côté, on a répondu que la prescription existe parce que les vieilles causes sont de mauvaises causes, en ce sens que le souvenir de ce qui s'est passé s'atténue et se fausse avec le passage du temps, les témoins disparaissent, la découverte de l'événement devient sujette à caution. En revanche, les partisans de la mémoire retrouvée répliquent que le retour du souvenir, la levée de la barre du refoulement, doit être considéré comme un événement à partir duquel on peut commencer à compter. Mais dès lors que le souvenir a été récupéré par un processus psychothérapeutique, répondent les sceptiques, a-t-il le statut de l'événement ?

Prenons comme exemple l'avis du tribunal dans le cas de *Franklin versus Duncan*, dans la cour fédérale de la Californie du Nord, sur l'appel de George Franklin, jugé coupable lors de son procès du meurtre d'une petite fille de huit ans, Susan Nason, sur l'accusation de sa propre fille (et l'amie d'enfance de Susan Nason), Eileen Franklin-Lipsker, portée contre lui vingt ans après le crime. Dans son jugement écrit, la cour d'appel prétend que la foi accordée par le jury à la « *mémoire retrouvée* » d'Eileen ne constitue pas le problème. « *Par définition, les procès sont basés sur la mémoire du passé* », dit la cour. Le problème est plutôt la crédibilité des souvenirs présentés, question que le jury doit trancher. La validité des souvenirs doit être pesée par la procédure traditionnelle du pour et contre, accusation et défense, pour que la vérité en émane. La cour poursuit :

« *L'admissibilité du souvenir n'est qu'un premier pas ; elle n'établit pas que le souvenir soit digne de croyance. À cet égard, les professionnels de l'hygiène mentale poursuivront, comme cela se doit, leur débat pour savoir si le phénomène de la mémoire retrouvée existe, oui ou non, mais ils ne peuvent jamais conclure qu'un souvenir produit est véritable ou non. Cela ne peut être que la fonction du jury.* »[1]

La cour semble dire que la loi peut admettre le souvenir en tant que forme vide, pour ensuite juger la vérité de son contenu. On acceptera la mémoire retrouvée, qui est après tout une mémoire comme les autres, et ensuite on testera sa validité. La cour reconnaît qu'il n'y a pas de consensus parmi les professionnels sur la réalité du phénomène de la mémoire perdue pendant vingt ans et ensuite retrouvée. Mais elle estime que, là où les professionnels restent dans l'incertitude sur l'existence même du phénomène, le jury saura trancher sur la réalité de l'exemple présenté. C'est faire preuve d'une foi touchante dans le bon sens des jurés, mais c'est régler un peu vite la question qui peut nous intéresser : comment peser la validité d'un souvenir qui n'en est peut-être pas un ? Il y avait, dans le cas Franklin, de l'évidence qui tendait à dire que le souvenir d'Eileen n'en était pas un, dans notre acception usuelle du mot et du concept, mais plutôt une image mentale fabriquée après coup, par la lecture des articles de journaux de l'époque du crime, par sa détestation de son père (plutôt légitime : c'était un salaud), le tout transmué en souvenir d'enfance par le travail de la psychothérapie. La cour exalte la catégorie vide de la mémoire sans se demander ce que c'est. Et en mettant hors de combat le débat des « *professionnels de l'hygiène mentale* », la cour refuse de s'informer sur les longs débats, inaugurés par Freud lui-même et poursuivis sans trêve depuis, sur la nature de la vérité retrouvée en psychanalyse – et dans les thérapies qui en dérivent. Est-ce que cette vérité psychique est identique à une vérité historique, vécue ? Ou est-ce plutôt ce que l'on nomme de plus en plus une vérité narrative – c'est-à-dire qui est nécessaire à l'analysant pour que son histoire récupère de la signification ? Des études récentes sur la mémoire, la dissociation et le trauma, nous ont appris que l'expérience traumatique est souvent précisément celle qui n'est récupérable que par la voie de sa perte : elle n'est pas susceptible de reconstruction narrative. En ce qui regarde l'inceste, l'acte le plus souvent allégué dans les cas de mémoire retrouvée, il est souvent difficile de préciser les rapports entre souvenir, événements, désir, et fantasme, et d'en fixer la priorité temporelle et causale. Judith Butler a bien posé la question : l'inceste, « *est-ce un événement qui précède un souvenir ? Est-ce un souvenir qui postule un événement après coup ? Est-ce un désir sous forme de souvenir ?* » Pour elle, dans la mesure où l'inceste est un traumatisme, il peut être précisément ce qui n'est pas récupérable en tant qu'événement remémoré et narrable. Par conséquent la revendication d'une vérité historique par la mémoire n'est nullement garantie par l'établissement de l'inceste structuré comme événement. Au contraire, c'est là où l'inceste n'est pas figurable en tant qu'événement que sa non-figuration témoigne de son caractère traumatique. Ce serait bien sûr un témoignage inacceptable dans un procès devant la loi, qui demande à connaître le statut empirique d'un événement. Le trauma, par contre, met en cause l'empirisme[2].

Beaucoup de vérités dérivées du domaine psychanalytique mettent en cause ainsi l'empirisme, c'est pourquoi la loi ne saurait en faire usage. Appelée à juger dans un cas tel que Franklin, la loi ne peut que réduire la version radicale de la mémoire avancée par la psychanalyse en mémoire ordinaire, évacuer le débat des professionnels, et faire appel au bon sens commun des jurés. Les partisans de la mémoire retrouvée – et tout le mouvement aux États-Unis pour revendiquer les droits des victimes de l'inceste familial – acceptent en principe un modèle psychanalytique du traumatisme, du refoulement, et du retour du refoulé. Mais ils s'arrêtent avant d'aborder les conséquences : la structure du refoulement élaborée par la psychanalyse ne garantit en rien la possibilité de récupérer un souvenir ancien sous forme empirique. L'évolution de Freud lui-même à cet égard est bien connue : obligé de renoncer à l'hypothèse de la « séduction » comme événement réel, il a été obligé de reconnaître la possibilité radicale d'un fantasme ayant la force motrice d'un événement. Un autre tournant important vient avec le cas célèbre de *L'Homme aux loups*, où Freud découvre la « *scène primitive* » – la copulation parentale observée par le petit enfant, qui met en branle toute l'histoire de son malade pour ensuite mettre la réalité de cette scène sous rature, dire qu'elle n'était peut-être au fond qu'un fantasme primordial. Et Freud de conclure avec un *non licet* : on ne saurait trancher entre événement et fantasme dans ce cas, comme dans beaucoup d'autres, mais qu'à cela ne tienne, puisque le résultat est le même ; la nature spécifique de la cause est sans importance.

La dynamique du transfert

La cour, dans l'affaire Franklin, ne s'interroge jamais sur le comment du retour du passé dans l'adjudication de ce crime vieux de vingt ans. Eileen Franklin a d'abord prétendu que le souvenir du crime lui est revenu tout d'un coup, un matin, en regardant jouer sa petite fille, qui a évoqué cette autre petite fille, mise à mort. Mais d'autres témoignages ont suggéré que le souvenir a pris forme plutôt à l'issue d'un traitement psychothérapeutique qu'elle avait suivi. Or, nous savons que le travail psychanalytique repose sur la dynamique du transfert, qui crée ce que Freud appelle un *Zwischenreich*, un « *espace artificiel* », dans lequel toutes sortes d'affects du passé sont réanimés sous une forme fictive, mus par la présence de l'analyste, qui figure l'autorité paternelle et qui déclenche un roman familial qui est sans doute vrai selon les critères du psychisme, mais difficile à prouver empiriquement. Si l'analysant, telle Eileen Franklin, conçoit son existence présente comme otage du passé, le passé reconstitué dans la cure psychanalytique est le produit du discours, d'un dialogue, au temps présent. Vers la fin de sa vie, Freud est revenu sur la question de la vérité en psychanalyse dans un essai remarquable, *Constructions en analyse*, qui est, me semble-t-il, de plus en plus l'assise théorique de la psychanalyse de nos jours, qui a renoncé plus ou moins explicitement à la prétention à la vérité empirique des récits produits dans l'analyse. « *Assez souvent*, dit Freud, *nous ne réussissons pas à amener l'analysant à se rappeler ce qui a été refoulé. À la place du souvenir [...] nous créons chez l'analysant une conviction assurée* [sichere Überzeugung] *qui atteint le même résultat thérapeutique qu'un souvenir récupéré.* »[3] C'est-à-dire que la vérité de la psychanalyse, c'est celle d'un récit probable, explicatif, sur le mode : « les choses ont dû se passer ainsi » – un récit plutôt faulknerien que balzacien.

Évidemment, un récit de ce genre pose des problèmes pour la loi. Le passé retrouvé, quand il s'agit du passé traumatique, n'est figurable au présent que sous forme d'hypothèses appelées à remplir des blancs, des trous, de suppléer au non-représentable. La loi n'a pas le loisir de suivre les raffinements de la pensée psychanalytique. La loi est et ne peut être que pré-postmoderne : elle est vouée à l'empirique. Un juge qui fonderait sa jurisprudence sur Freud ou Foucault serait incapable de trancher la question de l'innocence et de la culpabilité. C'est pourquoi le langage de la loi dans le domaine du psychique peut nous paraître extraordinairement naïf et démodé, un langage d'une époque qui n'est plus la nôtre. La loi semble ignorer non seulement Freud et Foucault, mais même Dostoïevski et Proust. Elle ne peut faire autrement.

Néanmoins, je suis troublé par le bricolage pratiqué par la loi dans certains des cas comme ceux que j'ai évoqués. Les juges ont tendance à exclure le témoignage des professionnels, parce qu'il n'y aucun consensus scientifique sur la réalité de la mémoire retrouvée – en fait aucun consensus scientifique sur ce qu'est la mémoire. Le discours scientifique sur la question est inconclusif, donc inutile. Mais après avoir pratiqué ce geste d'exclusion, la loi a tendance à créer ses propres catégories de discrimination qui sont quelquefois d'une naïveté navrante. Le cas de *Johnson versus Johnson* en 1988 a produit une distinction, souvent acceptée depuis, entre les plaignants Type 1 et Type 2[4]. Les plaignants Type 1 ont des souvenirs plus ou moins continus des abus subis, bien qu'ils ne reconnaissent pas vraiment les effets néfastes qu'ils en ont subis avant de devenir adultes – et souvent cette reconnaissance n'arrive qu'avec la psychothérapie. Les plaignants Type 2 ont perdu tout souvenir de l'abus, jusqu'au moment de leur vie adulte où quelque chose – le plus souvent une psychothérapie – provoque un retour du souvenir perdu. Il se trouve que les plaignants Type 2 ont une meilleure cause devant les tribunaux américains : ayant perdu toute trace du crime jusque dans un passé récent, ils peuvent demander que la prescription soit suspendue dans leur cas. Tandis que les plaignants Type 1 auraient pu, en principe, entamer leur procès avant l'expiration de la date limite. On peut voir la logique de cette distinction. Mais il faut dire que c'est une logique qui réside exclusivement dans le domaine de la loi et de ses règles, et n'a guère à faire avec les revendications de ces deux classes de victimes, et le statut réel de leurs souvenirs. La logique de la loi semble dans ce cas fausser celle de l'expérience.

La question que je me pose, donc, est celle-ci : comment la loi en tant que discours public qui, par sa visée, son langage, et toute sa conception de la personne, doit présumer une certaine cohérence et une transparence du sujet et de son histoire, peut-elle faire face aux traumatismes qui bouleversent cette conception, qui rendent caduc ce langage ? Certes, il faut juger et punir, il faut en outre chercher des compensations aux traumatismes infligés aux populations. L'histoire ne doit reconnaître aucun droit à l'oubli. Mais le devoir de mémoire me paraît plus trouble, non pas quand il s'agit de l'historien, mais quand il s'agit du juge. Si le paradigme psychanalytique de la mémoire préside en quelque sorte à notre culture, c'est un paradigme radicalement inutilisable dans le domaine public. C'est après tout Freud qui a suggéré, avec un certain humour noir, que les criminels commettent leurs crimes parce qu'ils se sentent au préalable coupables et cherchent à se faire punir, et que la punition des malfaiteurs ne sert au fond qu'à exaucer leur désir le plus profond. C'est-à-dire que pour Freud la punition ne fait que rentrer dans un système de culpabilisation enraciné dans le psychisme humain et des structures familiales.

Que faut-il conclure de cette espèce d'impasse entre la mémoire et le jugement ? Je suis tenté de dire que là où il s'agit de mémoire, de l'aveu, de la culpabilisation du sujet individuel, nos instruments juridiques sont trop gros pour toucher à la vérité absolue. Ils pourraient être raffinés – la loi pourrait parler un langage plus subtil sur la motivation humaine – mais pas outre mesure, sans quoi la loi perdrait sa capacité de juger. Si je ne vois pas de droit à l'oubli, le devoir de mémoire me semble plus difficile, car la mémoire humaine est à la fois bien faible et très complexe. Si l'on ne veut pas promouvoir l'oubli, il faudrait peut-être mieux reconnaître les limites de la mémoire quand il s'agit de faire justice. Dans ce cas-là, il faudrait reconnaître non pas un droit à l'oubli, mais la part de l'oubli, de l'irrécupérable. Comme l'indique le modèle du traumatisme, l'événement crucial peut figurer plus tard comme non-événement, comme inénarrable. Réconcilier la vérité et la justice impliquera toujours la reconnaissance d'un certain blanc de l'expérience remémorée, un blanc où réside peut-être l'essentiel. La justice se doit donc de reconnaître le blanc, sans chercher ni à le remplir – car c'est impossible – ni à l'effacer.

NOTES

[1] *Franklin v. Duncan* 884 F. Supp. 1435 (N.D. Cal. 1995), 1438. C'est moi qui traduis.

[2] Judith Butler, « Quandaries of the Incest Taboo », *in* Peter Brooks et Alex Woloch (éd.), *Whose Freud ? The Place of Psychoanalysis in Contemporary Culture*, New Haven, Yale University Press, 2000, p. 40-41.

[3] Freud, *Standard Edition of the Complete Psychological Writings*, Londres, Hogarth Press, 1964, 23, p. 265-266. En français dans Freud, *Résultats, idées, problèmes*, Paris, Presses universitaires de France, 1984.

[4] *Johnson v. Johnson* 701 F. Supp. 1363 (N.D. III. 1988).

Les archives matérialisent la mémoire des sociétés. Confrontées à leur passé, celles-ci sont prises entre deux tentations : celle de tout conserver, de ne rien jeter, d'accumuler toutes les traces, tous les vestiges du temps qui passe, par peur de voir disparaître des témoignages qui ont compté ou qui compteront plus tard ; et celle de tout effacer, ou presque, de mettre au pilon la plupart des documents, quels qu'ils soient, produits par l'époque, afin de ne pas alourdir les bibliothèques et autres lieux de conservation.

Il va de soi qu'aucune de ces deux attitudes n'est acceptable, la première parce qu'elle est tout simplement impossible, la seconde parce qu'elle serait synonyme d'une dangereuse politique de la table rase. Mais les archivistes sont conduits à arbitrer, jour après jour, entre le tout et le rien. C'est par ce travail de sélection qu'il est possible de donner un sens au passé, au risque de l'erreur, en sachant que ceux qui viendront après nous poseront d'autres questions et ne trouveront pas toujours les réponses dans les archives qui leur auront été laissées en héritage.

Il appartient aussi aux artistes, aux historiens, aux philosophes de participer, chacun à sa manière, à ce travail de mise en mémoire.

Annette Wieviorka

ENTRE TRANSPARENCE ET OUBLI

C'est aux questions de la mémoire de la Shoah que j'ai consacré mes forces intellectuelles ces vingt dernières années, et elles continuent de me passionner. Ce sont elles qui m'ont amenée à accepter d'investir une activité que je qualifierai de « militante » (une sorte de retour aux activités de la période de « silence » dont parlait Nicole Lapierre) : la lutte pour que les archives de la France, nos archives, retrouvent dans la conscience collective la place qui devrait être la leur : celle d'un patrimoine essentiel, indispensable à la mémoire et à l'histoire des individus comme des « communautés » multiples auxquelles chacun d'entre nous – comme tout individu dans le monde moderne – appartient. S'il y a bien un domaine où l'État devrait appliquer à lui-même le « devoir de mémoire », comme il y est d'ailleurs tenu par la loi, c'est celui des archives qu'il produit[1].

Entre 1997 et 2000, j'ai été membre de la Mission d'études sur la spoliation des biens des Juifs de France, appelée du nom de son président Mission Mattéoli[2]. Nous – les historiens membres de la Mission – avions conçu d'emblée notre travail comme un travail historique, et nous avons d'ailleurs placé en tête de nos recommandations celles concernant les archives (les seules d'ailleurs que le gouvernement n'a pas honorées) et les recherches à poursuivre. Or, ce travail historique a été d'un type très particulier, et ce sont ses particularités autant que le travail mené en commun avec des archivistes, dans un véritable partenariat, qui m'ont amenée à une réflexion sur les archives, non du point de vue qui était le mien auparavant, c'est-à-dire l'archive comme source capable de répondre aux questions que je posais au passé, mais les archives en elles-mêmes, la « chaîne archivistique », comme disent les archivistes, qui va de la collecte à la communication en passant par le tri, l'inventaire et la conservation.

Le travail historique se différencie des autres disciplines qui construisent un récit – la littérature, le cinéma, ou la psychanalyse – par le fait qu'il administre la preuve des éléments qui constituent ce récit, et que cette « preuve » se trouve dans ce que nous appelons « les sources ». Ces sources sont multiples : ce sont toutes les traces que le passé nous a léguées. Elles sont indiquées dans ce qui fait partie intégrante de tout récit historique : la note de bas de page. *« Le souci des faits en histoire est celui même de l'administration de la preuve, et il est indissociable de la référence. […] L'historien ne demande pas qu'on le croie sur parole, sous prétexte qu'il serait un professionnel qui connaîtrait son métier, bien que ce soit en général le cas. Il donne au lecteur le moyen de vérifier ce qu'il affirme. »*[3] L'historien écrit sous le contrôle de ses pairs et de ses lecteurs.

En histoire contemporaine, deux situations rendent cette « vérification » par le lecteur ou par ses pairs impossible ou aléatoire.

La première, de temps à autre à la une de la presse, est liée à la pratique issue de la loi sur les archives de 1979. Cette loi prévoit qu'il est possible d'obtenir des dérogations pour consulter des archives avant le délai légal où elles sont ouvertes à tous. Nous – le « nous » ici désigne tout à la fois les historiens membres de la Mission Mattéoli et les dizaines de chercheurs qu'elle a employés – avons bénéficié d'une dérogation sur tous les fonds concernant la Seconde Guerre mondiale. Dans nos recommandations, nous avons souhaité que les fonds qui nous avaient été ouverts le soient désormais à tous. Car les fonds concernant la Seconde Guerre mondiale sont inégalement accessibles[4]. Par circulaire datée du 2 octobre 1997, le Premier ministre demandait l'ouverture très large des fonds d'archives relatifs à la Seconde Guerre mondiale, par dérogation générale ou dérogation individuelle. Tous les fonds étaient concernés[5]. Or, les décrets concernèrent les seules Archives nationales. La « balkanisation », pour reprendre l'expression de Guy Braibant, qui nous a permis de nous promener pour notre plus grand bonheur de chercheur dans de très nombreux dépôts, se manifeste non seulement dans la dispersion des lieux de conservation et de communication, mais aussi dans les règles qui président à cette dernière. Ne sont pas librement communicables les fonds conservés par la direction des Archives du ministère des Affaires étrangères[6], ceux de la Caisse des dépôts et consignations, établissement public, ou encore la série relative à la comptabilité du camp de Drancy conservée par le Service des Archives et du Musée de la préfecture de police dont Philippe Bélaval, ancien directeur des Archives de France, met justement en évidence le statut tout à fait hors normes et l'opacité de fonctionnement, sans parler des archives privées (banques, assurances, SACEM, galeristes et marchands d'art) pour lesquelles nous recommandions un effort systématique de conservation, d'inventaire et d'ouverture, dans les mêmes conditions que pour les archives publiques.

La migration des débats de mémoire de la période de la Seconde Guerre mondiale à celle de la guerre d'Algérie montre la place fondamentale qu'occupe désormais la nécessité éthique et politique de revisiter le passé de notre pays. Or, même si elles ne sont et n'ont jamais été la source unique, il n'y a pas d'histoire sans archives et sans possibilité de les consulter. Les circulaires, comme celle concernant les archives dites « *de la guerre d'Algérie* »[7], sont des réponses ponctuelles, au coup par coup, à des désordres médiatiques. Elles corrigent des situations particulières au gré des polémiques, écopant là où le pouvoir politique juge urgent d'écoper. Dans le même temps, par leur nature même – réglementaire et non législative –, elles privent le pays du grand débat démocratique que mériteraient les questions des délais de consultation, et plus largement la définition d'une véritable politique en matière d'archives. Or, la nouvelle loi annoncée n'a pas été débattue lors de la dernière législature. Certaines mesures devaient être intégrées dans la loi sur la société de l'information. Or, tout laisse croire que cette loi n'arrivera pas non plus au Parlement. Un débat sur les archives aurait aussi une fonction pédagogique. Car si les archives ont été ces dernières années au centre de maints débats, voire de polémiques, elles ne recouvrent pour l'opinion aucune réalité. Il y a pourtant, dans cette référence permanente aux archives, dans l'intérêt qui leur est porté, une intuition profonde. Dans une démocratie, la question des archives intéresse toute la société, chaque citoyenne, chaque citoyen. Tous devraient se sentir concernés non seulement par ce que les archives peuvent révéler d'un passé parfois occulté, mais par les institutions mêmes qui ont en charge la collecte des documents et leur conservation.

Les archives du mal

Si le travail de la Mission, ses difficultés, ses apories sont comme le microcosme, le révélateur, le miroir de bien des problèmes posés par les archives, c'est que la mémoire du génocide des Juifs a joué et joue encore dans les sociétés occidentales un rôle paradigmatique. Pour une large fraction de l'opinion publique, en « mal d'archive », les archives sont les « *archives du mal* »[8]. « *Pourquoi réélaborer aujourd'hui un concept de l'archive dans une seule et même configuration, à la fois technique et politique, éthique et juridique ?* », se demande Derrida. « *L'horizon de cette question*, écrit-il dans un prière d'insérer glissé (rajouté ?) dans un ouvrage qui, de fait, ne reprend pas cet ample questionnement, *cet essai le désigne discrètement, tant son évidence brûle. Les désastres qui marquent cette fin de millénaire, ce sont aussi les archives du mal : dissimulées ou détruites, interdites, détournées, "refoulées". Leur traitement est à la fois massif et raffiné au cours de guerres civiles ou internationales, de manipulations privées ou secrètes. On ne renonce jamais, c'est l'inconscient même, à s'approprier un pouvoir sur le document, sur sa détention, sa rétention ou son interprétation. Mais à qui revient en dernière instance l'autorité sur l'institution de l'archive ? Comment répondre des rapports entre l'aide-mémoire, l'indice, la preuve et le témoignage ? Pensons aux débats autour de tous les "révisionnismes". Pensons aux séismes de l'historiographie, aux bouleversements techniques dans la constitution et le traitement de tant de "dossiers".* »

Ce texte de Derrida appelle plusieurs remarques.

La première, c'est que le public des archives ne s'intéresse qu'à l'extrême marge à ces « *archives du mal* », comme le montre le premier sondage réalisé et publié par *Le Monde*[9]. Les cohortes qui se pressent dans les archives départementales sont à la recherche de leur généalogie, de leurs orgines, de l'établissement de leurs droits. Pour des chercheurs comme Einaudi ou Ternon, combien de centaines de milliers de nos concitoyens qui cherchent à se réapproprier le passé de leur famille, de leur village, de l'entreprise où ils ont travaillé ?

La seconde remarque concerne le « pouvoir sur l'archive ». Ce pouvoir, dans notre pays, appartient en théorie à la représentation nationale, puisqu'il est régi par la loi. Or, ne pas donner à l'institution les moyens de trier, classer, inventorier, communiquer revient à faire des archives des tas, des monceaux de papiers dans lesquels il est impossible de se repérer. Un pouvoir politique pervers ouvrirait tout, en vrac, laisserait l'historien, le journaliste, le généalogiste sans archiviste pour le guider, se noyer, se décourager et finalement renoncer.

Le véritable « secret » des archives, ce sont les archives elles-mêmes, objet de toutes les rumeurs par l'ignorance abyssale de leur véritable nature et de leurs usages. Elles sont, suivant la définition de la loi du 3 janvier 1979, « *l'ensemble des documents, quels que soient leur date, leur forme et leur support matériel, produits ou reçus par toute personne physique ou morale, et par tout service ou organisme public ou privé, dans l'exercice de leur activité* ».

Or, les archives sont des objets bien particuliers, tout à la fois par leurs conditions de production, par la façon dont elles sont classées et inventoriées (le sacro-saint principe du respect des fonds, au cœur de la pratique archivistique française, et dont le profane ignore tout), et par les modalités de leur lecture, voire de leur déchiffrage. La consultation de l'archive peut avoir un effet de réel bouleversant. Dans sa matérialité – le papier, la frappe, l'odeur, l'écriture, le carton dans lequel elle se trouve, la cordelette qui le ferme –, elle donne, avant même d'être lue, le goût d'une époque. Elle est relique : celui qui la touche peut avoir l'illusion d'accéder au mystère de la « présence réelle » d'un passé qui n'est plus. Elle semble dire dans l'immédiateté de sa lecture, le « *vrai* ». L'archive, elle, ne ment pas, puisqu'elle est conservée en l'état. Pourtant, l'archive n'est pas un quatrain, un sonnet, un roman. Elle ne se suffit jamais à elle-même. Elle ne s'explique jamais par elle-même, mais dans sa corrélation, dans sa liaison avec d'autres traces. Quand un journaliste « dérobe » un document, qu'il le présente, parfois à la une de son journal, comme la Vérité sur un homme ou sur un événement, il fait preuve d'ignorance, parfois de malhonnêteté. Car cet écrit est aussi une production humaine, élaborée pour des raisons particulières qui ne sont pas immédiatement lisibles, qui sont parfois volontairement mensongères. Mais surtout, il ne photographie qu'un instant d'un processus, et peut être infirmé par un autre document. Cela, les historiens le savent. Car si l'histoire n'a pas le monopole des discours sur le passé, comme l'a rappelé Régine Robin, elle n'en est pas moins un métier, un savoir-faire.

Dans nos États modernes, la production de papiers, notamment par les administrations, est considérable. Paradoxalement, l'historien du contemporain est davantage confronté au trop plein d'archives qu'à leur manque. Pourtant, la double évolution de nos sociétés vers une judiciarisation parfois sans limite de temps, et une démocratisation qui pose le droit de chaque individu à son histoire, change la fonction des archives. La notion d'imprescriptibilité liée aux crimes contre l'humanité (le génocide des Juifs, l'esclavage...) fait du passé un éternel présent. La fonction des archives se modifie. Elles restent toujours vivantes, comme les papiers nécessaires aux administrations pour leur fonctionnement. Il ne s'agit plus de faire de l'histoire, mais de conserver pour tous la totalité des documents administratifs qui permettront de réparer individuellement, indéfiniment, ou de retrouver la totalité de son histoire individuelle : toutes les copies d'examen, tous les relevés bancaires, toutes les traces de remboursement de la Sécurité sociale... Dans cette perspective, que nous poussons ici jusqu'à l'absurde, l'idée même de tri trouverait son arrêt de mort. On pourrait ainsi rêver d'un nouveau paysage urbain, où, à côté des mémoriaux, s'élèveraient chaque année de nouveaux bâtiments destinés à conserver des archives où travailleraient des théories d'archivistes. Le passé ne serait ainsi jamais passé.

Pourtant, à l'heure actuelle, en France, ce risque n'est que théorique. Car nous vivons un extraordinaire paradoxe. Nos élus s'occupent d'histoire, et légifèrent notamment sur le crime contre l'humanité. La loi votée en avril 2001, pour ne prendre qu'un exemple, inscrit la traite et l'esclavage comme crimes contre l'humanité. Mais ils oublient la seule véritable institution en charge de notre histoire et de nos mémoires : les Archives.

Pathologie de la mémoire

Il est toujours délicat de transférer les mécanismes individuels de fonctionnement de la mémoire de l'individuel au collectif. La mémoire collective n'est pas la juxtaposition des mémoires individuelles. Le récit historique des périodes troublées – auquel, faut-il le rappeler, ne se réduit pas l'histoire – ne peut jouer le rôle de l'anamnèse dans la cure analytique. Il est toutefois possible d'utiliser comme des métaphores deux figures de pathologie de la mémoire incarnées par deux personnages, l'un fictif, l'autre réel, celle du *Funes* de Borges[10] et celle de « *l'homme dont le monde volait en éclats* » d'Alexandre Luria[11].

Quand Funes – ces journées sont placées sous l'égide de ce personnage –, après son accident, revient à lui, « *le présent ainsi que les souvenirs les plus anciens et les plus banaux étaient devenus intolérables à force de richesse et de netteté.* [...] *Sa perception et sa mémoire étaient maintenant infaillibles.* » Non seulement il se rappelle « *chaque feuille de chaque arbre de chaque bois, mais chacune des fois qu'il l'avait vue ou imaginée. Il décida donc de réduire chacune de ses journées passées à quelque soixante-dix mille souvenirs, qu'il définirait ensuite par des chiffres*[12]. *Il en fut dissuadé par deux considérations : la conscience que la besogne était interminable, la conscience qu'elle était inutile. Il pensa qu'à l'heure de sa mort, il n'aurait pas fini de classer tous ses souvenirs d'enfance.* » Le narrateur soupçonne cependant Funes de n'être « *pas très capable de penser. Penser, c'est généraliser, abstraire. Dans le monde surchargé de Funes, il n'y avait que des détails, presque immédiats.* » Quant à Zassevtski, grièvement blessé en 1943 par des éclats d'obus, tout ce qui subsiste dans sa mémoire est « *disloqué, éclaté, en bribes* ». Son monde est irrémédiablement perdu. Pour lutter contre son amnésie, il écrit, jour après jour pendant vingt-cinq ans, trois mille pages pour ordonner chronologiquement sa vie, se la remémorer, se la réapproprier.

Les archives contemporaines se trouvent tiraillées entre ces deux figures antithétiques et complémentaires, entre d'une part le tout garder, le tout conserver, le tout ouvrir, le tout transparent, qui ferait de notre monde au présent une course infinie, vaine et mortifère dans la quête d'un passé qui échapperait indéfiniment, et d'autre part le tout pilonner, tout effacer, tout fermer, qui empêcherait les individus, comme la communauté nationale, de se réapproprier son passé pour gagner son avenir.

NOTES

[1] Le 5 novembre 2001, au Conseil économique et social, l'association « Une cité pour les Archives nationales », en partenariat avec *Le Monde*

et France Culture, organisait un colloque « Les Français et leurs archives ». L'ensemble des hommes politiques présents a appuyé ses demandes. Les actes de ce colloque sont parus chez Fayard.

[2] La mission a rendu son rapport le 17 avril 2000. Ce « rapport » consiste en fait en neuf rapports par secteurs d'études, tous publiés à la Documentation française (2000). La synthèse des travaux, leur mise en perspective et les « recommandations » ont fait l'objet du rapport général.

[3] Antoine Prost, *Douze leçons sur l'histoire*, Paris, Seuil, 1996, p. 57.

[4] Pour un descriptif des fonds et des conditions de leur consultation, voir Caroline Piketty, Christophe Dubois et Fabrice Launay, *Guide des recherches dans les archives des spoliations et des restitutions*, Paris, La Documentation française, 2000.

[5] Par arrêté du 13 mai 1998, les archives du Commissariat général aux questions juives et du service de restitution (AJ38), les archives allemandes de la Seconde Guerre mondiale (AJ40), les papiers du cabinet du maréchal Pétain (2AG) ; par arrêté du 15 avril 1999, l'ensemble des fichiers « juifs » ayant survécu aux pilons : les fichiers familial et individuel de la préfecture de police, ceux des camps de Drancy, Pithiviers et Beaune-la-Rolande ; l'arrêté du 10 novembre 1998 a rendu librement communicables les dossiers des dommages de guerre.

[6] Il s'agit de fonds tout à fait importants, puisqu'ils concernent notamment la « *récupération artistique* », en clair, la question des œuvres d'art qui a fait la une de la presse.

[7] Il faudrait définir ce terme. Car il y a bien la guerre – et le gros des archives la concernant se trouve dans les divers fonds dépendant du ministère de la Défense –, mais il y a aussi celles concernant le maintien de l'ordre en métropole notamment. Où l'on retrouve au premier chef la préfecture de police.

[8] Jacques Derrida, *Mal d'archive*, Paris, Galilée, 1995. Il s'agit de la conférence prononcée le 5 juin 1995 lors d'un colloque international, *Memory. The Question of Archives*, organisé à l'initiative de René Major et Élisabeth Roudinesco. Les actes de ce colloque n'ont pas été publiés.

[9] Le sondage, réalisé pour *Le Monde*, France Culture et l'association « Une cité pour les Archives nationales », a été publié au lendemain des rencontres du Mans, dans l'édition datée du 6 novembre 2001.

[10] Jorge Luis Borges, « Funes ou la mémoire », *in Fictions*, Paris, Gallimard, 1957.

[11] Alexandre Luria, *L'Homme dont le monde volait en éclats*, préface d'Olivier Sacks, Paris, Seuil, 1995.

[12] Funes invente ainsi tout à la fois le tri et l'inventaire.

Isabelle Neuschwander

UN SERVICE PUBLIC DE LA MÉMOIRE ET DE L'HISTOIRE

S'il est un métier dans l'exercice duquel l'oubli est impossible, dans lequel le poids de l'histoire et la demande de mémoire submergent et envahissent le présent, c'est bien celui d'archiviste. Exerçant dans « *les maisons du temps* »[1] que sont les services d'archives selon la belle définition de Jean Favier, conscient plus que quiconque du temps qui passe, l'archiviste public occupe une place originale dans la société entre l'observation et l'action. Chargé de la responsabilité des archives de la nation, il est confronté tous les jours aux soubresauts de la mémoire, à son absence, ou à son trop-plein. Quelle est la nature exacte des liens tissés entre l'archive, la mémoire et l'histoire ? Comment en est-on venu à constituer des services publics d'archives et quelle est leur mission aujourd'hui ? Enfin, quelle mémoire notre société contemporaine léguera-t-elle à travers son patrimoine archivistique ?

Archive, mémoire, histoire : ces trois mots sont indissociables. Appelées de façon quasi incantatoire à la rescousse du devoir de mémoire, les archives paraissent jouer un rôle fondamental dans l'élaboration de la mémoire nationale. Archivistes et historiens, quant à eux, ne cessent de rappeler leur importance primordiale dans l'écriture de l'histoire[2]. Elles sont de ce fait investies de responsabilités qui ne correspondent que de très loin à leurs fonctions initiales. Témoignages de l'activité publique ou privée, les archives sont avant tout des documents destinés à affirmer des droits, à permettre une continuité administrative. Il en est ainsi depuis la haute Antiquité et les tablettes d'argile d'Ugarit en Syrie ou de Mari en Mésopotamie ne sont en rien différentes, dans le principe, des archives médiévales sur parchemin, des minutes notariales, des documents judiciaires et plus généralement de tous les documents, quelle que soit leur forme, produits aujourd'hui pour garder la trace de notre activité. Au Moyen Âge et durant l'Ancien Régime français, le rassemblement d'archives au sein des abbayes, la naissance en 1307 du Trésor des chartes, la constitution de chartriers par les grands seigneurs féodaux, la création dans les communes médiévales d'un trésor dont la pièce fondamentale est la charte de fondation de la commune, l'apparition de dépôts au sein des grandes administrations (Parlement de Paris, Chambre des comptes) relèvent de cette même logique administrative et du souci de préserver des droits à travers le temps. Ainsi, si la dimension historique est très peu présente lors de l'élaboration des documents, la dimension de mémoire est très réelle. Les archives constituent un témoignage immédiat porteur d'une logique de mémoire. Extension de la personne productrice ou de l'institution, elles sont l'affirmation d'une existence, un message envoyé aux successeurs et contenu dans la formule diplomatique royale médiévale : « *Sachent tous présents et à venir...* »

Dénuées de perspective historique, les archives constituent une mémoire éminemment périssable. Matériau particulièrement fragile, elles n'ont pas été conçues, sauf exception, pour traverser les siècles. Certes, les documents médiévaux, apanage d'une élite, et écrits sur parchemin, ont brillamment surmonté les épreuves du temps. Il n'en est pas de même depuis l'apparition du papier et surtout du papier fabriqué à partir de la pâte de bois, acide et s'autodétruisant inéluctablement. Parallèlement à cette fragilité, le document d'archives se caractérise par son unicité. Même après l'invention de l'imprimerie, les actes administratifs furent rédigés de façon manuscrite et en exemplaires très limités, voire uniques, pour des raisons d'authentification : une seule collection des arrêts du Parlement de Paris, un seul exemplaire des constitutions de la France, un seul exemplaire de la dernière lettre de Marie-Antoinette écrite à 4 h 30 du matin, le jour de son exécution, le 16 octobre 1793, deux exemplaires par commune des registres paroissiaux et d'état civil, un seul des délibérations municipales... La liste serait longue de tous ces trésors patrimoniaux, seuls témoignages d'un pan d'histoire, dont la disparition effacerait la trace. Documents manuscrits, souvent transitoires, notes prises à la hâte, à l'image d'un *ver-*

batim présidentiel et surtout documents uniques, les archives sont un patrimoine éphémère, bien loin des livres publiés à des centaines ou milliers d'exemplaires ou des monuments de pierre.

Destructions volontaires

Bien plus, elles sont en danger dès leur création. Sources brutes, témoignage d'un instant T, elles sont intimement liées à leur producteur, à l'intérêt qu'il leur porte, à la mémoire qu'il laissera. Elles s'écrèment au fil du temps à l'image du rapport de chaque individu avec sa propre mémoire. Un tel transportera ses cours et notes de déménagement en déménagement et, un jour, les détruira parce que brutalement elles ne lui semblent plus avoir aucun intérêt. Tel autre accumulera dans sa cave et dans son grenier toute sa correspondance, toutes les traces de son activité, ne supportant ni de s'en séparer ni d'en assurer la survie, car elles sont indissociables de lui-même. La mémoire administrative et politique suit un processus semblable. Tel haut fonctionnaire dira haut et fort que ses notes et l'ensemble de ses archives n'ont aucun intérêt mais conservera précieusement une collection du *Journal officiel* ou du *Monde*. Tel homme politique attachera, en revanche, une telle valeur affective à ses archives qu'il les fera suivre, au gré de sa carrière, renouant sans le savoir avec la tradition royale qui faisait que les archives accompagnaient le roi dans ses bagages[3].

Le danger de disparition s'accroît au fur et à mesure du temps : c'est l'oubli des archives. Lorsque le lien avec les successeurs est cassé, lorsque le message qui leur était adressé n'a plus de résonance, les archives sont soit dispersées par des héritiers peu scrupuleux, si elles sont de valeur, soit condamnées à une mort lente, abandonnées dans des valises, dans des greniers ou des caves. Elles sont ballottées au gré des événements historiques, premières victimes ou butin de guerre[4].

Enfin, et c'est bien la marque du lien avec la mémoire, les archives sont victimes aussi de destructions volontaires avec le désir d'effacer le souvenir au profit de l'oubli. Destruction à valeur symbolique, lorsqu'il s'agit de marquer la fin des privilèges à travers les triages révolutionnaires, de condamner l'action de l'État de Vichy ou d'instaurer un droit à l'oubli. Ainsi, des destructions entraînées par les instructions du ministère de l'Intérieur, en décembre 1946, demandant aux préfets de détruire « *les documents fondés sur des distinctions d'ordre racial entre Français* », heureusement contredites dès janvier 1947[5]. Ainsi, des destructions programmées par les lois d'amnistie qui, en instaurant un droit à l'oubli, devraient entraîner l'élimination des documents portant la trace des condamnations à l'exception des minutes et jugements, arrêts et décisions[6]. Ainsi, des destructions de documents compromettants commises par les intéressés, telles celles effectuées par les SS dans les camps dans le but d'effacer les preuves de leurs crimes.

Vouées à une disparition quasi inéluctable du fait de leur fragilité, de leur unicité, de la négligence ou de la volonté humaine, les archives, témoignage immédiat de mémoire, ont dans l'absolu bien peu de chance de traverser le temps et de passer dans l'histoire. Seule la conscience du rôle que les archives ont à jouer dans la mémoire et dans l'écriture de l'histoire peut les sauver. Seule une action volontariste menée en temps réel, au moment même de la création des documents, peut permettre de lutter contre l'enfouissement et l'oubli. Là réside la raison d'être des services d'archives. Vincent Auriol, président archiviste, avait une conscience forte de cette mission. Prenant au jour le jour des notes, réunissant des documents et assurant le versement des originaux aux Archives nationales « *afin d'éclairer l'attitude des hommes et les événements qui ont marqué l'histoire* »[7], il insistait sur le lien unissant la préservation des archives avec la mémoire et l'histoire. Il suivait en cela les principes nés du siècle des Lumières et concrétisés à la Révolution française par la création du réseau français de services d'archives : les Archives nationales, tête du réseau, chargées de recueillir les archives centrales de l'État, les archives départementales chargées de recueillir les archives publiques produites dans les départements[8].

En inventant ce système à la fois très centralisé et harmonieusement réparti sur le territoire, les nouveaux dirigeants étaient certes inspirés d'une logique administrative : rassembler dans des institutions publiques les papiers des institutions seigneuriales et de la royauté, afin de disposer des instruments de base pour imposer un nouveau régime. Mais ils énonçaient surtout deux principes majeurs : l'importance des archives dans l'élaboration de la mémoire nationale, l'affirmation que les archives sont la propriété des citoyens et, par extension, invention de l'idée de leur communication à des tiers[9]. Les archives doivent être conservées pour être communiquées. Elles échappent à leur producteur. Elles ont pris pied dans l'histoire et sont consacrées comme source première de son écriture par le biais de leur communication. Ce rôle majeur sera symbolisé par les directeurs successifs des Archives de France au travers de belles formules : « *Pas de documents, pas d'histoire* » (Charles Seignobos et Charles Victor Langlois), « *Les archives sont le grenier de l'histoire et l'arsenal de l'administration* », « *L'histoire, fille des archives* » (Charles Braibant).

Durant le XIXe et le XXe siècle, le réseau français de services publics d'archives s'est construit sur ces bases, avec des aléas divers, passant du ministère de l'Intérieur, à celui de l'Instruction publique puis à celui de la Culture, en partie décentralisé, tout en gardant une continuité réelle et une grande cohérence. Il a été doté de missions précises et d'un arsenal juridique et réglementaire[10]. Au premier plan figure la notion d'archives publiques, propriétés de la nation, à savoir toutes les archives produites dans l'exercice d'une fonction publique. C'est ainsi que les archives des exécutifs politiques, les documents judiciaires, les archives préfectorales, les minutes notariales, les actes d'état civil… sont des documents publics. Les missions des services d'archives, clairement définies, réunissent les archivistes dans une culture commune et forte. Assurer la collecte des archives publiques (obligation de versement) ; conserver les archives, c'est-à-dire disposer des moyens pour les transmettre aux générations futures ; classer les archives, c'est-à-dire travailler sur le matériau afin de le mettre en ordre et de le rendre accessible aux chercheurs ; enfin, et surtout, le communiquer à tout citoyen, c'est-à-dire le mettre à disposition sous une forme physique ou dématérialisée. À ces missions, s'est ajouté un investissement important dans le domaine culturel et pédagogique, les services d'archives ayant été les premiers établissements culturels à se doter de services éducatifs.

Parallèlement, les services d'archives ont assisté à des mutations majeures de la fréquentation et de l'usage des archives. Longtemps fréquentés exclusivement par les érudits et les historiens, ils ont vu affluer à partir de la seconde moitié du XXe siècle de nouveaux publics et surgir de nouvelles demandes. Sont venus tout d'abord les généalogistes, grands lecteurs d'état civil et de minutes notariales. À ce public déjà ancien s'est ajoutée la foule de tous ceux qui, porteurs d'une demande ponctuelle, souvent forte et douloureuse, viennent pour connaître leur passé et se situer dans leur présent : enfants ou petits-enfants de victimes de déportation, des persécutions, pupilles de la nation, descendants de collaborateurs... Enfin ont trouvé le chemin des archives les personnes à la recherche de leurs droits, désireuses de retrouver la trace d'une naturalisation, d'une spoliation ou, plus simplement, de déterminer les limites de leurs terrains par la consultation du cadastre[11].

Ainsi, sauvées par leur intérêt historique, qui leur avait donné leurs lettres de noblesse, les archives sont aujourd'hui bien plus consultées par les « chercheurs de mémoire » que par les historiens, au sens professionnel du terme, par un curieux retour à leur nature initiale. Elles sont désormais utilisées dans leur plénitude : à titre de preuve dans leur versant administratif, pour reconstituer une mémoire individuelle, enfin dans l'écriture de l'histoire[12].

Il serait inutile de nier les bouleversements et les difficultés engendrés au sein des services par ces évolutions. Historiens et chercheurs professionnels ont parfois vécu difficilement et avec nostalgie une démocratisation ressentie comme la fin d'un privilège, voire comme une exclusion de lieux jusqu'alors préservés et réservés à une élite sociale et culturelle. Les nouveaux chercheurs, peu aguerris à la méthodologie historique, ont, pour leur part, du mal à assimiler la complexité de la recherche dans les archives, l'obligation de recouper les sources, leur silence parfois. Et pourtant, deux cents ans après leur création, les services publics d'archives correspondent enfin à l'idée posée par la Révolution française : au service du citoyen entre mémoire et histoire.

Une conservation raisonnée

Les archives sont, nous l'avons vu, un message adressé aux successeurs. Il est permis de s'interroger sur celui que laissera notre société. Qu'allons-nous (ou que voulons-nous) oublier, que transmettrons-nous ? En langage archivistique, cette question se traduit en termes de collecte, de tri, de sélection, d'élimination.

La collecte et la sélection des archives sont au cœur de la mission des services d'archives[13]. Il s'agit d'un enjeu majeur, porteur d'une ambition démesurée, et peut-être utopique : donner à nos successeurs les clés de la compréhension de notre temps, transmettre une image fidèle de notre société à travers un corpus destiné à être visité et revisité par les chercheurs des siècles à venir, selon des problématiques toujours différentes et que nous ne pouvons présumer. À la conservation d'archives parvenues jusqu'à nous sous une forme lacunaire après avoir survécu miraculeusement, se substitue l'idée d'une conservation raisonnée, programmée selon des critères prédéfinis. Là où le temps faisait son œuvre, c'est désormais l'homme, au premier plan l'archiviste, qui intervient sur le matériau historique, en pratiquant une sélection et, par voie de conséquence, des éliminations. Cette perspective de destruction volontaire est génératrice d'angoisse auprès d'un grand nombre de chercheurs et tout archiviste court le risque, au long de sa carrière, de se voir accusé d'avoir détruit des archives et ainsi privé la communauté historique de telle source essentielle.

Dans la réalité « *cette obsession de l'archive qui marque le contemporain, et qui affecte à la fois la conservation intégrale de tout le présent et la préservation intégrale de tout le passé* », selon la phrase de Pierre Nora, est surtout révélatrice d'une angoisse contemporaine[14]. Qui croirait sérieusement qu'il faut tout conserver : toutes les feuilles de sécurité sociale, toutes les cartes grises, toutes les copies d'examens, tous les bulletins scolaires, l'ensemble des archives médicales... ? Veut-on stériliser la mémoire par un trop-plein de mémoire ? Il faut le dire et le réaffirmer : tout conserver équivaut à ne rien conserver ; c'est perdre l'essentiel au milieu de l'accessoire. Le problème est ailleurs et malheureusement bien plus complexe que la question manichéenne : tout garder, tout détruire. Dans l'absolu, nous savons définir des critères de tri et établir ce que l'on appelle des tableaux de gestion. Nous connaissons les documents principaux et essentiels. La science des statistiques, les techniques d'échantillonnage, de substitution sont là pour venir épauler le travail de l'archiviste, qui, soulignons-le, n'agit pas seul et de façon arbitraire mais collégialement avec les administrations productrices et épaulé par sa formation historique. En réalité, la question principale est l'évolution de la nature même des archives, du fait du foisonnement de la production, de l'explosion du volume, de l'évolution des sources.

L'archiviste du XXᵉ siècle est confronté à un paysage nettement plus complexe que ses prédécesseurs. La production administrative n'a jamais été aussi forte. Les services d'archives n'ont jamais autant collecté, mais combien d'archives à forte teneur historique[15] ? À quoi bon collecter l'ensemble de la production administrative d'un ministère, si les archives du ministre ou de son cabinet ne parviennent pas jusqu'à nous, si le processus de décision nous échappe[16] ? Or, force est de constater que si l'archive au singulier est sacralisée, si l'importance des archives pour la mémoire et l'histoire est rarement niée, cet intérêt se reporte peu sur les archives contemporaines. En tout premier lieu, on ne peut que déplorer la persistance de la confusion entre les archives, le livre et, désormais, la documentation. Le désintérêt vis-à-vis des archives contemporaines se traduit au quotidien par la négligence, l'absence de prise en compte de la donnée archive dans les processus de décision, la conviction que la gestion des archives est une activité annexe et subalterne, peu gratifiante et stérile. Parfois même, la destruction volontaire ou la soustraction d'archives publiques sont revendiquées, dans la négation que toute activité publique s'exerce dans le cadre d'un mandat public et d'une activité démocratique. On s'intéresse au passé, au présent, peu à l'avenir. Malgré le dispositif législatif et réglementaire, malgré l'investissement des archivistes dans ce domaine, la qualité de la collecte dépend encore trop souvent de la volonté et de l'initiative personnelle d'acteurs politiques et administratifs soucieux de la perspective historique, conscients du temps qui passe (il en existe heureusement).

Nouvelles sources

Dans le même temps, les archives changent de forme et vont jusqu'à se dématérialiser. Elles sont devenues polymorphes. À côté des archives papiers sont apparues les archives audiovisuelles, les archives électroniques. La notion de document original, unique, vacille. À l'époque de la photocopieuse et de l'informatique, comment garantir l'originalité d'un document et, c'est bien tout l'enjeu de la signature électronique, comment garder la trace des documents intermédiaires, projets de loi, manuscrits d'édition, quand il est si facile d'écraser et de retravailler des fichiers ? Comment dès aujourd'hui garantir au chercheur que le document qu'il consulte sous une forme numérisée est véridique ; comment le protéger des faux, des manipulations, des risques d'instrumentalisation et surtout comment garder leur place initiale et spécifique aux archives dans l'écriture de l'histoire ? Car les archives perdent leur statut de source unique d'écriture de l'histoire, qui s'écrit d'ailleurs en temps réel, à tel point que l'on qualifie parfois le journaliste de premier historien. Livres, presse formeront en tout cas une matière non première mais fondamentale pour les historiens du futur et il faut accepter l'importance de ces nouvelles sources, elles-mêmes génératrices de sources premières tout à fait remarquables.

Enfin, et ce n'est pas le moindre paradoxe, à l'heure où les services publics d'archives peinent à obtenir les moyens politiques, financiers et humains nécessaires pour accomplir leurs missions fondamentales, les dépôts d'archives autonomes fleurissent autour de thématiques communes à leurs créateurs, essayant d'échapper au cadre vécu comme contraignant ou trop égalisateur des archives publiques, obéissant chacun à des règles propres de collecte, de tri, de communication mais témoignant aussi d'une réelle dynamique[17]. Certaines grandes administrations succombent elles-mêmes à la tentation du particularisme.

Dans ce trop-plein ou dans ce déficit, dans ce chaos et cette balkanisation qui pourraient renvoyer à l'univers archivistique d'avant la Révolution française, toutes les craintes et dérives sont possibles : incohérence des corpus, archives sorties de leur contexte historique, détournement, disparition par la dilution. L'idéal (ou l'utopie) de la transmission d'un patrimoine, témoignage objectif, complet, cohérent, préservé dans son contexte de production, est en danger.

« L'État n'est pas fait pour susciter des artistes mais avant tout pour conserver certaines traditions », disait Jules Ferry[18]. Le discours et la conception de l'État ont évolué et se sont même inversés. Il suffit pour s'en convaincre d'observer la part réservée au secteur patrimonial et notamment aux archives dans le budget du ministère de la Culture et de la Communication. Et cependant, il me semble qu'il revient aussi à l'État d'être le garant de la transmission à nos successeurs de la part de notre mémoire que représentent les archives. Ceci ne pourra être accompli sans une réelle réflexion sur la notion de patrimoine national, sans une prise de conscience de l'importance des archives dans le bon fonctionnement d'une société démocratique et sans la réhabilitation des archives contemporaines, comme source, certes non unique, mais spécifique et première pour la mémoire et l'histoire. C'est à ce seul prix que les services publics d'archives demeureront ces maisons du temps, de la mémoire et de l'histoire[19].

Notes

[1] Jean Favier, « Les archivistes et les chercheurs », Conseil international des archives, *Archivum*, vol. XLV, 2000, p. 191-195.

[2] Sur ces questions, on se reportera utilement au dossier constitué par *Le Débat*, « Archives : quelle politique ? », mai-août 2001, n° 115, p. 100-145.

[3] Il suffit simplement de rappeler le sort subi par les archives royales à la bataille de Fréteval, lorsque le 3 juillet 1194, Philippe-Auguste perdit les archives du royaume rassemblées dans des sacs.

[4] On pourrait citer la destruction de l'état civil parisien en 1871 ou l'enlèvement des archives de la Sûreté nationale pour l'entre-deux-guerres par les Allemands puis par les troupes russes, archives aujourd'hui restituées.

[5] Caroline Piketty et Christophe Dubois, *Guide des recherches dans les archives des spoliations et des restitutions*, Mission d'étude sur la spoliation des juifs de France, Paris, La Documentation française, 2000.

[6] Hervé Bastien, *Droit des archives*, Direction des Archives de France, Paris, 1996, p. 102.

[7] Lettre de Vincent Auriol à son ancien directeur de cabinet, Jacques Koscziusko-Morizet [1965], CHAN 552 AP 187.

[8] Une série de textes institutionnalise alors la conservation des archives publiques. La première étape est la création d'un service d'archives placé auprès de l'Assemblée nationale constituante qui prend le nom dès septembre 1790 d'Archives nationales : « *dépôt de tous les actes qui établissent la constitution du royaume, son droit public, ses lois et sa distribution en départements* » et qui se substitue aux 400 dépôts d'archives recensés à fin de l'Ancien Régime à Paris. Puis, en 1796, sont créées les Archives départementales dans les chefs-lieux des départements, « *chargées de réunir tous les titres et papiers acquis à la République* ». Sur l'histoire des archives, on peut consulter l'ouvrage suivant ainsi que sa bibliographie : Sophie Coeuré et Vincent Duclert, *Les Archives*, Paris, La Découverte, 2001.

[9] (Loi du 7 messidor an II) Art. XII : « *Le comité* [des archives] *fera trier dans tous les dépôts les chartes et manuscrits qui appartiennent à l'histoire, aux sciences et aux arts ou qui peuvent servir à l'instruction.* » Art. XXXVII : « *Tout citoyen pourra demander dans tous les dépôts, aux jours et aux heures qui seront fixés, communication des pièces qu'ils renferment.* »

[10] Cf. *Principaux textes relatifs aux archives en vigueur au 1er mars 1996*, Direction des Archives de France, 1996.

[11] Les chiffres témoignent de l'intérêt pour les archives : 80 800 lecteurs en 1980, 291 000 en 1998 ayant effectué 947 000 séances de tra-

vail, 4 700 000 documents communiqués annuellement ; dans les Archives départementales, entre 50 et 60 % de généalogistes, un public d'universitaires et d'étudiants limité à environ 17 % avec une proportion plus forte aux Archives nationales : 58 % (*cf.* Rapport de la Direction des Archives de France, 2000).

[12] Un fonds conservé au Centre historique des Archives nationales illustre parfaitement la triple dimension administrative, de mémoire et historique : les archives du Commissariat général aux questions juives, archives constituées par les services de l'État français pour organiser la persécution et la spoliation, réutilisées à la Libération par les services administratifs chargés des restitutions puis tombées dans l'oubli et préservées au sein des Archives nationales, aujourd'hui très consultées par les historiens, les intéressés, les descendants, les commissions administratives d'indemnisation.

[13] Table ronde organisée en juin 1999 par l'École nationale du patrimoine, *Tri, sélection, conservation : quel patrimoine pour l'avenir ?*, Paris, Centre des Monuments nationaux, « Idées et débats », 2001.

[14] Pierre Nora, *Les Lieux de mémoire*, t. I, *La République*, Paris, Gallimard, 1984, p. XVII-XXXIV : « *Moins la mémoire est vécue de l'intérieur, plus elle a besoin de supports extérieurs et de repères tangibles d'une existence qui ne vit qu'à travers eux. D'où L'OBSESSION DE L'ARCHIVE qui marque le contemporain, et qui affecte à la fois la conservation intégrale de tout le présent et la préservation intégrale de tout le passé.* »

[15] 107 km linéaires collectés annuellement dans les services publics d'archives en 1998, 99 km linéaires en 1999.

[16] Bertrand Joly, « Les archives contemporaines ont-elles un avenir ? », *in La Gazette des Archives*, 1986, n° 134-135.

[17] Les thématiques sont innombrables : l'architecture, l'histoire de l'art, la Résistance, la guerre d'Algérie, les archives politiques, les archives du féminisme, de l'édition...

[18] Cité par Françoise Melonio, *Naissance et affirmation d'une culture nationale, la France de 1815 à 1880*, Paris, Seuil, 2001.

[19] Il faut signaler à cet égard une nouvelle mais réelle prise de conscience de l'intérêt des archives à travers l'intervention de nombreuses hautes personnalités au cours du colloque *Les Français et leurs archives* organisé au Conseil économique et social par l'association « Une cité pour les Archives nationales », le 5 novembre 2001. Actes publiés en 2002 par Fayard.

Claire Paulhan

MÉMOIRE ET ARCHIVES LITTÉRAIRES :
DU MANUSCRIT À L'ÉDITION,
DU SECRET À L'HISTORICISATION

Il me faut préciser que je n'évoquerai, dans mon propos, que les archives littéraires – qui ne relèvent pas de la même tradition, des mêmes pratiques et ne génèrent pas encore autant de conflits d'intérêts et de polémiques que les archives historiques. Et je traiterai de ces archives littéraires en prenant trois angles d'attaque : d'abord en tant qu'héritière, ou ayant droit, puis en tant qu'archiviste, enfin en tant qu'éditrice travaillant essentiellement d'après les manuscrits autographes…

Hériter d'archives, c'est un vrai problème : certes intéressant, mais de plus en plus sensible et complexe à régler depuis les années 1980, années qui firent prendre conscience non seulement de l'importance du patrimoine archivistique en général, mais de l'importance de tous les documents provenant de toutes les sources. À partir de cette date également commencèrent de nombreuses études d'histoire littéraire, entreprises d'après les manuscrits autographes. Plus que jamais, l'héritier d'archives doit assumer et « assurer »…

Il me semble qu'autrefois, c'était la notoriété d'un auteur à l'heure de sa mort (André Gide) ou l'argent qu'il laissait pour gérer ses papiers (Jean Schlumberger) qui impliquaient la conservation institutionnelle des archives littéraires et la création d'un fonds éponyme. Aujourd'hui, tout fait fonds, si j'ose dire, tout semble digne d'être gardé, y compris jusqu'à la fameuse note de blanchisserie, les talons de chèques, les quittances d'électricité. Tout paraît digne d'être livré aux chercheurs contemporains, y compris de son vivant (Guyotat, Robbe-Grillet, Butor, Chedid, Chessex, etc.). Cela, au nom du raisonnement suivant : si ce n'est pas d'une utilité immédiate, qui sait si demain, il n'y aura pas là matière à infirmer ou confirmer telle hypothèse d'un historien de la littérature ?

C'est donc avant tout une responsabilité vis-à-vis de la société et de l'histoire que de conserver les archives héritées dans leur intégralité. Mais cela devient rapidement un devoir moral : toute personne qui possède des lettres, des manuscrits provenant d'un ancêtre plus ou moins connu, mais ayant écrit et publié, se trouve donc chargée de la responsabilité d'en assurer la diffusion et l'accès. Quel que soit son choix – les gérer soi-même ou les faire gérer par d'autres – l'héritier se trouve fatalement pris en étau entre la communauté des chercheurs et des collectionneurs et la « corporation » des professionnels (conservateurs et bibliothécaires). Or, les intérêts des deux parties, on le sait, sont assez contradictoires et conflictuels. Et leur intérêt bien pensé est de désigner plus ou moins ouvertement l'ayant droit comme l'obstacle commun, nommé « *l'héritier abusif* » – que l'on voit à l'œuvre plus souvent qu'il ne faudrait, il faut bien le reconnaître…

Je crois cependant que cela arrange tout le monde de faire de l'ayant droit le « *gardien du temple* », selon l'expression consacrée. Les choses sont ainsi bien partagées : d'un côté, celui qui n'a rien fait pour avoir la haute main sur ce que le ministère de la Culture appelle étrangement un « *trésor national* », mais qui en a la jouissance en quelque sorte, de l'autre, ceux qui voudraient bien voir, acheter, mettre ses trésors en fiches et en connexion, ceux qui connaissent la valeur historique de chaque pièce, ceux qui représentent l'administration et ses « *puits sans fond* ».

Gérer les demandes

Se retrouver à la tête d'archives, c'est aussi avoir autour de soi une sorte de double garde rapprochée : non seulement les vieux amis du défunt qui entendent bien que vous soyez fidèle à l'image qu'ils ont de leur grand homme, qu'ils ont chacun connu mieux que personne (« *Ah, tous ces dimanches où j'ai joué aux boules avec lui…* »), mais également les universitaires et thésards contemporains, qui vous considèrent comme corvéable à merci et vous demandent, toutes affaires cessantes, de les orienter dans les archives, de préciser tels faits ou telles dates, de vérifier l'exactitude de leurs citations, de relire leurs travaux, etc. Ceux-ci, qui vous font responsables de tout ce qui concerne le biographique, se montrent souvent extrêmement âpres en ce qui concerne leur domaine d'investigation : ils demanderaient volontiers qu'on leur réserve une partie des archives, qu'on leur accorde une sorte d'exclusivité. Il faut donc d'emblée montrer que l'on a opté pour une seule règle commune en ce qui concerne les autorisations de consultation : tout est visible, par tout un chacun, mais dans l'ordre chronologique des demandes, mais selon une définition précise du travail en cours et selon le respect du droit. Gérer les demandes est une responsabilité morale et juridique. Il me semble que l'on ne peut y échapper et qu'il faut considérer cela comme une tâche lourde, difficile, mais unique, enrichissante.

Je crois indispensable, pour éviter d'être mis dans une situation difficile, de bien connaître la loi française sur la question des archives : avec le droit patrimonial (droit de succession), le droit moral qui est perpétuel et incessible (et comprend le droit au respect de l'œuvre, le droit au respect du nom, le droit de divulgation), avec le droit matériel (possession d'un manuscrit), le droit de l'exécuteur testamentaire et le droit d'auteur (pendant soixante-dix ans après la mort d'un auteur pour une œuvre publiée, illimité tant qu'un texte est inédit) et enfin les cas de jurisprudence, qui sont tous très révélateurs, il y a de quoi baliser rapidement le terrain miné des archives et de leur consultation. Surtout en ce qui concerne les correspondances, pour lesquelles il faut obtenir l'autorisation des deux parties, avant divulgation – ce que les chercheurs ne savent pas encore assez…

Le problème que pose la gestion des archives familiales se double du problème de la valeur marchande de ces mêmes archives, valeur qui a tendance, depuis ces années 1980, à atteindre des sommes faramineuses pour certains cas fort médiatisés. Quand on voit que le manuscrit de *Sur la route* de Jack Kerouac ou celui du *Voyage au bout de la nuit* de Céline ont été adjugés tous deux récemment pour la même somme, soit 2,67 millions d'euros (17,5 millions de francs), on est saisi de vertige ; et ce, d'autant plus que cette surenchère économique ne correspond nullement – contrairement au marché de l'art – au bénéfice commercial que l'on pourrait raisonnablement en tirer : en effet, ces manuscrits qui flambent sous le marteau des commissaires-priseurs ne sont que très exceptionnellement des inédits.

Les choses s'aggravent encore quand les archives contiennent des manuscrits d'autrui – souvent l'objet de recherches frénétiquement vaines de la part des spécialistes – ou des lettres, des photographies de personnalités célèbres et cotées : dès que cela se sait, les sollicitations des libraires d'autographes, des bibliothèques d'archives françaises et étrangères (USA surtout), des collectionneurs particuliers, des musées, montent d'un cran ; les pressions de la famille, des autres ayants droit, peuvent se faire alors plus fortes : pourquoi ne pas vendre une par une toutes les lettres adressées par André Breton, ou celles calligraphiées et ornées de dessins de Georges Braque, de Viktor Brauner ou de Gaston Chaissac ? Chacun des héritiers aurait de quoi vivre jusqu'à la fin de ses jours : c'est une grande tentation, après tout… sauf que, techniquement, c'est intenable : tout se sait, dans le petit milieu extrêmement renseigné et sur le qui-vive des amateurs d'autographes, et il faudrait être des leurs pour maîtriser l'arrivée sur le marché – et le maintien de la cote – de documents provenant d'une même source. Mais c'est moralement que cela me semble une idée totalement infréquentable : cela me choque en effet beaucoup de voir les sommes que peuvent atteindre certains manuscrits d'un écrivain disparu qui a passé toute son existence à tirer le diable par la queue. Au-delà de l'éparpillement des archives aux plus offrants, aux « mieux-disants financiers », il y a là une injustice insupportable, une violence *post mortem* infligée aux créateurs ; sans compter que cela entretient les vivants dans l'illusion d'une possible reconnaissance posthume couverte d'or et d'argent, idée qui est également très perverse…

Il y a donc plusieurs pièges objectifs à éviter : la perte des archives, leur dispersion, leur confiscation (par temps de guerre ou de chasse aux sorcières), l'éloignement hors des frontières « *naturelles* », leur « *pillage* » ou leur vol, le démembrement en sous-main, la vente officielle et médiatisée pièce à pièce ou lot par lot… Mais il y a aussi quelques autres écueils, plus subjectifs, relevant de raisons plus intimes, plus psychologiques, et qui peuvent aboutir à la négation de ce que j'appellerai « *l'héritage de papier* » : les familles qui se déchirent pour des successions capitalisant beaucoup d'argent, c'est fréquent, mais pour de vieux papiers témoins d'une biographie intellectuelle, c'était plus rare. Cela le devient de moins en moins : il n'est que de penser, par exemple, aux enfants d'Emmanuel Levinas s'attaquant mutuellement en justice au nom de la mémoire de leur père, ce qui entraîne un blocage juridique des archives.

J'aimerais synthétiser en une image symbolique ces archives héritées, avec mon frère et mes cousins, de notre grand-père, Jean Paulhan – archives qui ont été accumulées sciemment par lui-même, classées au fur et à mesure par notre grand-mère, préservées par ma mère et dont j'ai à m'occuper maintenant –, je penserais à un de ces sabliers de verre avec lesquels on mesure le temps qui passe : il y a là une petite montagne inversée de sable, que l'on fait fluidement passer par un goulet d'étranglement (l'inventaire, peut-être ?, l'ouverture à la recherche, certainement), en vue de la restituer telle : il s'agit de connaître le temps écoulé, mais aussi de permettre aux générations futures, elles aussi, de compter le temps à l'aide de ce même instrument. Devoir de préservation, devoir de transmission, devoir de mémoire, donc. Mais tout d'abord, devoir de classement, de mise en ordre.

L'établissement de l'inventaire

Que faire des « *vieux papiers* », comme l'on disait autrefois, du temps des bibliophiles et des sociétés savantes ? Il n'y a qu'une issue assurément : y plonger, les connaître à fond, s'y ébattre, puis les classer, les dater, les décrire et enfin les faire partager, les donner à consulter.

Faut-il le faire soi-même, solitairement, ou choisir une institution ? Les garder ou les déposer ? Leur donner le statut de legs, de donation, ou en rester propriétaire ? Il me semble qu'accomplir tout à la fois, tout en gardant la main, serait la bonne voie, quoique source de beaucoup de travail.

En ce qui concerne les archives de Jean Paulhan, nous avons décidé, en 1994, de les mettre à l'Institut Mémoires de l'édition contemporaine (IMEC) – où je travaillais depuis une petite année sur les archives de Jean Wahl. Le principe original de l'IMEC m'a convaincue : les ayants droit déposent, sans cesser d'en être propriétaires, leurs archives pour une durée de dix années régie et renouvelable par contrat. Cela m'a paru correspondre très exactement à mon désir de m'en occuper vraiment, tout en déléguant un certain nombre de tâches : par exemple, le reconditionnement dans des matériaux non acides, indispensable à la conservation des documents, ou le stockage à l'abri du feu et des inondations de ce qui représente une quarantaine de mètres linéaires, ou la gestion des consultations, qui demandent une structure, du personnel. Bien évidemment, pour l'établissement de l'inventaire, c'est moi qui ai organisé le plan de classement général des archives, rassemblé les dossiers, décrit les manuscrits, réuni les lettres d'un même scripteur (plus de 2 200 correspondants recensés) et compté les feuillets. Dans mon esprit, il faut faire ce travail – mettons par « *piété filiale* » – et songer à passer la main, sans trop tarder…

En ce qui concerne les archives de mon grand-père, il est évident que leur mise à disposition des chercheurs, *via* l'IMEC, a considérablement augmenté leur visibilité : déposées alors qu'il n'y avait qu'une trentaine de demandes par année qui étaient gérées familialement, il y a eu, à partir de 1996, plus de 300 consultations par an, des thèses et des mémoires de DEA engagés, de nombreux travaux d'édition (en particulier pour les correspondances), des bibliographies et des enrichissements ponctuels, mais très divers, proposés par les chercheurs, etc. Chaque année, les activités de l'IMEC sur le fonds Jean Paulhan font l'objet d'un bilan qui recense tous les travaux en cours, aussi bien universitaires qu'éditoriaux ou audiovisuels, les apports, les prêts aux expositions, les projets envisagés. Par ailleurs, le classement de ce fonds d'archives qui est très complet – comme l'on classe un monument historique – est en cours et devrait aboutir, je l'espère, d'ici peu.

Je ne décrirai pas ici le traitement spécifique que l'inventaire d'un fonds d'archives représente, ni les normes archivistiques en cours, car c'est assez technique et très rébarbatif, mais je voudrais cependant évoquer une entreprise à laquelle je participe en tant que membre de l'IMEC, qui me semble dans le droit fil de mes préoccupations d'ayant droit et de chercheur : le Répertoire national des Manuscrits littéraires français du XXe siècle… Lancée il y a plus de cinq ans par l'IMEC, la Bibliothèque nationale, le CNRS, l'ITEM, la bibliothèque littéraire Jacques-Doucet, pilotée par la Direction du Livre, cette entreprise vise à rassembler et localiser sur une même base de données toutes les sources archivistiques littéraires détenues par les institutions publiques et privées, les bibliothèques universitaires et municipales, les archives nationales, régionales et départementales : en bref, si vous cherchez où l'on peut trouver des manuscrits, des lettres envoyées (qui se trouvent fatalement dispersées dans les fonds des destinataires) de n'importe quel écrivain francophone ayant vécu et publié en France pendant le siècle précédent, il vous suffit d'accéder par Internet à la sous-base « Opaline » du site de la BNF, de faire votre demande et d'imprimer les réponses. Pour l'heure, cet outil de travail est encore en phase de probation, mais il deviendra bientôt une source de renseignements incomparable. J'avoue que j'ai particulièrement l'impression d'accomplir ma part du devoir de mémoire, en ayant fait en sorte que le nom de Jean Paulhan, comme celui de tous les écrivains qui me sont chers, figure en bonne place dans ce Répertoire, et soit ainsi connecté à des centaines de références.

Que m'a appris le travail sur archives ? C'est une question que je dois me poser, car je n'ai pas traité à l'IMEC que les fonds Jean Wahl et Jean Paulhan, mais aussi les fonds Jacques Audiberti, Jean Follain, Georges Lambrichs, Jean Lescure, Jean-José Marchand, Louis Martin-Chauffier, Maurice Sachs, les archives du Centre culturel international de Cerisy-la-Salle, etc. D'abord, que c'est un travail énorme, qui demande de bien connaître une œuvre et une biographie, un travail qui demande d'agir avec délicatesse et respect, un travail qui n'est jamais totalement fixé, ni fini... Les archives, contrairement à ce que l'on pourrait naïvement penser, ne sont pas une matière morte, mais une matière mouvante qui ne cesse de s'interconnecter, de se transformer, de s'enrichir, de s'éclaircir... Les écrivains le savent bien, enfin ceux qui, se voyant vieillir, prennent le temps de classer et de trier leurs papiers : faut-il tout conserver, du ticket de métro vierge au manuscrit inédit sous le boisseau d'une réserve absolue et éternelle de communication et de publication ? C'est aux producteurs d'archives eux-mêmes de choisir le sens de leur legs à la postérité. Mais l'idée qui consisterait à donner à l'archiviste la responsabilité d'un tri est certainement dangereuse, et même impensable intellectuellement : car dans l'esprit de l'archiviste, ou dans le meilleur des cas du chartiste, est ancrée l'obsession de tout décrire, obsession qui est peut-être plus simple à suivre – c'est en tout cas mon opinion – que la démarche qui consiste à essayer de rejeter des documents selon des clauses restrictives qui devraient obéir à une même logique en béton, en réalité impossible à établir : voilà qui serait, de plus, bien difficile à justifier auprès des générations futures...

C'est assurément la seule raison, bonne ou mauvaise, qu'ont les lieux d'archives de tout conserver, au risque paradoxal de l'étouffement et de la paralysie.

Mon raisonnement ne va pas, cependant, jusqu'à prôner la valorisation tapageuse de ce qu'on considère actuellement, dans un souci de communication politique, comme relevant du patrimoine littéraire : je veux parler de la coûteuse conservation en l'état des demeures d'écrivains, même quand elles n'ont été que provisoires, ou peu marquantes. Cette tendance à tout figer par une muséification, dont on retrouve l'esprit dans cet engouement récent du grand public pour le Patrimoine et ses diverses célébrations, part d'un bon sentiment, mais dérive parfois considérablement de son but. Il n'est pas inutile, à cet égard, de lire l'ouvrage d'Henri-Pierre Jeudy, *La Machinerie patrimoniale* (Sens et Tonka, mars 2001), qui, dans une rhétorique très post-situationniste, cloue au pilori l'usage contemporain de la notion de patrimoine... Depuis la loi de décentralisation en 1983, tout se passe en effet comme si les régions donnaient la désagréable impression de ne pas savoir à quoi dépenser leur argent, dans le domaine de la culture : est-il ainsi utile de conserver en l'état la maison où vécut Anaïs Nin à Louveciennes, pendant seulement quatre ans (entre 1931 et 1935) ? Est-il utile de réhabiliter à grands frais la maison de François Mauriac à Malagar, en y créant une sorte de vitrine culturelle extrêmement sophistiquée, si on n'empêche pas les chers arbres plantés amoureusement par l'écrivain de crever les uns après les autres ? Est-il utile que les établissements bancaires Barin-Vernier restaurent luxueusement la chambre de Marcel Proust, que l'on ne peut visiter qu'aux heures d'ouverture de la banque, 102, boulevard Haussmann, où l'écrivain vécut une dizaine d'années ? Est-ce raisonnable de racheter et d'équiper selon les rigoureuses normes archivistiques, le moulin de Louis Aragon et Elsa Triolet à Saint-Arnoult en Yvelines, pour n'en faire, au terme d'un programme de plus de 1,8 million d'euros (soit 12 millions de francs), qu'un lieu « offert à la recherche » aragonienne ? Il me semble que l'effort, en termes de financement et d'énergie, devrait plutôt aller au traitement des archives, où il y a tant de gigantesques chantiers en panne, mais cette opération offrirait assurément trop peu de visibilité, aux yeux des responsables en communication. Et pourtant, de nombreuses publications et expositions organisées ces derniers temps autour des archives, ont sensibilisé un peu le grand public.

Au plus près des manuscrits originaux

L'édition se soucie peu d'archives – d'archives historiques oui, mais pas d'archives littéraires. À l'heure où les chiffres atteints par un manuscrit en vente sont largement médiatisés, l'on ne retrouve pas le même intérêt dans l'édition. (Si l'on excepte les « beaux livres », ces « *coffee table books* » que personne ne lit attentivement, mais qui font florès, aujourd'hui, en offrant des reproductions luxueuses de manuscrits célèbres.) Quelles raisons donner à ce désintérêt de l'édition littéraire pour les archives ? Il faut d'abord dire que le décryptage des textes d'après les manuscrits représente un travail très lourd pour l'édition littéraire, qui vit de peu et paye mal ses « *fournisseurs* ». Il n'existe que très peu de collections où les textes soient retranscrits d'après les sources, vérifiés, annotés : ce sont, en général, des collections ou des éditeurs très universitaires, dont les prix de vente sont prohibitifs.

La seule exception notoire est celle de la collection de la Bibliothèque de la Pléiade chez Gallimard (qui est seule, à ma connaissance, à reprendre ses anciennes éditions pour les rendre plus conformes aux manuscrits autographes), ou des collections « Blanche » et « Quarto », encore chez Gallimard[1] : à propos de la collection « Blanche », il est intéressant de la voir proposer une réédition des *Cahiers* de Paul Valéry, qui en donne une nouvelle transcription dite « *diplomatique* », alors qu'ils avaient déjà été publiés en fac-similé par le CNRS : mais tout le monde savait à la Bibliothèque nationale, où les manuscrits de Paul Valéry peuvent être consultés sans problèmes, que ces *Cahiers* autographes recelaient les bandes timbrées qui avaient servi à occulter certaines phrases alors indésirables, phrases qui apparaissent maintenant tout naturellement dans la nouvelle édition… Autre exemple significatif dans la collection « Quarto » : voulant consacrer prochainement un volume à Antonin Artaud, les éditions Gallimard ont compris qu'il fallait reprendre les choses à zéro, ne pas reproduire l'édition inachevée, mais établie en 26 volumes, trente ans durant, par Paule Thévenin ; elles ont compris, à leur grand dam, qu'il fallait envoyer un chercheur au Département des manuscrits de la Bibliothèque nationale de France avec la mission de recopier fidèlement le texte réel des *Cahiers*, tel que les manuscrits le donnent. Nul doute que l'on n'y reconnaîtra pas l'Artaud que l'on a lu depuis sa mort, en 1948…

Pour mes éditions, spécialisées dans la littérature autobiographique, j'ai moi-même fait l'expérience, à plusieurs reprises, de ce singulier hiatus entre texte recopié, éventuellement déjà édité, et texte autographe et réel, conservé dans les archives : je prends l'exemple des *Journaux* de Valery Larbaud. Pourquoi ai-je osé proposer, presque quarante ans après la première édition, une nouvelle version de quelques années du *Journal* de Valery Larbaud, alors que ce *Journal* avait déjà été imprimé à deux reprises, dans deux éditions assez différentes l'une de l'autre, néanmoins toutes deux publiées en 1955 (janvier et juillet 1955), néanmoins toutes deux préparées par Robert Mallet, néanmoins toutes deux sous la couverture des éditions Gallimard ? Parce que j'ai constaté que moins d'un quart du texte originel avait été donné dans ces volumes Gallimard : quantité de notations intimes de Valery Larbaud, de notes de lectures, de commentaires sévères sur ses contemporains avaient été ignorés pour de multiples « *raisons d'époque* ». Tout ce qui était du domaine de la critique littéraire et stylistique – les notes de lectures très détaillées, les nombreux passages en langue étrangère qui révèlent l'intimité de ses pensées, certaines de ses « *distractions philologiques* » –, tout cela avait également été coupé, probablement par souci de ne pas lasser le lecteur. Sans compter que des phrases avaient été interrompues sans raison, ou plusieurs aboutées entre elles, des mots avaient été transcrits pour d'autres (ainsi le mot « *corridos* », qui désigne des chants révolutionnaires mexicains, avait été transcrit par « *corridas* », ce qui donnait au texte une touche quasi surréaliste et fort peu larbaldienne). La ponctuation de l'auteur n'avait pas été respectée, ni ses particularismes et idiotismes. Enfin, tous les passages matériellement interrompus par des pages arrachées, ou rendus difficiles à comprendre à cause de mots censurés, de noms propres caviardés, ainsi que les nombreux documents encartés avaient été tout simplement supprimés !

Robert Mallet, dans son introduction, se justifiait prudemment : « *Valery Larbaud a bien voulu me confier les Cahiers qu'il n'a pas détruits en me demandant d'y faire un choix basé sur l'intérêt plus ou moins grand de ses notations.* »[2] C'est là la seule méthodologie, le seul protocole d'édition énoncés par le maître d'œuvre... Cette première édition, que l'on peut quand même qualifier d'anthologique, eut cependant le mérite de donner à lire des textes inédits qui intriguaient depuis longtemps les amateurs de

Valery Larbaud. Mais elle était donc très incomplète, très peu annotée, enfin considérablement coupée et découpée, finalement « *interprétée* », tant les particularités du manuscrit avaient été niées, évacuées : tout cela étant d'ailleurs tout à fait courant alors dans le domaine de l'édition des écrits intimes.

J'ai donc entrepris une nouvelle édition, qui est devenue, en réalité, une première édition exhaustive, à la fois plus « *scientifique* » et réaliste, la plus proche possible des cahiers autographes, exposant tous ses « *accidents* » et thèmes, quels que soient leurs niveaux d'intérêt, offrant une retranscription exacte et fidèle à la mise en page du manuscrit.

Bien. Mais à quoi cela sert-il de se donner autant de mal pour éditer des textes autobiographiques intégraux au plus près des manuscrits originaux ? Ces deux volumes que j'ai publiés aident d'abord – c'est l'évidence – à mieux cerner la personnalité subtile de leur auteur. Ils sont également très utiles pour reconstituer l'histoire de la production littéraire envers laquelle Larbaud se montra si attentif et réservé à la fois ; ils servent enfin un tout autre but, important à mes yeux : faire lire autrement ce type d'écrits autobiographiques et familiariser les lecteurs avec la notion du respect du manuscrit autographe… Peut-être ne faut-il plus « *forcer* » ces textes pour en exprimer de la littérature pure, ne faut-il plus s'étonner de l'inégalité des pages, mais y voir beaucoup plus que de simples notes, beaucoup plus que le substrat ou l'avant-texte d'une œuvre à venir. L'ancien feuilletoniste du *Monde*, Émile Henriot, à la sortie du *Journal 1912-1935*, édité par Robert Mallet en 1955, eut l'intelligence de le pressentir entre les lignes : « *J'ai dit ce Journal sans littérature, dans sa sincérité et sa simplicité, sa netteté microscopique : littérature entendu ici comme artificiel et fabriqué : mais cela vaut quand même admirablement en fait de travail et d'art littéraire.* »[3] Encore faut-il, pour que l'on puisse réellement estimer ce « *travail* » et cet « *art littéraire* », que l'édition soit scrupuleuse, que la méthode soit décrite et que le résultat soit à la fois fiable et accessible.

Nul doute que l'édition en matière d'écrits autobiographiques a considérablement changé en trente ans : l'on a récemment refait une nouvelle édition, cette fois-ci intégrale, « *non expurgée* » disait-on autrefois, du *Journal* d'André Gide ou de Léon Bloy ; ce domaine éditorial a évolué en grande partie par proximité avec les études historiques, mais aussi sous la pression du développement de la critique génétique en France : l'ITEM, qui regroupe l'essentiel des généticiens, et sa revue, *Génésis*, ont fait prendre conscience de l'importance du manuscrit autographe et de ses variantes ; il est tout à fait perceptible, si j'en juge par les échos que j'ai de ma propre activité éditioriale, que les universitaires et le public érudit commencent à savoir reconnaître et apprécier une édition scientifique établie avec méthode. Ma manière de procéder, pour les deux tomes du *Journal* de Valery Larbaud dont j'ai parlé, comme pour les autres autobiographies que j'édite, a pour moi valeur de protocole (personnel) et de proposition (aux lecteurs et aux autres éditeurs) : voilà peut-être ce qu'il conviendrait désormais de faire, en matière d'édition de littérature autobiographique. Non, il ne faut pas s'engager dans l'édition d'un texte sans la garantie d'avoir accès au manuscrit autographe et aux autres archives. Oui, il y a moyen d'être très rigoureux par rapport au manuscrit original, sans pour autant barder de codes et de balises le texte de référence, sans le faire tomber, d'un seul bloc et sans recours, du côté de la littérature grise et universitaire. Ceci, pour que chaque lecteur sache très exactement ce qu'il est en train de lire, sans que personne ne déforme à son insu le texte – et donc aussi l'écrivain – qu'il découvre ou redécouvre…

À travers la description de ces activités intimement liées entre elles, auxquelles je m'emploie avec obstination – la conservation, l'inventaire et l'édition des archives –, j'espère avoir fait comprendre mon souci de la mémoire des écrivains défunts. L'on me demande souvent si cela ne me gêne pas d'exhumer ainsi des textes inachevés, si je ne me sens pas, au contact de ces journaux intimes que je donne à lire à qui veut, indiscrète, ou voyeuse, que sais-je ? Mais non, pas du tout. J'ai simplement l'impression de faire mon devoir – notion importante de la culture protestante dont je suis issue –, de le faire avec une certaine rigueur et fidélité dont les morts ont besoin. Tout se passe comme si cette longue familiarité avec la matière même des archives de certains écrivains, tout ce travail solitaire autour de leur mémoire, cette mise à jour d'écrits posthumes, c'était comme nettoyer méticuleusement les abords de leurs tombes, dans l'attente du moment où, tout naturellement, il s'agirait de leur tendre la main, de les hisser hors de la terre grasse des cimetières, hors de l'oubli, puis de les aider à reprendre leur place dans le flux des vivants…

NOTES

¹ Et plus rarement, dans la collection « Bouquins » chez Laffont, ou « Omnibus » chez Plon, ou « Mille pages » au Mercure de France : ces dernières sont, en réalité, plus des anthologies que des éditions scientifiques établies à partir des manuscrits autographes.

² Robert Mallet, introduction au *Journal inédit* de Valery Larbaud, tome IX, Paris, Gallimard, 1955.

³ Émile Henriot, *in Le Monde*, 9 novembre 1955.

Jean-Michel Rodes

L'ARCHIVAGE AU TEMPS D'INTERNET

Je dirai d'abord un mot sur le rapport entre les archives audiovi-suelles et la notion d'archive telle qu'elle est employée en un sens très générique, très général. Elles me semblent participer du régime de l'archive et, en même temps, je pense qu'elles en diver-gent de façon importante.

D'une part, il ne s'agit pas d'objets toujours et totalement uniques, comme on l'entend en général pour les archives, il en existe souvent de multiples copies. Ce sont d'autre part, et pour l'essentiel, des documents qui ont déjà été rendus publics, diffu-sés. On est donc dans un régime de circulation de l'information sensiblement différent – diffusion, distribution, édition – qui relève, en gros, du dépôt légal. Cela détermine les modalités de communication : ces documents sont tout de suite consultables, il n'y a pas de délais réglementaires pour y avoir accès. En revanche, les contraintes issues du droit d'auteur attachées à la notion d'œuvre y sont beaucoup plus présentes.

Quand on parle d'archives, on pense souvent à l'ensemble des traces du passé plutôt qu'aux archives *stricto sensu*. Or, à côté de cette acception très large, il y a la vie réelle de l'archive, au sens des Archives de France, des Archives nationales, des Archives départementales, etc., tel que cela vient de nous être présenté. Il est vrai que la loi de 1979 a apporté un peu d'ambiguïté ou de confusion à ce sujet, parce qu'elle vise un champ très large dans son article premier – ce que Paul Ricœur souligne pour sa part dans son dernier livre, en évoquant une « *définition particulière-*

ment large des archives donnée par la loi française »[1] – qui a rapidement soulevé des problèmes de moyens.

Comment, à l'INA, se pose-t-on le problème de l'archive ? Un des vrais problèmes que l'on peut rencontrer aujourd'hui, c'est ce « goût de l'archive » dont a parlé Arlette Farge dans un de ses livres, c'est-à-dire ce mélange entre le besoin d'informations et une sorte de plaisir « fétichiste » de l'objet. Il est vrai qu'il y a une double nature de l'archive : il y a cet aspect très matériel, très lié au corps de l'objet, et puis, en même temps, tout ce côté informationnel. C'est Gérard Genette[2], à propos non des archives mais des œuvres, qui a établi une distinction entre les œuvres allographiques et les œuvres autographiques, c'est-à-dire celles susceptibles d'exister en plusieurs exemplaires équivalents et celles, au contraire, comme par exemple tous les objets muséaux, qui dépendent totalement de leur incarnation. Je crois que l'on est au cœur de ce problème-là. Il y a une économie sans doute possible de l'archive mais à condition peut-être, parfois, de perdre le corps de l'archive et de n'en garder que la face informationnelle. Voilà toute la problématique que je vais essayer d'aborder : la problématique d'une économie de l'archive liée à la numérisation.

Que fait-on à l'INA en matière d'archives ? La loi de 1986 sur l'archivage des sociétés publiques de radio et de télévision – France 2, France 3, La Cinquième, RFO, RFI et les chaînes de Radio-France – a dévolu l'ensemble du patrimoine de ces sociétés à l'INA, à commencer par l'ORTF et toutes les sociétés qui l'ont précédé : la Radiodiffusion française, la RTF, etc., donc des archives radio qui remontent à 1933 à peu près, et des archives de télévision qui naissent à peu près en 1949 en même temps que la télévision.

Tout cela n'est pas le lit tranquille de l'archive où, pendant des années et des années, se serait déposé normalement l'ensemble de ce qu'on a pu voir à la télévision ou entendu à la radio. Il est aujourd'hui pratiquement impossible de reconstituer ce qu'a été une journée de radio, même sur une chaîne nationale, en 1930, en 1940, etc. Ce qui reste, ce sont des traces. Et là, on rejoint le lot commun de l'archive en général. L'essentiel de la sélection, en réalité – parfois je me dis : « peut-être heureusement » –, est une sélection naturelle. Ce qui reste, c'est ce qui n'a pas été jeté, ce qui n'a pas disparu de quelque façon. La sélection naturelle a été le lot commun, je pense, de l'ensemble de nos systèmes de conservation. Peut-être serait-on sinon déjà enfouis sous les archives.

Tout cela nous amène aujourd'hui à un archivage d'un peu plus d'un million et quelques heures de télévision et de radio, en héritage de la radio et de la télévision des soixante dernières années.

Cela nous pose de gros problèmes de conservation. Pour les archives écrites, on connaît les questions posées par l'acidité du papier, par tous ces supports qui n'ont jamais été conçus pour durer, pour vivre dans l'éternité, pour être des objets d'archive. Pour la télévision et la radio, c'est pareil, c'est même encore pire. Non seulement les supports ne sont pas susceptibles de durer, mais les machines pour lire les supports – et dans l'audiovisuel on a toujours besoin d'une médiation machinique pour lire quelque chose –, les machines elles-mêmes ne durent pas et elles meurent même, en général, plus vite que les supports, non par usure mais par obsolescence.

Pour donner quelques exemples : pour l'essentiel, les archives de télévision sont constituées, avant les années 1960, de films 35 millimètres en nitrate : à savoir un matériau explosif et hautement inflammable. Ensuite, on est passé au film triacétate qui aujourd'hui développe ce qu'on appelle le syndrome du vinaigre, c'est-à-dire qu'ils s'autodissolvent. À partir des années 1963-1964 s'est répandu l'enregistrement magnétique vidéo sur bande deux pouces (2 pouces de largeur). C'étaient en fait les Américains (Ampex) qui l'avaient inventé en 1956 pour rediffuser les programmes de la côte est sur la côte ouest et gérer ainsi le décalage horaire. Les machines deux pouces, c'est très bien, sauf que cela fait déjà longtemps qu'il ne s'en fabrique plus. On a des archives deux pouces qui remontent à 1963 et qui vont à peu près jusqu'en 1980. Quand je dis que ce sont des problèmes pour l'INA, c'est en fait généralisé au monde entier pour l'ensemble des systèmes d'archive de télévision. Donc, le gros problème des deux pouces, c'est qu'il n'y a plus de machines. Il faut en conséquence conserver les anciennes machines, les réparer, après avoir accumulé suffisamment de composants, de pièces détachées pour les maintenir. Dans les années 1970 est né un support plus léger qui s'appelle le trois-quarts de pouce, avec différents formats – je vous passerai tous les détails techniques. Le trois-quarts de pouce, lui, aujourd'hui, est très difficile à relire. Là encore, il n'y a plus de machines. D'autre part, on est obligé de passer chaque cassette en lecture trois, quatre fois avant recopie, sinon elles encrassent les têtes de lecture et il est impossible de lire plus d'une minute.

Je passe sur la généalogie des supports audiovisuels. Il faut savoir quand même que la durée des cycles technologiques a tendance à diminuer, ce qui aggrave le problème d'obsolescence. Le deux pouces a duré vingt ans, le un pouce a duré douze ans, le Betacam SP a duré huit ans, le bêta numérique durera peut-être cinq à dix ans.

L'INA a donc des problèmes de conservation qui sont d'ores et déjà des problèmes de sauvegarde et de restauration de l'ensemble des collections pour leur faire franchir le temps.

La question de la sélection

Un comité de sauvegarde a été créé sous la direction de Jean-Noël Jeanneney, historien, pour se poser la question de la sélection. Il est très probable que les moyens financiers et technologiques dont on dispose soient insuffisants. On ne peut pas le certifier, parce qu'on ne connaît pas la réelle durée de vie des supports. On prend un certain nombre de fourchettes de risques, mais ce n'est qu'à la sortie qu'on saura. Il faut vraisemblablement que, entre cinq et dix ans maximum, on ait réussi à restaurer et à reporter sur de nouveaux supports l'intégralité de nos fonds. Les technologies et les modes d'organisation pour le faire nous poussent à des formes d'industrialisation qui sont encore un peu éloignées de ce qu'est capable de supporter la communauté publique aujourd'hui en termes de financement.

Un certain nombre de réflexions s'opèrent donc sur le thème : « *Quels types de sélections sont possibles ? Comment privilégier certains supports ?* » Il ne s'agit pas négativement de jeter, mais positivement de savoir lesquels on va restaurer, lesquels on va sauvegarder. Tout cela donne lieu à d'intenses réflexions qui sont toujours assez difficiles. Il est vrai qu'au titre des anecdotes, sur la question de savoir s'il faut tout conserver ou tout jeter, je me souviens d'avoir interrogé pour un article Jean-Christophe Averty il y a une dizaine d'années sur le problème de l'archivage[3]. Il me disait qu'il fallait tout garder, y compris les mégots de cigarettes, les cendres, les grains de blé dans la tombe des pharaons. Et lui-même, devant chez lui, avait gardé l'ensemble de ses voitures. Il avait des voitures depuis 1950, il n'en avait jamais jeté aucune et elles étaient garées sur un parking devant chez lui. C'était devenu une sorte de décharge. Il avait également l'intégralité du *Monde* dans lequel il se repérait par strate, etc. Il y a donc un fétichisme indéniable qui est de l'ordre de la collection. Ce qui fait que, quand on dit : « *Il faut demander l'avis aux auteurs* », je suis quelquefois un peu réticent et je me dis : « *Oui, mais on va jusqu'où ?* » Et puis, il y a l'aspect inverse. Il y a vingt ans, j'avais demandé à Pierre Schaeffer ce qu'il fallait garder, de son point de vue, de la radio[4]. « *Pas grand-chose*, m'avait-il dit, *quelques centaines d'heures.* » Je pense que, dans ces centaines d'heures, il y avait toutes les œuvres de Pierre Schaeffer et sans doute pas grand-chose du reste. Quand on se pose ces problèmes de conservation, d'exhaustivité, on est toujours entre ces deux extrêmes. Les choses sont très difficiles. Moi, cela fait maintenant plus d'une trentaine d'années que je vis dans le milieu des archives. J'en suis venu à une philosophie beaucoup plus pragmatique : d'un côté, je constate ce qui disparaît et, de l'autre côté, j'essaie de réaliser une sorte d'économie possible entre ce que l'on peut faire technologiquement et ce qu'il serait souhaitable de conserver, sans savoir pour autant si l'exhaustif est un but ou non.

À côté de cette activité d'archive, l'INA exerce aussi l'activité de dépôt légal qui, elle, vient d'une loi de 1992 qui a rénové le dispositif de dépôt légal en France. On n'est plus là dans un système d'archive, mais dans un système de conservation de ce qui a été publié, diffusé, distribué en salle, etc. Le dépôt légal de la radio-télévision a mis du temps à se mettre en place, parce que, là encore, il y avait des problèmes de budget tout simplement, des difficultés technologiques à résoudre. Hier, on conservait l'ensemble des programmes des sociétés nationales hertziennes de télévision (TF1, France 2, France 3, Canal +, Arte, La Cinquième et M6), et les chaînes nationales de Radio-France. La conservation se faisait sous la forme suivante pour une société de télévision ou de radio : on l'avertissait qu'un document était susceptible d'être versé au dépôt légal parce que c'était sa première diffusion en France. Après diffusion, le support était versé sous forme de cassette Béta SP (format vidéo professionnel) à l'Inathèque de France, qui est le département de l'INA chargé de la gestion du dépôt légal. L'Inathèque en créait une copie de consultation, mise à disposition de toute personne susceptible d'effectuer des recherches : étudiants à partir de la maîtrise, chercheurs, enseignants ou professionnels en phase de réflexion.

Depuis cette année, on a travaillé à modifier assez radicalement le dispositif. Aujourd'hui, on reçoit directement depuis la régie finale des chaînes de télévision, *via* une fibre optique, le signal intégral de ce qui est diffusé. Il est numérisé, compressé et enregistré en simultané deux fois : une fois sous un format professionnel selon la norme de compression MPEG 2 à 8 mégabits/s – mais je ne sais pas s'il y a des gens qui sont intéressés à cet aspect très technique des problèmes –, et puis, une deuxième fois, sous un format beaucoup plus léger de consultation (MPEG 1 à 1 mégabit/s). On va donc garder l'intégralité de ce qui aura été diffusé par ces grandes chaînes nationales, que ce soit en télévision ou en radio. L'ensemble mène à des dispositifs, étant donné que l'on est dans le domaine du numérique et de la compression, suffisamment intéressants économiquement pour nous éviter de nous poser le problème de l'échantillonnage ou de la sélection. Une chaîne de télévision en MPEG 1 tient sur trois DVD-Rom par jour (on met 8 heures par DVD) une fois compressé. Une chaîne de radio tient sur deux CD-Rom par jour. Et en matière professionnelle, en qualité professionnelle, je dirais, on arrive à faire tenir une chaîne de télévision sur une cassette qu'on appelle S-DLT – c'est un format informatique – par jour. Ce sont donc des chiffres acceptables.

Un système d'échantillonnage

Là où les problèmes se compliquent un peu – je suis en train de le vivre en ce moment –, c'est que l'on est en train d'étendre ce dépôt légal à l'ensemble des chaînes du câble et du satellite, considérant qu'aujourd'hui, le paysage audiovisuel français ne se limite pas à la télévision hertzienne nationale, mais s'étend assez largement à d'autres télévisions et d'autres radios. Nos dispositifs d'aujourd'hui nous permettent quand même de voir cela sous une forme plus accessible que ce ne l'était auparavant. Depuis le début de cette année, en plus de ce qu'on conservait auparavant, on conserve les radios nationales généralistes (Europe 1, RTL, RMC, RFI), et toutes les grandes chaînes thématiques nationales de radio

(NRJ, Skyrock, Fun Radio, Europe 2, RTL2, Nostalgie, Chérie FM, RFM). On effectue un échantillonnage des thématiques musicales dans la mesure où il y a une très, très forte répétitivité, un très fort degré de redondance de l'information. Non, je n'ai pas de jugement de valeur sur ce que je conserve, j'essaie au maximum de ne pas en avoir. Je pense même qu'une radio comme Skyrock est quelque chose de très important dans la vie d'aujourd'hui, qu'elle est assez emblématique d'une communauté de jeunes, d'une culture partagée...

On est dans un système d'échantillonnage, c'est-à-dire que l'on garde trois mois par chaîne de radio. À partir du moment où la polémique a commencé entre le CSA et Skyrock, on s'est mis à garder Skyrock intégralement. À cet égard, dans dix jours, le 5 novembre, on doit faire à la Bibliothèque de France un débat public sur l'histoire des radios libres depuis vingt ans. Pierre Bellanger, le patron de Skyrock, a accepté de venir parler non seulement de son expérience à lui comme dirigeant de « La voix du lézard » et de Skyrock, mais également de ce qu'il veut faire aujourd'hui sur Skyrock et des problèmes qu'il peut avoir avec le CSA. Si je dis « répétitivité », c'est parce que, objectivement, il me semble que l'on est dans un système de répétitivité qui peut permettre l'échantillonnage. Maintenant, ce qui est vrai théoriquement et paraît même évident est toujours d'un exercice difficile à l'épreuve des faits, parce qu'en général au moment où l'événement arrive, on est dans la mauvaise phase de l'échantillonnage et on a du mal à se repositionner.

Je peux vous donner un autre exemple. À l'occasion des événements du World Trade Center, heureusement, on était en captation automatique de ce qui se passait. On a donc enregistré l'irruption de l'événement sur toutes les chaînes qu'on prenait. En revanche, Radio-France avait oublié de lancer les enregistrements en simultané de l'antenne, RFI avait oublié également, etc. Ils nous ont donc redemandé à nous, dépôt légal, qui avons pour mission très générale d'être un dernier recours, de leur faire une copie du moment où les événements sont apparus, c'est-à-dire vers 14 h 45, il me semble, eux n'ayant démarré qu'à 15 h 15 ou 15 h 30. C'est dire que l'on peut croire être dans du pur répétitif et puis voir tout d'un coup l'événement apparaître. Si on n'a pas anticipé cela, les trois quarts du temps, on est complètement démuni pour garder une trace de l'événement. Ensuite, prolongeant notre mission de dépôt légal français, on a commencé à enregistrer, systématiquement également, un quart d'heure après le début des événements, CNN et Al-Jazira, de façon à ce que le chercheur, l'historien, puisse aussi établir une comparaison facile entre les médias français et étrangers.

Mais, en revanche – parce qu'on n'avait pas encore les moyens techniques pour le faire, n'ayant pas encore commencé l'extension du dépôt légal aux chaînes du câble et du satellite –, on n'a pas pu prendre LCI, et je le regrette. Et c'est ce que je dis, quand avec mon bâton de pèlerin, je vais voir l'ensemble des chaînes du câble et du satellite, qui tombent un peu des nues en me disant : « *Mais pourquoi voulez-vous garder tout ça ?* » Il me semble qu'il se passe des choses sur ces nouvelles chaînes, et que les solutions existent, que ce soit sur un plan technique d'enregistrement, de stockage, de traitement documentaire pour les conserver. J'essaie donc de les convaincre qu'elles sont parfois importantes elles aussi. C'est plus ou moins bien reçu selon les différentes chaînes.

L'inflation de l'information

Au-delà, dans le même temps et dans cette même veine, on ne peut pas ne pas réfléchir au fait qu'il existe un autre moyen, un autre vecteur aujourd'hui de communication, qui est Internet. Cela fait plusieurs années qu'on réfléchit à la question de conserver ce qui s'y passe, qu'on s'est posé le problème de son archivage, qu'on a fait faire des études pour essayer d'en mesurer l'ampleur, savoir de quoi il s'agit précisément.

Quand je dis Internet, je vais tout de suite réduire la question à ce qui aujourd'hui est le Web, c'est-à-dire la partie publiée d'Internet. Je ne m'occuperai pas des transferts FTP, des mails, des forums fermés, et de tout ce qui appartient à un autre domaine, celui de la communication privée et qui relèverait plutôt de l'archive. Il y a aujourd'hui un énorme problème du côté de l'archive, à mon avis, de l'archivage électronique, au niveau des États mais aussi au niveau des entreprises et des particuliers. Ne nous leurrons pas : aucune entreprise aujourd'hui n'a sérieusement traité la question de la conservation du courrier électronique, etc. C'est un vrai problème. On a déjà basculé dans un autre monde et on n'en a pas pris complètement la mesure. On essaie, nous, avec quatre, cinq ou six ans de retard, de poser la question de l'Internet publié, du Web publié, sachant qu'aujourd'hui, et notamment dans les sciences les plus « dures » ou les plus « exactes », une énorme partie de la connaissance ne circule plus que sous une forme électronique, par le biais d'échanges, et n'est pas conservé ou l'est seulement très mal.

Comment peut-on se poser la question d'Internet ? On pourrait se dire que c'est une question folle en même temps, que l'archivage de cette inflation de l'information est sans solution. Pourtant, nous ne sommes pas les seuls à s'en préoccuper. Il y a déjà eu des expériences en Australie. La Bibliothèque d'Australie a essayé de trouver une solution reposant, en gros, sur le volontariat des éditeurs de sites. L'expérience donnée montre qu'en fait ils n'arrivent à résoudre le problème qu'à environ 20 %, à avoir un rendement de la collecte, comme on dit, qui est de 20 %, ce qui est très insuffisant, et puis qui ressemble plus à ce qu'on pourrait appeler de la « librairie électronique », de la bibliothèque électronique, qu'à une photographie réelle de ce qu'est le Web à un instant donné. En revanche, les Suédois se sont posé la question et travaillent par ce qu'ils appellent des « *snapshots* », c'est-à-dire des photographies instantanées du Web. Ils font des campagnes annuelles de capture du Web suédois, ils en ont réalisé sept, je crois, depuis trois ou quatre ans, sept photographies instantanées du Web suédois. C'est la Bibliothèque royale de Suède qui fait cela. Aux États-Unis, cela a été fait et continue à se faire avec une institution qui s'appelle Internet Archive, dirigée par Brewster Kahle et qui, elle, est une fondation – mais les Américains aiment beaucoup ce genre de fonctionnement. Cette fondation a des liens avec la Bibliothèque du Congrès, et, depuis déjà six ans, fait un archivage du Web mondial, également sous la forme de photographies instantanées. À la suite du 11 septembre, ils ont créé un site très spécialisé d'archivage du Web autour des événements du World Trade Center. Ils ont demandé à une centaine de chercheurs de travailler les sites capturés pour thématiser cette archive, pour arriver à la structurer, à lui donner une forme. Je veux dire par cela que des expériences existent.

Il faut faire quelque chose, mais comment ? On est dans un pays qui est plus de tradition à la fois jacobine et administrative. Aux fondations, on préfère une action de l'État et des pouvoirs publics et là, en l'occurrence, il s'agit de la voie législative. Au moment où s'est posée la question – abordée par Annette Wieviorka – de la loi sur la société de l'information, tout naturellement s'est posée la question du dépôt légal d'Internet.

Au ministère des Finances, à Bercy – puisque toute la loi sur la société de l'information a été gérée par le secrétariat d'État à l'Industrie au sein du ministère des Finances –, il y avait un chapitre « dépôt légal », mais qui était vide. Cette loi fera partie d'une future législature. Par petits bouts, la LSI passe dans le débat parlementaire. Je ne sais pas si elle passera intégralement un jour ou si plus tard une loi rassemblera un ensemble de textes déjà votés. En ce moment, elle passe par petits bouts et, vu les circonstances, ce sont les mesures les plus répressives qui sont en train de passer. Alors pour une part, je trouve plutôt satisfaisant qu'on ne parle pas du dépôt légal, dans ce cadre-là : le mot « *dépôt légal* » ayant déjà une connotation un peu sinistre, si, en plus, il était systématiquement assimilé à des mesures répressives, on aurait du mal à passer, notamment dans la communauté Internet.

La réalisation du dépôt légal du Web, est, en gros, programmée à trois ou quatre ans, c'est-à-dire à trois ans après la promulgation de la loi. Comme la loi n'est pas encore en débat, c'est donc plutôt quatre ans, et c'est tout à fait bénéfique dans la mesure où sa mise en œuvre nécessite des phases d'expérimentation préalables sur un certain nombre de points que je vais aborder.

Il pose toute une série de problèmes techniques. La première question est, classiquement, celle de la collecte des documents. On ne procéderait pas par dépôt, contrairement au terme de « dépôt légal » mais par un système d'aspiration générale des sites, par un système où ce qu'on appelle des ordinateurs robots vont visiter chaque site et les aspirer pour en garder une trace, pour les archiver. C'est automatisable, et relativement simple à réaliser quand il y a peu de sites à visiter, mais aujourd'hui, en France, on peut estimer qu'il y a entre 100 000 et 150 000 sites qui relèveraient du dépôt légal. Cela pose donc un certain nombre de problèmes de débit, de modalités techniques de réalisation.

Le deuxième problème est : comment conserver cela ? Cela pose deux ou trois questions différentes. La première question est celle-ci : sur quel type de supports stocker ? On commence à avoir ce qu'on appelle des supports de masse de très grand volume. On peut estimer qu'on a donc un certain nombre de perspectives crédibles.

Obsolescence technologique

La deuxième question est de savoir dans quel format conserver cela. Parce que l'obsolescence technologique rapide est encore pire pour Internet qu'au niveau de l'audiovisuel.

Internet oscille perpétuellement entre une tension vers la normalisation – on a HTLM, on aura sans doute XML, s'il n'y avait pas un minimum de normalisation, ce serait impraticable, personne ne pourrait se connecter, aucun navigateur ne fonctionnerait – et une tendance permanente à l'évolution des formats. Ce qui pose de redoutables problèmes, car si on veut conserver dans le temps, il faut maîtriser les formats, donc arriver à des formats de conservation mis en œuvre par le dépôt légal qui seront des formats de convergence, qui permettront de durer dans le futur. C'est un très gros problème.

Un troisième problème, c'est celui de la quantité. Nous vivons depuis déjà au moins cinquante ou soixante ans dans cette révolution de la quantité. Tout à l'heure on parlait de 107 kilomètres linéaires versés annuellement aux Archives de France. Je siège au Conseil scientifique du dépôt légal, je vois tous les ans 50 000 livres et brochures qui tombent dans le dépôt légal. Il est évident que personne n'est aujourd'hui capable de lire 50 000 livres et brochures – c'est 52 000 même –, 1 465 000 exemplaires de périodiques qui, tous les ans également, sont versés au dépôt légal. Tous ne sont pas conservés et cela représente plusieurs exemplaires d'une édition, soit, ce ne sont pas des titres uniques, mais il n'empêche, 1 465 000, c'est un chiffre considérable. On voit bien que tout cela est très dépendant de la révolution en amont de la société de l'information et des moyens de production de l'information. Je suppose qu'il y a un lien étroit entre le développement du traitement de texte, par exemple, et le fait qu'il y ait plus d'archives. Il est évident que, quand il fallait taper à la machine sur papier pelure, cela prenait plus de temps, les gens écrivaient beaucoup moins de notes de service, beaucoup moins de rapports, et, quand il fallait écrire à la main ou à la plume d'oie, c'était encore moins ; le prix du papier était aussi plus élevé. C'est l'ensemble de tout cela qui fait que, à un moment, il y a plus d'archives. Et ça, on n'y peut pas grand-chose, en termes d'archivistique, et on ne maîtrise pas, comme archiviste, la société de l'information. C'est assez difficile. En outre, cela est lié à l'évolution des technologies qui entraînent elles-mêmes une inflation des sources d'information. C'est ce que l'on voit aujourd'hui avec le Web : 100 000 à 150 000 sites. Et c'est peut-être quelque chose qui ira croissant. Il est vrai qu'aujourd'hui toute école, toute classe d'école, par exemple, cherche à avoir un site Web…

En même temps, une solution est apportée mais nous fait franchir un saut dans notre perception de l'information : la révolution documentaire. Internet génère des débits considérables d'information mais, en même temps, produit une information que l'on sait de plus en plus traiter automatiquement et qui est, en gros, largement autosignifiante. Ce n'est pas la même chose de conserver un texte sur papier qui va être mis dans une boîte de carton et de conserver un fichier numérisé de texte, voire d'image ou de son. Dans un cas, c'est quelque chose qui reste opaque tant qu'il n'y a pas un chercheur ou quelqu'un pour le lire ; dans l'autre cas, il y a un accès direct possible. C'est ce que j'appellerai la révolution documentaire, qui est la possibilité d'avoir l'ensemble de ces textes sous une forme numérisée intelligible directement par des machines, guidées et programmées par des hommes. Et ce qui est vrai pour le texte – tout le monde le constate – l'est également et de plus en plus pour le son, pour l'image. L'INA participe à des travaux de transcription automatique de la parole avec le LIMSI, un laboratoire du CNRS, pour être capable de transcrire automatiquement la parole, celle de la radio, celle d'environnements extrêmement bruités, complexes (ce qui est très éloigné comme difficulté de ce que savent faire des logiciels d'interface vocale comme ViaVoice d'IBM, par exemple). En même temps, l'INA travaille en partenariat sur la reconnaissance automatique de l'image et s'interroge : « *Que peut-on faire en matière de reconnaissance automatique de l'image ?* », « *Jusqu'où peut-on aller ?* »

Je pense que l'ensemble de ces phénomènes contient en germe une révolution générale du statut de l'archive, de la façon dont l'archive va exister au XXIᵉ siècle et au-delà. Avec peut-être pour élément fondamental la dématérialisation de l'archive : ce que l'on perd au passage, c'est le corps de l'archive[5], et sans doute son goût, mais on y gagne la capacité à la conserver dans le temps, parce qu'il est beaucoup plus rapide et facile aujourd'hui de recopier un fichier numérique. Sa versatilité permet de le faire passer de support en support, sans perte d'information ou dégénérescence du signal. On y gagne également dans des proportions considérables en densité de stockage.

Nous allons vers une numérisation progressive de l'ensemble des sources d'information, avec pour nostalgie d'y perdre la vie de la matière, ses aspérités et ses irrégularités ; avec pour avantage d'ouvrir une révolution documentaire avec des effets scientifiques qui iront très au-delà du monde des archivistes.

On a une révolution du texte qui, avant, était conçu comme quelque chose de clos et de fermé et aujourd'hui on se retrouve avec de l'hypertexte généralisé. On assiste à une sorte de déterritorialisation de l'archive, c'est-à-dire qu'elle n'est plus complètement liée à des États, à des circuits de pouvoir ou à des circuits de communication, mais qu'elle nomadise. Et cela est très perceptible en ce moment : c'est quelque chose qui est complètement pointé du doigt par les procès actuels envers des sites ou des hébergeurs et les problèmes de juridiction et donc de territoire que cela pose.

On a affaire à des textes ouverts, peut-être à un immense hypertexte mondial, et ce ne sont que des coopérations internationales qui permettront sans doute de résoudre le problème d'un archivage territorialement défini et découpé d'une archive unique à la dimension du monde.

Sinon, il faudrait, pour retrouver cette unité perdue et cette territorialité, confier à une sorte de gouvernement mondial le soin d'archiver le tout d'Internet, et nous serions alors trop près du spectre de *Big Brother* et trop loin du modèle en réseau qui est à la base d'Internet.

La France a forcément quelque chose à dire en termes de territorialité, en termes de civilisation, en termes de communauté. À un moment, il faudra trouver simplement les moyens de construire des fédérations internationales, des associations qui permettront de reconstituer sous forme d'un réseau d'archives cette espèce d'immense hypertexte mondial, et chaque territoire possédera un élément de ce puzzle.

NOTES

[1] Paul Ricœur, *La Mémoire, l'histoire, l'oubli*, Paris, Seuil, 2000, p. 212, note 35. Voir aussi Marc Guillaume, *La Politique du patrimoine*, 1980, et la revue *Traverses*, n° 36, « L'archive », 1985.

[2] Gérard Genette, *L'Œuvre de l'art*, Paris, Seuil, 1994, reprenant une distinction établie par Nelson Goodman.

[3] *Dossiers de l'audiovisuel*, n° 45, « Mémoire audiovisuelle : patrimoine et prospective », INA, 1992.

[4] *Dossiers de l'audiovisuel*, n° 9, « Les archives de la radio », INA, 1986.

[5] Il s'agit de la matière du document, non de sa forme.

Nicolas Weill

Y A-T-IL UN BON USAGE DE LA MÉMOIRE ?

À côté d'un *Zeitgeist* antimémoriel parfois envahissant, il existe un autre courant plus imperceptible auquel je voudrais, ici, redonner une voix. Un courant dont je ne chercherai pas à établir les liens internes, mais qui travaille sur les usages positifs de la mémoire et s'efforce de les penser en d'autres termes que ceux de la manipulation ou de l'abus d'un passé censé « *ne pas passer* ». Un courant qui ne se contente pas de revendiquer une « *mémoire apaisée* » éventuellement assignée à produire ou à reproduire du consensus national et qui ne s'empresse pas non plus d'accoler la notion de « *droit à l'oubli* » à celle de « *devoir de mémoire* ». Sans se laisser intimider par les répugnances des nouveaux esprits forts, ce courant met en évidence les usages positifs possibles de la mémoire dans l'édification d'une morale, d'une politique et d'une conscience européenne après les catastrophes du XXᵉ siècle. Je me contenterai d'en donner quelques illustrations en évoquant la démarche d'auteurs qui ne se cantonnent pas, sitôt qu'il est question de mémoire, à la posture du soupçon.

Une certaine rhétorique suspicieuse donne l'impression, dès lors qu'il est question de mémoire, qu'il serait possible par un acte volontaire d'en arrêter le cours, dans la mesure où ce cours serait en grande partie lui-même un artefact. À l'extrême limite, ceux-là contestent toute valeur aux manifestations de la mémoire collective qu'ils jugent inauthentique (l'authenticité procédant exclusivement, selon eux, des souvenirs et des mémoires privées ou individuelles). À l'époque du débat suscité par les propos de l'écrivain allemand Martin Walser[1], l'égyptologue Jan Assmann et sa femme Aleida contestèrent cette conception ultra-individualisée de la mémoire[2]. Leurs travaux tentent d'établir au contraire que d'emblée la mémoire revêt un aspect communicatif, collectif et culturel[3] et que ses rythmes ne sauraient être brisés ni par les injonctions des uns ni par l'agacement des autres.

Ces rythmes, Jan Assmann va jusqu'à les chiffrer. Le délai observable qui transforme les souvenirs d'une génération en mémoire culturelle, institutionnalisée, éventuellement détachable des témoins et des survivants des faits mémorisés (mémoire vive qu'Assmann désigne par le terme de « *mémoire communicative* »), correspond au passage de trois à quatre générations, soit environ quatre-vingts à cent ans (période à l'issue de laquelle disparaissent les derniers survivants d'un événement et avec eux la possibilité d'une transmission purement orale). À mi-parcours, c'est-à-dire au bout de quarante ans, se produit une prise de conscience généra-tionnelle d'un événement vécu jeune ou enfant. Jan Assmann rap-proche malicieusement cette périodisation de l'errance des Hébreux dans le désert que la Bible fait également durer quarante ans. Mais les étapes de la prise de conscience de la Shoah en Alle-magne fournissent un autre exemple, plus contemporain. Com-ment expliquer autrement l'irruption sur la scène publique d'une mémoire allemande de l'« Holocauste » au milieu des années 1980 ? Une mémoire qui se traduit à la fois par la reconnaissance du crime (c'est le discours du président Richard von Weizsäcker au Bundestag[4]) et sous la forme de la controverse (c'est la contro-verse des historiens de 1986[5]).

Cette conception de la mémoire se construit en opposition directe à celle d'un Walser qui plaide au contraire pour une sépara-tion stricte entre les souvenirs de la personne qui a vécu les événe-ments et une mémoire collective imposée de l'extérieur. Pour Aleida Assmann, la position de l'écrivain est particulièrement radi-cale. Strictement désaccouplée de la mémoire collective, la mémoire individuelle est érigée par lui en antitype de la commémo-ration, toujours « *officielle* », toujours portée par des « *groupes de pression* ». Cette conception présuppose qu'il puisse exister une couche de la mémoire qui ne serait pas d'emblée communicative, selon la définition de Jan Assmann, c'est-à-dire mise en forme par la dimension sociale et collective de l'existence. À la suite de Mau-rice Halbwachs[6], celui-ci pense que sitôt qu'elle surgit, la mémoire est d'emblée sociale, même s'il n'en tire pas la conséquence que la mémoire privée ne serait qu'illusion ! Nul ne se souvient seul, dit-il, sauf les schizophrènes et nul, comme le prétend Walser, n'est en mesure de décider de quoi il entend se souvenir. Encore moins de le prescrire à toute une société, comme l'imaginent les tenants d'une vision conspirationniste de la mémoire ! Les rythmes de la mémoire collective ne se plient pas non plus à l'impatience que les individus ont d'en secouer le fardeau.

Éthique « compassionnelle »

Si la mémoire n'est pas cet objet manipulable et encombrant, malléable quels que soient ses rythmes, l'idée si répandue qu'une sorte de volontarisme mémoriel serait en mesure d'en user ou d'en abuser doit être, pour le moins, mise en question. Mais en même temps, qu'en est-il d'un usage de la mémoire qui ne serait pas abusif ? En quel sens fonder une éthique sur la mémoire ? Éthique et mémoire font encore moins bon ménage si l'on place au fondement de la moralité l'impératif catégorique kantien, soit une entité pure, entièrement *a priori*, sorte d'objet de la raison que je trouve en moi comme le loup trouve à sa naissance des crocs et des dents (selon une belle analogie que je tiens du philosophe Heinz Wismann). N'est-ce pas l'universalité et la nécessité de la forme que prend ma maxime qui, justement, lui confèrent son caractère moral ? Penser quelque chose comme une « *éthique de la mémoire* » (une éthique qui s'appuie sur la mémoire) ne revient-il pas à forcer notre philosophie silencieuse en manière de moralité ?

Ce coup de force a été tenté par un philosophe israélien, Avishai Margalit, professeur à l'université hébraïque de Jérusalem, qui tente de comprendre comment la mémoire des atrocités du XXᵉ siècle nous contraint à travailler en profondeur les concepts fondamentaux de la moralité, afin de penser quelque chose comme une éthique du nouveau siècle qui ne serait pas oublieuse des atrocités du dernier[7]. Avishai Margalit s'interroge, lui aussi, sur le sens que peut revêtir l'injonction de se souvenir que nous nommons « *devoir de mémoire* ». Prescription en apparence étrange, car la mémoire fait plutôt penser aux muscles involontaires, ceux qu'on ne peut mouvoir par une simple décision, comme le cœur. On peut conseiller le souvenir ou l'oubli. L'ordonner, sûrement pas. Il est plus facile de créer par manipulation génétique une nouvelle espèce de plante que d'imposer à une société le ou les souvenirs qu'elle doit partager. On peut voir dans la mémoire une pure et simple construction sociale, et non une donnée de nature. Mais cela n'entraîne aucune conséquence sur ses rythmes. La question de la manipulation qui inquiète tant en France, peut tout de même se poser. Mais elle demeure marginale.

La Shoah et sa mémoire, mais aussi la mémoire de la terreur stalinienne (la figure de la poétesse Anna Akhmatova est omniprésente dans les réflexions d'Avishai Margalit) nous imposent cependant une révision de notre théorie de la moralité. Au regard de cette expérience en effet, le bien n'est plus seulement le contraire du mal, l'ange le contraire du démon. L'opposé de la conduite *bonne* serait plutôt devenu l'indifférence. Dans l'univers du crime de masse et de la terreur, c'est la complicité qui devient le crime par excellence, en tant qu'il est une condition de possibilité *sine qua non* de son exécution. Cette réflexion reçoit du reste une ample confirmation dans le travail des historiens les plus récents du nazisme, comme celui de Ian Kershaw, dont la célèbre étude sur la Bavière au temps du troisième Reich s'achevait par ces mots : « *si elle fut le fruit de la haine, la route d'Auschwitz fut pavée d'indifférence* » ou par le terrifiant ouvrage sur les *Hommes ordinaires* de Christopher Browning. Si l'indifférence, c'est le mal, alors l'attitude dite « *compassionnelle* » donne à l'inverse son style au bien et joue désormais un rôle central dans la moralité[8].

Le problème est de savoir en quel sens l'attitude compassionnelle, l'empathie peut être ainsi érigée en pivot de la moralité. À ce point du raisonnement, une distinction stricte entre morale et éthique s'impose. La morale définit les devoirs qui m'engagent envers l'ensemble de l'humanité (sous cette définition on peut la penser dans les termes de la théorie kantienne de la morale). L'éthique est en revanche « *compassionnelle* » et s'adresse aux individus avec lesquels je partage un sentiment commun (proches, compatriotes, membres de ma communauté, etc.) à l'exclusion de tous les autres. Or, la non-indifférence semble n'avoir de réalité que dans la sphère de l'éthique où tout est conditionné par les mobiles et l'intérêt, que ce soit au sens noble du terme de prise d'intérêt au malheur d'autrui tel qu'il m'est proche ou au sens plus trivial qui consiste à se soucier d'abord des siens. Une présentation aussi rétrécie de la moralité a certes de quoi heurter ceux qui se veulent « *amis du genre humain* » ou rien. Il n'en reste pas moins que son contraire, la carence d'attention au malheur, est le facteur qui a, au travers de l'expérience du crime contre l'humanité, fourni un terreau aux dérives les plus extrêmes du XXe siècle. La « *non-indifférence éthique* » a une valeur limitée, certes, mais tout de même une valeur[9].

Dans le contexte de l'éthique ainsi définie, le *devoir* nous lie à des personnes douées de certaines qualités propres. Cette relation est forgée par une mémoire et une histoire qui a créé entre *nous* un espace commun. Dans l'éthique, je rencontre ceux avec qui je partage une histoire personnelle commune ou bien une histoire transmise ou mémorisée. On comprend ainsi en quoi la mémoire collective remplit une fonction privilégiée dans la formation d'une éthique empathique. Cette éthique fût-elle arc-boutée sur un événement du passé qui est devenu un mythe fondateur : l'exode pour les Juifs, le rachat des péchés par le Christ pour les chrétiens, ou encore, d'une manière exclusivement négative, lourde de solidarité mais aussi d'esprit nationaliste et revanchard, la défaite de 1918 pour les Allemands.

On peut traquer au plus concret ceux des événements collectifs, heureux ou malheureux, qui sont susceptibles de se métamorphoser en mémoire partagée par les témoins directs aussi bien que par ceux qui n'y ont pas directement assisté. La « *communauté éthique* » née de l'émotion provoquée par la chute des tours jumelles de Manhattan s'étend, par exemple, bien au-delà de ceux qui se trouvaient sur place le 11 septembre 2001, et la mémoire constitue une médiation décisive, dès lors qu'il s'agit de se rattacher à ce genre de faits d'une manière vivante. Cela s'exprime quand nous cherchons à nous souvenir de « *ce que nous faisions quand nous avons appris la nouvelle* ». La qualité particulière qui s'attache aux événements susceptibles de servir de référence à une communauté tient à ce que, à en croire Avishai Margalit, de tels événements sont particulièrement porteurs d'avenir. Quoi qu'il en soit, notons que la communauté de mémoire ainsi créée à partir d'un fait historique d'où peut procéder un sentiment éthique, excède d'ores et déjà le cadre rabougri de la communauté d'appartenance et ce, précisément, par le rattachement mémoriel qui, s'il ne saurait atteindre l'éther de l'universel, sert au moins à repousser les limites du sentiment vécu de solidarité envers autrui. Il est donc faux de prétendre que la mémoire nous condamnerait à la « cage de fer » communautaire, nationale ou partisane. Mais cette expansion demeure en deçà des réquisits d'une morale qui fait du prochain un synonyme du genre humain. Faut-il renoncer à la morale pour se cantonner au domaine « *chaud et épais* » de l'éthique ainsi conçue, parce que là seulement l'indifférence peut être battue en brèche ? Il n'en est rien[10].

Le témoin moral

On doit admettre, au moins à titre d'idée normative, qu'il puisse exister également une « *communauté morale* », c'est-à-dire une communauté dont la définition s'étende bel et bien à l'ensemble de l'humanité. Une communauté qui serait en mesure, comme les communautés éthiques, de se fonder sur une mémoire partagée (condition de la relation au proche et peut-être au prochain). Dans ce contexte intervient le rappel des tragédies du XXe siècle. Une telle « *mémoire partagée* » ne peut en effet qu'être constituée de celle du mal radical et du crime contre l'humanité. D'où l'importance qu'Avishai Margalit accorde à la figure la plus qualifiée selon lui pour assurer la transition entre l'éthique et la morale dans le monde humain : le « *témoin moral* ».

Le « *témoin moral* », qu'il se nomme Elie Wiesel ou Primo Levi ou tant d'autres, est avant tout celui qui dévoile la présence du mal extrême pour l'avoir lui-même éprouvé dans sa chair. D'où le déplaisir que suscite son témoignage qui s'explique par l'exigence morale qui accompagne son récit d'une expérience-limite. Un récit qui oblige l'auditeur ou le lecteur à se décentrer de sa posture éthique vers l'inquiétante étrangeté de la morale. Car le « *témoin moral* », c'est avant tout celui qui, au cœur des ténèbres, s'appuie sur l'espérance qu'il existera ou renaîtra une communauté morale capable d'écouter son récit. Une communauté que son *Umwelt* ne lui fournit plus. Le témoin moral a mobilisé ce qui lui restait de force et d'énergie dans un ghetto ou dans un camp, afin de témoigner. Ici, Margalit pointe avec subtilité une autre raison pour laquelle le « *témoin moral* » n'est pas volontiers reçu par la société : par définition celui-ci constitue une sorte d'« *aristocratie négative* », dans la mesure où son expérience particulière est inaccessible au tout-venant. La condition de possibilité de la moralité affronte ici la culture démocratique des sociétés contemporaines…

Telle qu'elle est en tout cas esquissée, la figure du « *témoin moral* » tendue vers l'avenir permet d'envisager la restauration d'une communauté morale au cœur d'une confrontation au mal radical. Tel est l'enjeu si souvent méconnu du témoignage fragile des survivants ou des victimes qui ont laissé des traces. Il s'agit bien de la possibilité de la construction d'une morale pour aujourd'hui, c'est-à-dire d'une morale qui accepte de prendre en compte l'expérience du mal radical au travers du récit des horreurs du XXe siècle.

L'insistance sur les us et abus de la mémoire a enfin une signification politique. Il n'est pas indifférent que les attaques les plus virulentes contre les « *militants de la mémoire* », à qui il est reproché de fabriquer du *dissensus* identitaire ou communautaire à l'heure où l'idée de nation serait en péril, proviennent d'un camp politique qui, depuis le début des années 1990 monopolise l'appellation de « *républicain* ». C'est là que l'on recrute aussi bien les adversaires les plus farouches de l'idée européenne que ceux de la pratique de la repentance. À cette crispation s'oppose la vision défendue par Jean-Marc Ferry, professeur de sciences politiques à l'Université libre de Bruxelles[11]. Jean-Marc Ferry partage avec les républicains (qu'il préfère qualifier de « *républicanistes* », puisque lui aussi se réclame de l'idée de République) la conception selon laquelle, en dernier ressort, c'est bien la volonté politique des citoyens qui est à la source de la légitimité et non l'ethnie ni le marché. En revanche, il défend la pertinence d'une idée postnationale. Évoquant le consensus qui s'est cristallisé, dans cette mouvance, tout au long des années 1990 autour d'une opposition « *politiquement correcte* » entre nation civique (prônée) et nation ethnique (rejetée), Jean-Marc Ferry fait observer dans la position républicaine « dure » une certaine contradiction. Seul l'État-nation est considéré par les « *républicanistes* » comme apte à abriter l'universel (et à permettre l'édification de la « *communauté morale* » dont il était question plus haut). Mais, dans le même temps, cet universel ne peut se réaliser que dans une histoire et une culture singulière (en l'occurrence celle de la nation française). Ici se nicherait un communautarisme masqué.

Or, ce qu'il s'agit de penser, malgré la froideur technico-administrative que la construction européenne revêt aujourd'hui et le peu d'enthousiasme des peuples, c'est moins la « *grande nation* » héritée de l'Ancien Régime ou de la Révolution française, que l'avenir de l'Union européenne. Critiquant dans la position républicaine dure le fait que celle-ci se reconnaisse un peu trop dans l'idée chère à Ernest Renan selon laquelle une dose d'amnésie serait essentielle à la constitution d'une identité nationale forte, Ferry estime que la mémoire constitue un levier propre à susciter la naissance de l'État européen post-national en sortant du système de clôture dans lequel se complaisent les mémoires nationales, voire régionales, qui perpétuent et renforcent leur enfermement.

Ce que Jean-Marc Ferry appelle au contraire de ses vœux, c'est ce qu'il nomme un État « *métanational* », c'est-à-dire une forme radicalement inouïe d'État où les structures intérieures des pays tout comme les sociétés civiles, tout en se maintenant, sont sans cesse inquiétées, sans cesse remises en cause… Dans la constitution d'un tel État, la mémoire remplit une fonction de premier plan. Une mémoire qui ne repose pas sur le silence pudique, ni sur le « *voile d'ignorance* », ni non plus une mémoire dont la fonction positive se réduirait à des « *petits bonheurs* », mais, au contraire, une mémoire douloureuse permettant le décentrement constant des identités qui risquent, sinon, d'être de plus en plus claquemurées dans la splendeur – déclinante – de leur intériorité.

Assumant une certaine indépendance par rapport à l'air du temps, Jean-Marc Ferry accorde ainsi une grande importance aux demandes de pardon et repentances des États, administrations, Églises, etc., qui se sont multipliées tout au long des années 1990. Dans la confrontation des cultures nationales pour l'édification d'un « *droit commun* » s'établit la communauté post-nationale dans sa vie éthique. Certes, il n'est pas question de parler encore de « *peuple* » européen[12]. Mais c'est en tout cas un pas dans cette direction. Le projet défendu par Jean-Marc Ferry vise également à la création d'une « *seconde histoire* » qui pourrait être définie comme le contraire du négationnisme, et qui serait centrée sur l'expérience du mal en politique. En se penchant ainsi sur les blessures de leurs propres mémoires, les cultures politiques nationales se déstabilisent elles-mêmes au regard des violences infligées à autrui[13] et renoncent au narcissisme comme à la gestion apologétique de leur mémoire (dont un des paradigmes reste la gestion du passé de l'Occupation dans la France du gaullisme).

Il y a évidemment une limite dans l'empathie que ce processus de réconciliation par la mémoire peut forger. Mais l'un de ses avantages immédiats consiste à transférer les blessures de l'histoire sur un champ symbolique, sans prétendre que ce qui a été infligé et fait puisse être défait, et sans penser à aucune réciprocité. Pour autant, cette limite assignée à l'épanchement empathique n'exclut pas l'ébranlement ni la déstabilisation – éventuellement permanente – que la démarche compassionnelle, l'affrontement critique avec les mémoires pantelantes peut provoquer dans le for intérieur de ceux qui entreprennent cette démarche. Ils ne les poursuivent qu'avec le seul objectif de parvenir à cette « *solidarité des ébranlés* » dont rêvait en son temps le philosophe de la dissidence Jan Patocka[14], et qui pourrait bien finir par former l'identité éthique d'un futur peuple européen.

NOTES

[1] À l'automne 1998, l'écrivain Martin Walser, en recevant le prix de la paix des libraires décerné à l'occasion de la Foire du livre de Francfort, s'éleva contre ce qu'il appelait « *la massue morale d'Auschwitz* » (*Moralkeule*), en se prononçant pour le droit de l'individu à décider de sa mémoire contre les commémorations obligées.

[2] Dans l'hebdomadaire *Die Zeit* du 3 décembre 1998.

[3] Je me réfère ici à deux ouvrages. Celui de Jan Assmann, *Das Kulturelle Gedächtnis. Schrift, Erinnerung und politische Identität in frühen Hochkulturen*, Munich, Beck, 1997, et celui de Aleida Assmann et Ute Frevert, *Geschits-vergessenheit, Geschicht-verssenssenheit. Von Umgang mit deutschen Vergangenheiten nach 1945*, Stuttgart, Deutsche Verlags-Anstalt. Sur la mémoire de Vichy : Henry Rousso, *Le Syndrome de Vichy*, Paris, Seuil (coll. « Point-Histoire »), 1990.

[4] Dans son discours du 8 mai 1985, le président de la Répuplique fédérale d'Allemagne, après avoir déclaré que cette date représentait « *la fin d'une période de perdition dans l'histoire allemande* », avait notamment ajouté : « *personne de sensible n'attend d'eux qu'ils portent une chemise de pénitent simplement parce qu'ils sont Allemands. Mais leurs aînés leur ont laissé un lourd héritage. Nous tous, coupables ou non, vieux ou jeunes, devons accepter ce passé.* » Voir *Le Monde* du 24 mai 1994.

[5] C'est le philosophe Ernst Nolte qui a lancé la célèbre *Historikerstreit*, la « *querelle des historiens allemands* », par un article intitulé « Un passé qui ne veut pas passer », paru dans le *Frankfurter Allgemeine Zeitung*. Il tentait de remettre en cause le caractère unique du génocide, thèse réfutée par le philosophe Jürgen Habermas. Pour Nolte, fascisme

et nazisme ne sont que des phénomènes seconds par rapport à la violence communiste, Auschwitz devenant la copie d'un modèle originel qui a pour nom le goulag. Dans une note très controversée de son *Passé d'une illusion*, François Furet avait rendu hommage à Nolte, tout en se distanciant de certaines de ses positions. Le résultat fut l'importation en France de la « querelle des historiens » et du révisionnisme noltien. Publié en 1988 aux éditions du Cerf, le recueil *Devant l'Histoire* reprend l'ensemble des documents de la controverse allemande.

[6] *La Mémoire collective*, édition critique établie par Gérard Namer avec la collaboration de Marie Jaisson. Ouvrage posthume publié pour la première fois en 1947, *La Mémoire collective*, Paris, Albin Michel, (coll. « Bibliothèque de l'évolution de l'humanité »).

[7] Avishai Margalit, *Ethik der Erinnerung*, Max Horkheimer Vorlesungen, Francfort, Fischer Taschenbuch Verlag, 2000. Ce petit opuscule paru en allemand rassemble les conférences « Max Horkheimer » prononcées en 1999. Avishai Margalit est par ailleurs l'auteur de *La Société décente*, traduit de l'anglais par François Billard et Lucien d'Azay, Castelnau-le-lez, Climats, 1999.

[8] Ian Kershaw, *L'Opinion allemande sous le nazisme. Bavière 1933-1945*, traduit de l'anglais par Pierre-Emmanuel Dauzat, Paris, CNRS Éditions (coll. « Histoire du XXe siècle ») ; Christopher Browning, *Des hommes ordinaires. Le 101e bataillon de réserve de la police allemande et la Solution finale en Pologne* (*Ordinary Men*), traduit de l'anglais (États-Unis) par Elie Barnavi, préface de Pierre Vidal-Naquet, Paris, Les Belles Lettres, 1994.

[9] Il s'agit là d'un constat mais qui n'implique nullement qu'il faille renoncer à l'idée directrice d'une *morale* humaine de type compassionnelle – autrement dit à un souci d'humanité qui puisse être partagé par les gens ordinaires « envers autrui » sans qu'autrui se réduise au « mien ». Toutefois cette objection n'entraîne pas qu'il faille mépriser les niveaux inférieurs de moralité, ni qu'on puisse considérer – et orienter – ces derniers de façon qu'ils représentent le premier pas vers la morale humaine. Je remercie Rainer Rochlitz pour ses remarques sur ce point.

[10] Je ne discute pas ici des correctifs qu'une nécessaire confrontation de la théorie développée par Avishai Margalit avec la philosophie d'Emmanuel Levinas pourrait apporter (voir note ci-dessus).

[11] Jean-Marc Ferry, *La Question de l'État européen*, Paris, Gallimard, 2000 (coll. « NRF Essais »). Son *Éthique reconstructive* est paru au Cerf.

[12] Voir également sur ce sujet le livre de Jürgen Habermas, *Après l'État-nation : une nouvelle constellation politique*, traduit de l'allemand par Rainer Rochlitz, Paris, Fayard, 2000.

[13] On comparera avec ce que dit Marcel Gauchet : « *Nous sommes dans des sociétés [...] qui ont intégré la critique d'elles-mêmes comme un moyen de leur autoconstitution* », in *La Démocratie contre elle-même*, Paris, Gallimard (coll. « Tel »), 2002, p. 347.

[14] Sur la « communauté des ébranlés » et les legs de la philosophie de la dissidence, voir l'ouvrage d'Alexandra Laignel-Lavastine et Jan Patocka, *L'Esprit de la dissidence*, Paris, Éd. Michalon, 1999.

Bernard-Henri Lévy

LA MÉMOIRE INFINIE

Je voudrais reprendre, si vous le voulez bien, les choses au commencement, c'est-à-dire depuis le texte de présentation que nous avons tous entre les mains, dans la petite brochure intitulée « *Devoir de mémoire, droit à l'oubli ?* » C'est un texte de Thomas Ferenczi qui cite Ricœur : « *Je reste troublé par l'inquiétant spectacle que donne le trop de mémoire ici, le trop d'oubli ailleurs.* » Paul Ricœur se dit troublé par « *les abus de la mémoire* » et souhaite une « *politique de la juste mémoire* ». Je schématise, bien sûr. Mais je veux partir de ce sentiment, de cette question, dont je sais qu'ils sont très répandus, qu'ils sont dans l'air du temps – le sentiment d'une mémoire obsessionnelle, envahissante, le sentiment d'une mémoire qui occuperait tout l'espace de l'intelligence et qui rendrait nécessaire une espèce de désengorgement par le droit à l'oubli.

Bizarrement – et c'est de cela, donc, que je veux partir – ce n'est pas du tout mon sentiment. Je n'ai pas le sentiment que l'heure soit à cela et que le moment présent soit marqué par cette obsession de la mémoire ou par ce caractère obsessif de la mémoire. Et j'ai même le sentiment inverse : j'ai l'impression que ce qui est, au contraire, à l'ordre du jour, ce qui compose notre air du temps, c'est l'obsession de l'oubli.

Plusieurs signes. D'abord, Ricœur lui-même, qui a multiplié les déclarations qui vont dans ce sens de l'oubli prêché et programmé : « *Une société ne peut être indéfiniment en colère avec elle-même.* » Ou bien, dans une interview au *Nouvel Observateur*, fin 2000 : « *Il ne faudrait pas qu'une nouvelle intimidation venue de l'immensité de l'événement et de son cortège de plaintes vienne paralyser la réflexion sur l'opération historiographique.* » Ensuite les déclarations de Martin Walser qui ont déclenché un tollé en Allemagne, en 1998, autour de ce droit qu'il revendiquait à zapper la Shoah, à penser à autre chose, à éteindre le poste de télévision lorsque les images, prétendument obsessionnelles, de la Shoah reviennent le troubler ; Martin Walser qui réclamait – et cela créa un grand débat national – la fin du « service » de la mémoire : oui, « service », le mot même de Heidegger dans sa définition des fameux « trois services ». Bref l'époque, au moins autant que l'obsession de la mémoire, nous dit l'obsession, la volonté de l'oubli. Je me rappelle être allé, au moment des déclarations de Walser, interroger, dans le cadre d'un reportage pour *Le Monde,* le chancelier allemand lui-même, Gerhard Schröder. Eh bien, il réclamait le droit, lui aussi, de tourner la page. Il réclamait le droit d'entrer dans le XXIᵉ siècle, déchargé de ce fardeau de la mémoire et de ce fardeau de la Shoah, ou plus exactement, et en écho plus ou moins volontaire aux positions de Walser et de Ricœur, il réclamait le droit à une « mémoire heureuse ». Ce fut enfin, quelques années plus tôt, un chef d'État polonais, qui fut aussi un très grand dissident et qui fut un chef d'État souvent moins inspiré, Lech Walesa, déclarant, dans le même esprit, que le temps de la division, de la confrontation des mémoires, était arrivé à son terme, qu'il fallait tirer un trait sur tout cela.

Tous ces exemples pour vous dire que ce qui me frappe, c'est moins la complaisance de l'époque à gratter ses plaies que son effort pour se rendre transparente à elle-même, neutraliser sa propre mémoire, tenir à distance sa part sombre, sa part noire, sa part maudite. Une époque, si vous voulez, où le droit à l'oubli serait en train de l'emporter ou, en tout cas, de livrer une bataille qui est loin d'être perdue contre le devoir de mémoire.

Face à cela, je voudrais m'inspirer de Walter Benjamin et de ses thèses sur le concept d'histoire. Je voudrais, très, très rapidement, de manière très schématique, vous proposer des thèses sur le concept de mémoire.

Première thèse : contrairement à beaucoup, je crois que le travail de la mémoire – et je parle, bien entendu, de cet événement majeur de l'histoire du XXᵉ siècle qu'a été la Shoah – ne fait que commencer. Je vous rappelle que, jusqu'au début des années 1980, dans les manuels d'histoire français, l'histoire de la Shoah n'occupait que quelques lignes. Je vous rappelle que, jusqu'au milieu des années 1980, dans les pages de ces livres consacrés à l'histoire de Vichy, le statut des juifs n'occupait quasiment aucune place. Je vous rappelle que le grand historien Fernand Braudel cosignait, en 1967, un livre qui s'appelait *Le Monde actuel*, où il y avait quelques lignes à peine sur toute cette histoire-là. Nous venons de cela. Je faisais allusion tout à l'heure à ce reportage que j'avais fait pour *Le Monde* sur le débat allemand autour des déclarations de Walser. J'étais arrivé à Berlin au moment de ce traumatisme idéologique et au moment, aussi, de cet autre traumatisme qu'a été « l'exposition Reemstma ». Qui est Reemstma ? Le patron d'une fondation privée allemande, une sorte de CNRS privé, ayant découvert dans les archives ex-soviétiques des wagons entiers d'images, de photos, de documents, qui démontraient ceci : la participation active de la *Wehrmacht* à des crimes que l'on croyait, jusque-là, réservés aux seuls SS ; la participation active de la *Wehrmacht* à la « solution finale ». Cette exposition a voyagé dans toute l'Allemagne. On y voyait les soldats, les simples soldats allemands, je dis bien allemands, juste allemands, pas nazis, on y voyait donc ces soldats allemands auxquels le président Mitterrand a rendu l'hommage que vous savez en disant qu'ils s'étaient battus pour leur pays, on voyait ces jeunes soldats trôner, comme devant des trophées de chasse, devant le corps supplicié d'un juif pendu ou d'un rabbin torturé ou d'un tas de cadavres de juifs. Il y avait là une sorte de gisement de mémoire gigantesque et insoupçonné qui surgissait des limbes et s'imposait à nous. Preuve qu'on est loin d'être au fait, sur ce point, de ce que recèle la mémoire européenne. Preuve que les limbes européennes nous réservent, forcément, d'autres surprises de cette nature. Preuve, ou signe, que le temps de la mémoire est loin d'être achevé, qu'il est loin de tirer à sa fin, qu'il ne fait peut-être même que commencer : c'est court, cinquante ans ! ce n'est rien comparé, par exemple, au temps des injonctions bibliques ! et puis, songez à l'énormité de l'événement face aux habitudes et aux capacités de la mémoire des hommes – il faut une époque bien frivole, bien zappeuse justement, pour prétendre que cinquante ans, c'est assez, ça suffit, et que le temps serait venu de déclarer le grand « bogue » de la mémoire de la Shoah. Je crois que nous sommes au début du processus.

Un travail qui n'aura pas de fin

Deuxième remarque, deuxième « thèse » : je pense que ce travail de la mémoire est un travail qui n'aura, à la lettre, pas de fin. Et à ceux qui s'en disent déjà lassés, qui trouvent qu'on en a déjà trop entendu, je voudrais rappeler la structure très particulière de ce crime que fut la « solution finale » – structure très particulière en ceci que, comme vous le savez, comme l'ont raconté les historiens, comme l'a dit Primo Levi, comme l'a rappelé récemment, dans un livre important, Gérard Wajcman, c'est un crime sans traces, c'est un crime sans témoins et c'est un crime sans tombes. Crime sans tombes, vous le savez : le dispositif du crématoire et de la chambre à gaz faisait que ces meurtres-là étaient des meurtres sans cadavres, des meurtres dont les corps mêmes étaient volatilisés, comme s'ils n'avaient pas existé. Crime sans traces : vous connaissez tous la propriété de ce terrifiant secret qui a pour propriété de ne pas s'être écrit, de ne pas s'être dit, vous connaissez la célèbre apostrophe du SS à Primo Levi : « *Quoi qu'il se passe, quelle que soit l'issue de la guerre, nous avons déjà gagné, car, en vous effaçant, nous effacerons les traces et les preuves de notre crime. Personne ne vous croira.* » Et puis, crime sans ruines enfin, c'est ce qu'a montré Claude Lanzmann dans de nombreux plans de son admirable *Shoah*. Vous avez deux solutions, vous le savez ; soit les troupes nazies ou les SS, dans leur retraite, ont détruit les crématoires ou dynamité les lieux de supplice ; soit, après la guerre, la nature a repris le dessus, les camps ont été rasés, replantés, reboisés ; dans tous les cas, le lieu du crime est un lieu neutralisé, comme apaisé, un lieu où tout se passe comme si le temps ou l'esprit du temps voulaient nous donner à penser que le crime n'a pas eu lieu.

Gérard Wajcman dit dans son livre que ce crime-là, ce crime sans traces, ce crime sans ruines, ce crime sans tombes, est un crime parfait, non pas au sens où il serait impuni, mais au sens où il serait comme ne s'étant pas produit – ce serait le crime absolu, le crime qui produit du cadavre et qui produit en même temps du néant, un crime blanc, un crime sans traces et sans restes.

Il y a autre chose encore à quoi on peut penser – et à quoi, moi, je ne peux pas ne pas penser – lorsqu'on réfléchit à ce crime sans vestiges, ce crime sans archives. Cette structure de crime, je l'ai, par parenthèse, retrouvée récemment ailleurs, dans de tout autres circonstances, quand je suis allé, pour *Le Monde*, enquêter sur les guerres oubliées : de nouveau la douleur des hommes ; de nouveau la cruauté de leurs bourreaux ; et, de nouveau, le fait que tout cela ne s'inscrivait dans aucune histoire, ne trouvait place dans aucune archive, s'oubliait à l'instant même où cela se perpétrait. Bref, lorsque je pense à cette structure-là de crime, je ne peux pas ne pas penser à un très grand écrivain qui, pour des foules de raisons, m'est familier : Charles Baudelaire. Pourquoi ? Parce qu'il avait un rapport très particulier à ses morts et à un mort en particulier, son père, le fameux François Baudelaire, prêtre défroqué et jeté à la fosse commune, sans tombe. Baudelaire disait, vous le savez, qu'il était comme un cadavre dans son propre corps. Il disait qu'il était, lui Charles Baudelaire, comme le tombeau de ce père sans tombeau. Et il dit bien, dans des lettres, dans *Mon cœur mis à nu*, comment, quand il n'y a pas de tombe, quand il n'y a pas de trace, quand il n'y a pas de reste, à peine une trace, à peine un souvenir, juste un portrait que l'on transporte, d'un hôtel l'autre, jusqu'à l'hôtel du Grand Miroir, à Bruxelles, Baudelaire dit bien que, dans ces cas-là, le deuil est difficile, qu'il est même impossible : quand un deuil est impossible, la mémoire est inlassable ; quand un deuil est impossible, c'est comme une analyse interminable ; quand un deuil est indéfini, la mémoire est donc intarissable. À ceux qui se demandent : « *Quand donc le temps du deuil viendra-t-il ? Quand donc la plaie sera-t-elle suturée ? Quand donc ce travail-là s'achèvera ?* », je crois qu'il faut répondre – et ce n'est pas une injonction, ce n'est pas une exhortation, c'est un constat – qu'il en va de ce crime, de cette plaie, comme de celle dont parle Baudelaire : une plaie sans deuil possible, une plaie dont Levinas dira, dans un très beau texte des années 1960, que c'est « *un crime qui saignera jusqu'à la fin des temps* ». Je crois qu'à cause de cette structure très particulière du crime, le travail de la mémoire est un travail infini et qu'il ne faut pas espérer, il ne faut pas escompter, un tarissement de ce travail de la mémoire.

Un crime à nul autre pareil

Troisième remarque, troisième thèse : cette mémoire infinie, ce travail interminable, je crois profondément que, contrairement à ce que l'on entend parfois, contrairement à ce que certains voudraient croire, il n'est pas l'affaire des seules victimes, des seuls survivants des victimes, encore moins des seuls juifs – je crois qu'il est le propre, l'affaire, des nations tout entières. Car enfin, si l'idée de crime contre l'humanité a un sens, cela veut dire que l'on croit deux choses. Premièrement : que ce crime-là est un crime à nul autre pareil. Deuxièmement : que ce crime lèse l'humanité même. J'insiste sur cette affaire de « crime à nul autre pareil ». C'est ce que dit Malraux au lendemain de la guerre, lorsqu'il dit que c'est le premier crime de l'histoire de l'humanité où l'homme a fait concurrence à l'enfer. C'est ce que dit Churchill dans un discours historique de 1945 où il déclare : « *Il est hors de doute que ce crime fut sans précédent.* » C'est ce que disent la plupart des historiens sérieux de la Shoah, lorsqu'ils observent ce mélange absolument unique de rationalité, d'irrationalité et de folie, cette volonté d'en finir avec l'existence physique et métaphysique d'un peuple, cette traque inlassable à travers l'ensemble de l'Europe, sans cache possible et sans reste, lorsqu'ils butent sur cette espèce de noyau d'unicité, de singularité, qui distingue la Shoah de tous les crimes commis avant cela. Donc, si l'on croit à cela, si l'on croit à cette unicité de la Shoah, si l'on croit qu'elle vise, non seulement les hommes qu'elle a atteints dans leur chair et ceux qu'elle a atteints dans leur mémoire personnelle, mais l'homme en tant que tel, si l'on considère, si l'on admet par exemple – pour être très concret, très précis – qu'il y a, dans la « solution finale », une volonté folle, une volonté à la fois démiurgique et démoniaque de remodeler, de réintervenir dans le fond même de ce qui est supposé faire l'origine de l'homme occidental, si l'on consent à ce qu'elle soit cette révision méta-historique immense qui consiste à dire à l'humanité occidentale : « *Vous n'êtes pas juive, vous n'êtes pas chrétienne, je vous reforge, je vous refabrique une généalogie raciale imaginaire* », si on admet que c'est cela le nazisme, cette volonté, cette guerre dans l'origine, à l'intérieur même de l'origine, qui prit la forme première, évidemment, du massacre des millions de juifs, si l'on considère tout cela (d'abord un crime unique et, ensuite, un crime qui a affaire, non pas à ces hommes-ci et à ces hommes-là, mais à l'homme occidental même dans ce qui le structurait, le constituait et le définissait depuis quelques centaines ou quelques milliers d'années), alors il faut dire avec force, il faut rappeler à tous ceux qui voudraient s'en décharger, que ce fardeau-là, le fardeau de ce souvenir, le fardeau de penser cet événement, est un fardeau qui pèse sur les épaules de tous. Et cela, c'est important pour ceux sur les épaules de qui le fardeau doit peser, et puis pour ceux, aussi, qui voudraient peut-être le garder pour eux.

Il y a eu toute une série de débats, dans les dix dernières années, que cette remarque, prise au sérieux, devrait aider à rééclairer. Par exemple, lorsque certains cinéastes se sont emparés de la Shoah : Louis Malle avec *Au revoir, les enfants*, Benigni avec *La vie est belle*. Je suis de ceux qui, tout en ayant un jugement parfois nuancé sur les qualités formelles de tel ou tel film, se sont réjouis, et l'ont dit, de ce que ces films existent. Pourquoi ? Parce que la Shoah est l'affaire de chacun. Parce que s'en souvenir incombe à tous les hommes.

De même, lorsque le pape a pris position. Il y a des gens, et notamment des juifs, que cela a choqués et qui se sont insurgés devant ce qu'ils considéraient comme une tentative de christianiser la Shoah. Eh bien non. Je pense, moi, que, lorsque Jean-Paul II est intervenu, lorsqu'il a parlé, en termes chrétiens, de « *Golgotha du monde contemporain* », il parlait dans sa langue à lui, dans sa langue de chrétien, mais je pense qu'il s'affrontait, à sa manière, à cette mémoire infinie et à ce deuil nécessaire.

De même encore, il y a une quinzaine d'annnées, de la polémique à propos de l'affaire des carmélites d'Auschwitz. Vous vous rappelez ? Les carmélites avaient installé un sanctuaire, un carmel au lieu même où furent entreposées les réserves de Zyklon B. Nombreux furent ceux, notamment au sein de la communauté juive, qui estimèrent que ce geste était un geste profanateur, un geste qui allait dans ce sens de la christianisation de la Shoah. Je n'en étais pas si sûr. Une part de moi pensait, là encore, qu'il y avait peut-être là une façon catholique – évidemment pas juive, catholique – de tenter de vivre l'invivable, de tenter de penser l'impensable, de tenter de s'affronter à l'infini d'une mémoire dont le fardeau se trouvait, de ce fait, partagé. Là-dessus, il faudrait évidemment débattre. C'est compliqué. Cela ne peut pas se dire en quelques mots, comme ça. Mais je crois beaucoup à cette nécessité de dire et répéter que ce devoir de mémoire est un devoir qui incombe évidemment aux survivants, qui incombe évidemment à ceux qui sont le tombeau de leur père, qui incombe, bien sûr, à ceux qui tentent de ressusciter ou de perpétuer une parole définitivement absente, mais que ce devoir, il incombe aussi à tous les autres, chacun à sa façon, chacun dans sa langue propre.

La religion de la Shoah

Quatrième remarque à propos de ce qu'il est convenu d'appeler – et on en parle beaucoup ces jours-ci – la « religion de la Shoah ». On nous dit beaucoup, ces temps derniers, qu'il y aurait, chez les militants du devoir de mémoire, une religion de la Shoah, une attitude religieuse à l'endroit de la Shoah, et que cela encore serait condamnable. Je crois que, là aussi, il faut distinguer et que la question est complexe, à tout le moins.

Il y a évidemment, dans une certaine manière d'appréhender la Shoah, un ton religieux, un ton mystagogique et mystique, qui n'est pas supportable. Il y a une description de la Shoah, une pensée de la Shoah comme événement indicible, comme mystère même, comme énigme absolue devant laquelle la toute-parole et la toute-intelligence devraient être comme tétanisées, un refus de comprendre et de penser qui me semblent aller à l'encontre des exigences du devoir de mémoire.

Mais, cela dit, attention ! Quand on va au-delà de ces questions de ton, la formule « religion de la Shoah » renvoie à un dispositif qui peut avoir deux types de mécanique, deux types de sens. « Religion de la Shoah », cela veut d'abord dire ce dispositif de tétanisation de l'intelligence dont je parlais à l'instant : ainsi un certain nombre de textes de Blanchot, un texte notamment sur le *Autrement qu'être* de Levinas, où est dite la nécessité de faire silence autour de l'événement, une espèce d'impératif de laconisme. C'est là le premier aspect de la « religion de la Shoah » : l'idée qu'il faut se garder de toute tentation du sens ou de la parole. Et puis, il y a l'autre tentation, symétrique mais qui, je crois, revient au même et qui est tout aussi religieuse dans son essence et qui est la tentation de l'excès de sens, la tentation de donner un sens à ce qui ne doit pas en avoir ou être réduit à ce sens, ce que j'appellerai, pour aller vite, la tentation de la consolation. Freud disait dans une lettre à Einstein : « *La consolation, c'est ce qu'ils veulent tous, les révolutionnaires les plus sauvages, aussi passionnément que les piétistes acharnés.* » La consolation, c'est-à-dire l'idée que cette tragédie-là ne viendrait pas comme une espèce de météorite d'insensé mais qu'elle aurait sa place dans une théodicée, théodicée noire mais théodicée quand même. Il y a, dans la lecture chrétienne de la Shoah, mais aussi dans un certain nombre de lectures juives de la Shoah, une sorte de triptyque (faute, punition, rédemption) – il y a des textes de George Steiner, par exemple, qui vont dans ce sens, qui parlent d'«eschatologie noire» – qui me semble, pour des raisons symétriques au refus de connaissance, tout aussi condamnable, allant tout autant à rebours des impératifs de mémoire et faisant insulte, pour le coup, aux victimes. C'est Levinas qui disait, dans un texte de *Difficile liberté*, que les victimes de la Shoah furent – je cite de mémoire – «*les moins corrompus des hommes*» et que l'idée même d'inscrire, d'imaginer une faute à l'origine d'un si grand calvaire est une idée répugnante, une idée infâme. Je crois donc qu'il faut refuser la tentation de la religion dans ces deux visages : soit se prosterner devant l'absence de sens, soit donner un absolu de sens à travers une théodicée imaginaire, il faut refuser ces deux pièges.

En revanche, qu'il y ait nécessité de faire le deuil ensemble, qu'il y ait nécessité de commémorer de conserve, qu'il y ait nécessité de construire des monuments et, au fond, d'imaginer des rites – parce que c'est ce que cela veut dire : une religion, ce sont des monuments et des rites –, je crois que, à l'encontre, par exemple, d'un Martin Walser défendant, lui, une ligne protestante sur cette affaire de mémoire, c'est plutôt très bien… Le fond du fond de la position de Walser était de dire : la seule façon de commémorer, c'est seul avec soi-même, dans l'intimité autiste de la conscience face à elle-même et le refus têtu de toute espèce de lien commémoratif. Alors, moi, je crois, en effet, que la mémoire d'un événement comme celui-là, qui a la portée que j'ai dite, qui touche à l'humanité au point où je l'ai rappelé, je crois que cet événement-là, il se commémore en commun et qu'il suppose donc, en ce sens, au sens propre, quelque chose comme une religion.

On peut discuter, bien entendu, de la qualité de ces monuments et de la qualité de ces rites. Il y a en Allemagne ou ailleurs, de Sarrebruck à Birkenau et de Birkenau à Berlin, des discussions interminables et fécondes sur la façon de monumentaliser. «Est-ce qu'il faut un monument visible ou invisible ? Est-ce qu'il faut un monument qu'on oublie ou un monument qui s'impose ? Est-ce qu'il faut un monument souterrain ou un monument à ciel ouvert ? Est-ce qu'il faut un monument qui tombe en ruines ou un monument qui sorte des ruines ? » Il y a une bibliothèque de discussions sur la question du monument, le monument n'est autre que la discussion elle-même – rien d'autre que cette discussion –, le plus beau des monuments, le plus intelligent, à la Shoah. Qu'il y ait une discussion sur le monument, bien sûr. Qu'il y ait une discussion sur ce que c'est qu'un rite, évidemment aussi. Il y a des rites qui tuent et il y a des rites qui vivifient, il y a des rites qui bloquent la mémoire et il y a des rites qui la font, au contraire, travailler. Mais qu'il y ait nécessité du rite, qu'il y ait nécessité du monument, qu'il y ait nécessité, en ce sens-là, de la religion, je le crois. Et je répondrai, sans polémiquer, aux thèses de Paul Ricœur que la question, ce n'est pas mémoire ou oubli, ce n'est pas cela l'alternative, la question, c'est : quelle mémoire ? fondée sur quel rite ? arc-boutée à quel type de monument ?

L'instrumentalisation de la mémoire

Dernière thèse, dernière remarque. À propos de ce qu'il est convenu d'appeler l'instrumentalisation de la mémoire. Je crois, moi, *qu'il faut* instrumentaliser la mémoire. Parce qu'on entend dire « *Ras-le-bol de ceux qui instrumentalisent la mémoire, la Shoah, etc.* » Je sais bien ce qu'on entend par là. Et, bien sûr, il y a du vrai. Il est vrai que, en Israël, par exemple, il y a quelque chose d'intolérable dans la façon qu'a la classe politique de mobiliser la Shoah dans des débats qui n'ont rien à voir avec elle et, ainsi, de la banaliser, de la prosaïser, et donc, qu'on le veuille ou non, de la profaner. Il s'est même trouvé, il y a dix ou quinze ans, un professeur d'université de Tel-Aviv, qui s'appelle Yehua Elkana, qui a publié, en première page du *Ha'aretz*, un article titré : « *Oubliez la Shoah !* » Ce professeur israélien n'était pas un négationniste, je vous assure ! Mais voilà. Il sentait la banalisation et la profanation à l'œuvre. Il disait au Likoud et aux travaillistes : « *Arrêtez avec la Shoah, arrêtez d'en faire un argument électoral, et parfois de bas étage ; c'est indigne des morts, et indigne des survivants.* » Cette forme d'instrumentalisation-là est abjecte. Et il faut la dénoncer de toutes ses forces.

Mais prenons le problème autrement. Que la Shoah soit, comme telle, un des fondements, par exemple, de l'identité juive ou de l'être juif de tel ou tel, qu'elle figure dans les éléments constitutifs de cet être et qu'elle ait même sa part dans la légitimité – sa part, je dis bien – d'Israël, que, par ailleurs, l'Europe d'aujourd'hui doive et puisse se constituer sur le souvenir de la Shoah, cela, en revanche, je le crois, et je le crois depuis très longtemps. Quand David Rousset, par exemple, dit : « *C'est parce qu'il y a eu la Shoah et parce que je m'en souviens que je refuse d'accepter les camps soviétiques* », quand certains hauts fonctionnaires français en Algérie ou liés à l'Algérie démissionnent de leurs responsabilités, dans les années 1950, parce qu'ils se souviennent du statut des juifs, de la torture, de la Gestapo et qu'ils ne veulent pas en voir revenir – fût-ce sous une forme affadie, et même s'ils prennent la peine de préciser que les situations n'ont rien à voir – les tournures et l'esprit, c'est bien de la même chose qu'il s'agit. Lorsque Marek Edelman, le survivant du ghetto de Varsovie, se rend à Sarajevo, il le dit et l'écrit très clairement : c'est parce qu'il a la Shoah au cœur qu'il ne peut pas tolérer l'idée, l'hypothèse même, la supposition d'un nouveau génocide au cœur de l'Europe.

Je veux dire par là qu'il y a deux façons de vivre la mémoire, il y a deux façons d'établir commerce avec elle, commerce de soi avec soi à travers l'espace de la mémoire. Il y a une mémoire mélancolique, une mémoire lancinante, une mémoire qui fige le passé sur lui-même et qui, d'une certaine manière, se laisse en effet envahir par lui : cette mémoire répond assez bien à la définition nietzschéenne du ressentiment – une mémoire ressentimentale, une mémoire ruminante, une mémoire stérile. Et puis, il y a une autre forme de mémoire, celle dont parle encore Levinas dans une de ses lectures talmudiques et dans beaucoup d'autres textes, lorsqu'il dit que le passé, c'est une question brûlante inlassablement adressée au présent – celle, aussi, dont parle Michel Foucault quand, dans un tout autre contexte, il dit qu'il ne croit pas à une mémoire pure qui serait déconnectée d'intérêts ou de passions contemporains et qu'il y a une bataille de la mémoire, que la mémoire se mobilise au service d'une certaine définition de l'humain (ou de l'inhumain) ou d'une certaine conception de la civilisation (ou de l'horreur, de la barbarie). Il y a là un deuxième type de mémoire, que je qualifie donc d'« infinie » et qui est aussi une mémoire vive et qui fait que la mémoire sert aux combats du présent.

Et j'en voudrais un dernier exemple, qui est pour moi le plus éloquent et, d'une certaine façon, le plus magnifique. Lorsque je suis donc allé passer ces quelques jours en Allemagne, que j'ai rencontré les fidèles de Martin Walser, puis les gens de l'exposition Reemstma, je suis allé, pour finir, rendre visite à l'ancien leader gauchiste, devenu ministre des Affaires étrangères allemand,

Joshka Fischer. Et Joshka Fischer, élève d'Habermas, héritier de la tradition du patriotisme constitutionnel, qui est une des grandes originalités philosophiques de l'Allemagne de l'après-guerre, m'a donné sa version du patriotisme constitutionnel et m'a donc dit : « *L'Europe, telle que je la vois, l'Europe qu'on est en train de bâtir, l'Europe d'après l'euro, c'est une Europe dont le fondement – pas l'horizon, le fondement, le "Grund", le fond, le socle – sera le "plus jamais ça" du seul crime qui ait le même sens aujourd'hui dans nos deux pays, dont le sens ne soit pas réversible selon qu'on est sur une rive du Rhin ou sur l'autre, qui ne soit pas une victoire pour les uns et une défaite pour les autres, le seul crime, oui, qui, au-delà même de la France et l'Allemagne, ait un sens univoque pour tous les peuples de l'Europe d'aujourd'hui.* » Et Joshka Fischer m'a expliqué que ce « plus jamais ça » d'Auschwitz, le « plus jamais ça » de la rampe de tri d'Auschwitz, était pour lui le fondement, le socle qui rendait possible une Europe respirable demain.

Voilà. Tout est là. D'un côté, l'appel de Joshka Fischer, son patriotisme constitutionnel, ce patriotisme de la mémoire valant comme constitution de l'Europe face au rêve néfaste de ceux qui voudraient tourner la page et zapper la mémoire. De l'autre, le retour des populismes, des néofascismes, des délires funestes d'une extrême gauche qui commence à trouver lourd le poids du souvenir et qui, de fait, ajoute sa voix à ceux qui entendent tourner la page de la mémoire. Il faut choisir.

Françoise Lucbert

LA RESPONSABILITÉ DE L'ARTISTE

Quand je parle de responsabilité de l'artiste, je pense aux artistes engagés dans leur temps, dans leur époque. Je pense aux artistes qui investissent leur art d'une dimension politique, sociale, prenant ainsi une responsabilité face à leurs contemporains. Responsables, parce qu'ayant ou se donnant la tâche d'ouvrir les yeux à autrui. Responsables, parce qu'honorant ce rôle de prophète qu'on leur assigne depuis la nuit des temps. Les artistes sont ceux qui ont le pouvoir de voir ce que les autres ne voient pas, d'entendre ce que les autres n'entendent pas. Cette acception prophétique existait en outre chez les Indiens d'Amérique pour qui l'art avait quelque chose de sacré, de chamanique. Il était réservé au chef spirituel qui dessinait sur les pierres ou qui traçait des signes sur le sol afin de délivrer un savoir ou de transmettre une expérience aux hommes. Par l'art, le chaman se révélait le témoin privilégié de la communion qu'il établissait entre le terrestre et le supra-terrestre. L'artiste avait en fin de compte une fonction de guide : celui qui montre, celui qui ouvre la voie, celui dont la parole doit être écoutée, même s'il ne dit pas forcément la vérité. D'ailleurs ce qu'est la vérité, ce n'est pas à l'artiste de nous le dire.

L'artiste n'est ni philosophe, ni prêtre, ni juge, ni historien. Il parle d'un autre lieu et il dit autre chose. Il voit, il sent, il perçoit, il comprend et il est à même d'exprimer cette réalité. Et c'est précisément sa faculté d'expression qui le rend différent. Il sait faire quelque chose que les autres ne savent pas faire et cela, du coup, lui confère une responsabilité face à eux. C'est du moins ainsi que l'artiste a été perçu au cours des âges dans de nombreuses cultures. En Occident, on disait l'artiste de la Renaissance doté d'*ingenio*, le génie, que les Anciens définissaient comme une parcelle divine échue à l'homme selon les caprices les plus mystérieux du hasard. Cet homme aux pouvoirs en quelque sorte surnaturels occupait une position toute particulière, souvent insoutenable, qui l'apparentait au fou, au sorcier, au devin.

J'apporte d'emblée une précision importante. J'utilise le concept de responsabilité de l'artiste dans un sens différent de celui que Jean Clair lui a donné dans l'ouvrage publié récemment sur ce thème[1]. Ce livre me semble moins porter sur la responsabilité (selon son titre) que sur ce qui relèverait d'une culpabilité, par exemple lorsque l'artiste a été complice d'un régime de terreur. La chose est malheureusement avérée et je ne conteste pas la nécessité de dire que plusieurs artistes du XXe siècle, notamment les futuristes italiens, ont prêté leur voix à celle des fascismes. Pourtant, je préfère limiter mon propos à une perspective plus positive, quitte à devoir assumer ici une vision de l'art que d'aucuns jugeront bien idéaliste. L'art étant expression humaine par excellence, il comporte nécessairement la quintessence de l'humanité : ses vertus autant que ses vices, ses grandeurs comme ses bassesses. De tout temps, l'homme a créé et détruit, fait naître et tué, libéré et opprimé. Ses armes furent multiples et l'on sait que l'art ne fut pas la moindre. Aussi, on sera tenté de tenir l'artiste coupable de crime contre l'humanité dès lors qu'il aura servi l'injustice. Et cette culpabilité apparaîtra d'autant plus grave à celles et ceux qui, se faisant une idée très haute de l'art, s'attendent à ce que l'acuité ou la sensibilité de l'artiste le prémunissent contre l'aveuglement. Or, quoi qu'en ait pensé Nietzsche, les artistes ne sont pas des surhommes et leur faculté créatrice ne les a jamais mis à l'abri de la vanité, de la méchanceté, voire de la cruauté. En même temps, si l'art a pu cautionner la barbarie, il a aussi été une des plus belles formes de résistance à cette même barbarie.

De Goya à Picasso

Avant d'évoquer quelques plasticiens de notre temps qui me semblent assumer la responsabilité dont je parle, je place trois œuvres du passé en exergue à mon propos afin de faire émerger une continuité entre hier et aujourd'hui.

Dans *Le 3 mai 1808*[2], Francisco de Goya y Lucientes (1746-1828) représente la sanglante répression menée par les forces napoléoniennes pour dominer la révolte de la population civile de Madrid s'étant levée contre l'occupant. Goya use d'une mise en page en raccourci pour mieux mettre en évidence ce qu'il trouve foncièrement injuste. Scandalisé par l'iniquité des pelotons bonapartistes qui exécutent les insurgés madrilènes sans autre forme de procès, le peintre rapproche dramatiquement les deux groupes pour souligner le caractère implacable de la troupe qui fonce, impitoyable, sur des innocents. L'opposition se voit renforcée par une utilisation expressive du clair-obscur romantique : le blanc et le halo lumineux pour le malheureux qui lève les bras au ciel, tel un martyr moderne, le sombre pour la masse compacte des bourreaux sans visage.

Posons ensuite un bref regard sur *Guernica*[3] où Pablo Picasso (1881-1973) dénonce l'ignominie du bombardement d'une petite ville du pays basque dont le nom est devenu, avant celui de Hiroshima, le symbole de la sauvagerie des hommes modernes. Entreprise juste après le drame survenu le 27 avril 1937, la toile est un tableau d'histoire au sens fort du terme ; elle relate un événement réel de la guerre civile espagnole tout en offrant une vision personnelle, profondément subjective et stylisée, des atrocités auxquelles peut conduire la haine. Tout autant que *Le 3 mai 1808* de Goya, *Guernica* laisse entrevoir un créateur affecté par les faits qu'il transpose, cherchant par des moyens plastiques à nous impliquer émotionnellement, nous spectateurs, que ce soit en 1937 ou soixante-quatre ans plus tard, au moment où nous regardons l'œuvre.

Enfin, *Interrogatoire I* de Friedl Dicker-Brandeis (1898-1944), la moins connue des trois peintres cités mais, de loin, la plus héroïque[4]. L'artiste viennoise emploie un langage expressionniste qui semble annoncer celui que Francis Bacon utilisera dans ses peintures. Dicker-Brandeis retrace, de manière allégorique, l'interrogatoire qu'elle a subi avant son incarcération à Vienne pour ses activités communistes. Nous sommes en 1934. Libérée, elle se réfugie à Prague puis à Hronov, où elle sera bientôt victime de la violence antisémite du régime nazi. Fin 1942, elle est internée dans le camp de Terezín avant d'être assassinée à Auschwitz le 6 octobre 1944. Cette femme incarne on ne peut mieux la résistance de l'art contre la barbarie, puisqu'elle a consacré les deux dernières années de sa vie à enseigner les arts plastiques aux enfants d'un camp que la propagande nazie avait conçu comme une vitrine pour dissimuler à la face du monde le sort réservé aux Juifs d'Europe.

De la génération romantique aux déportés de Terezín, nombreux furent les artistes militant en faveur ou en défaveur d'une réalité historique donnée. On peut à juste titre les appeler « artistes engagés », car ils se sont engagés dans un combat et se sont érigés en défenseurs d'une cause politique et/ou sociale. Une telle rencontre entre esthétique et politique a reçu un écho considérable au cours des trente dernières années, marquant la physionomie de l'art actuel. Parmi les plasticiens qui ont choisi de travailler avec le matériau historique, on retiendra les noms de Jochen Gerz, Anselm Kiefer, Hans Haacke, Micha Ullman, Alfredo Jaar, Christian Boltanski, Jenny Holzer, Sol LeWitt, Vera Frenkel, Rebecca Horn, George Sigal, Jane Ash Poitras. Ne pouvant ici m'attacher à chacun de ces parcours, je me bornerai à présenter brièvement cinq démarches qui traduisent une résurgence de la mémoire historique.

La pseudo-objectivité de Jaar

La situation politique en Afrique du Sud, les massacres au Rwanda, la guerre au Kosovo ou dans le Golfe, sont autant d'événements qui touchent les artistes, comme l'attestent les œuvres d'Alfredo Jaar, né à Santiago du Chili en 1956 et établi à New York depuis 1982. Faisant partie de la série des *Real Pictures* (1994-2001), une installation de Jaar présentée à l'arche de la Défense au printemps dernier lors de l'exposition *Voir, ne pas voir la guerre*[5] illustre le jeu complexe du cacher-montrer qui est, à mon sens, constitutif de la relation que l'art instaure avec l'histoire. Une grande table carrée occupait une salle de dimensions assez vastes, aux murs nus et noirs. Sur la table, elle aussi peinte en noir, étaient posées, à égale distance les unes des autres, des boîtes noires en carton rigide et lisse, analogues à celles dans lesquelles on conserve les photographies ou les documents d'archives. On verra tout à l'heure combien l'allusion à l'archive est récurrente chez les plasticiens qui interrogent le rapport à l'histoire. On pénétrait dans ce lieu silencieux comme on serait entré dans un cabinet de consultation d'archives. On se mettait alors à lire les légendes très détaillées apposées sur le couvercle des boîtes et se rapportant à une photographie en couleurs placée à l'intérieur. Tout naturellement, le visiteur soulevait le couvercle d'une boîte, puis d'une autre, pour y trouver un document photographique, lui-même enfermé dans une enveloppe de matière plastique transparente du même type que celles qui servent à protéger les documents d'archives[6]. Chaque photographie montrait un plan différent d'une église rwandaise dans laquelle furent perpétrés d'horribles meurtres ; l'intérieur, l'extérieur, un chemin abandonné jonché de brindilles desséchées. L'aspect froid de la présentation, adjoint à la neutralité pour ainsi dire clinique de la légende explicative figurant sur les couvercles, tranchait avec le tumulte et la brutalité des crimes. Le contraste rendait le message d'autant plus percutant qu'il dépeignait l'horreur, non pas en exaltant le caractère tragique comme Goya ou Picasso, mais sur un mode calquant l'objectivité documentaire ou journalistique.

Jaar, à l'instar de plusieurs autres artistes parmi lesquels Andres Serrano, s'approprie les techniques de communication des médias, en l'occurrence une photographie propre, nette et léchée qui, sous ses apparences de neutralité objective, a été l'objet d'une savante construction. Jaar va jusqu'à s'emparer des emplacements de la publicité, par exemple dans *Rushes*, qu'il réalisa en 1987 au cœur du métro new-yorkais. Pour l'occasion, il occupa les encarts réservés aux affiches publicitaires par d'immenses photographies de chercheurs d'or brésiliens assorties de légendes comprenant les cours de l'or sur les principales places financières du monde. La dimension critique de l'installation prend une couleur encore plus grave quand on la considère après les attentats du World Trade Center. Il s'agissait de faire éclater l'opposition entre la misère des pays où l'on trouve les richesses naturelles et la prospérité des nations qui exploitent ces biens au profit d'un marché en perpétuelle ébullition. L'œuvre s'adresse à une cohorte de gens d'affaires pressés empruntant la ligne souterraine les menant à Wall Street. Le photographe a joué sur la richesse polysémique du mot *rush* qui, en anglais, désigne à la fois la ruée vers l'or (*Gold Rush*), l'empressement d'une population affairée aux heures d'affluence (nommées *rush hours*) et la première esquisse d'un film. La succession de photographies vues par les passagers des trains en marche produit au demeurant une sorte de film dont les images défilent au travers des fenêtres – on pensera aux effets de mouvement des chrono-photographies de Muybridge ou de Marey. Le message a clairement une connotation politique et Jaar partage ce trait avec un certain nombre de ses contemporains.

L'engagement de Haacke

Hans Haacke, né à Cologne en 1936, est l'un de ceux qui affirment le plus ouvertement leur engagement politique. Il s'intéresse aux relations entre le monde de l'art et la sphère politique, car il est convaincu que les organismes de diffusion culturelle restent, qu'ils le veuillent ou non, éminemment politisés. Haacke accuse le musée d'être un « gestionnaire de la conscience » assujetti aux forces politiques en place[7]. Ses œuvres font ressortir les liens entre diverses formes d'oppression dans les pays du Sud (surtout en Afrique et en Amérique latine) et des mécènes tels que les frères Saatchi, Alcan, Philips Corporation, Cartier, Mobil, Mercedes-Benz, etc. Une des tâches de l'artiste a consisté à démontrer, preuves à l'appui, que le milieu des collectionneurs et des promoteurs de l'art contemporain ne constitue en aucun cas une entité autonome et impartiale vouée à l'émancipation de l'individu. Après avoir mis en lumière le passé politique trouble de plusieurs administrateurs de grands musées internationaux, dont le Guggenheim à New York et le Wallraf-Richartz-Museum à Cologne, Haacke commente des événements ayant trait à l'art et à l'histoire du temps présent.

Juste après la chute du mur de Berlin, il prend pour cible une firme bien connue dans une œuvre éphémère au titre pour le moins révélateur, *La liberté sera maintenant sponsorisée, simplement en petite monnaie* (1990). En installant l'étoile Mercedes au-dessus de la tour de guet de l'ancien « couloir de la mort » qui séparait Berlin-Est de Berlin-Ouest, Haacke associe l'idée de mort à celle d'une prestigieuse entreprise qui avait, dans les années 1930, favorisé l'accession au pouvoir d'Adolf Hitler. Est ainsi rappelé à notre mémoire que le directeur de la société appartenait aux SS et que Mercedes avait motorisé de nombreux avions et véhicules utilisés lors de la Seconde Guerre mondiale. Sur deux des faces de la tour, Haacke ajoute des inscriptions qui font référence à l'activité de commanditaire des arts du fabricant d'automobiles : « *Kunst bleibt Kunst* » (« L'art sera toujours l'art ») puis « *Bereit sein ist alles* » (« *Être prêt, tout est là* »), phrases respectivement empruntées à

Goethe et à Shakespeare (*Hamlet*) pour servir les campagnes publicitaires de la compagnie. L'art et la guerre font bon ménage, nous dit en substance l'artiste, lorsqu'il explique que Mercedes a été, au cours des années 1980, l'un des plus grands producteurs de matériel de guerre – hélicoptères, véhicules et missiles, vendus entre autres à l'Irak[8].

Il y aurait encore beaucoup à dire sur Haacke. Faute de temps, je m'arrête rapidement sur deux autres œuvres. *Hissez le drapeau*, première phrase d'une fameuse chanson nazie, sert de titre à une pièce de 1991 portant sur l'histoire de la Königsplatz à Munich. Après 1933, l'endroit servait de point de ralliement aux nazis munichois. Deux monuments, qui ont depuis été détruits par les Américains, avaient été élevés en guise de sanctuaires à ceux ayant péri dans le putsch raté de 1923. L'artiste tire parti de la métamorphose du site, ancien haut lieu de commémoration nazie devenu siège de la culture savante puisqu'à l'heure actuelle, la Königsplatz est occupée par une école de musique et un musée des beaux-arts. Haacke a fixé sur la façade de l'un des deux édifices un drapeau noir sur lequel figurent une tête de mort et une banderole verticale où défilent des noms de compagnies allemandes ayant fait commerce avec l'Irak. Le culte de la mort, propre à l'idéologie nazie, est récupéré et mis en rapport avec l'actualité : l'image et le texte renvoient à l'implication de l'industrie allemande dans la guerre au Proche-Orient (on lit en haut et en bas de la tête de mort : « *Zum Appel* », puis « *Deutsche Industrie im Irak* »). Le lien entre l'art et la guerre est souligné par le choix du lieu et par la disposition des éléments qui imite une signalétique muséographique.

Dernier exemple puisé chez Haacke, *Germania*, une installation présentée dans le pavillon de l'Allemagne lors de la Biennale de Venise en 1993. Encore une fois, l'artiste jette un pont entre le passé et le présent, entre l'art et la politique. Au-dessus de la porte d'entrée de ce temple de l'art construit selon les canons de l'architecture national-socialiste, on voit un fac-similé du Deutschmark de 1990. À l'intérieur, figure une photographie de Hitler à la biennale de Venise en 1934. Le message consiste en une dénonciation radicale. Le constat ultime est sévère et pessimiste. Si l'on peut reprocher à Haacke un certain manque de nuance, on ne peut que saluer son intégrité qui en fait résolument un artiste responsable.

Les collages de Poitras

Plus subtil est le langage de Jane Ash Poitras, une artiste d'origine amérindienne qui vit à Edmonton, au Canada. Son œuvre a été vue récemment à Paris dans une exposition du Centre culturel canadien qui avait le mérite de détacher l'art autochtone du pôle ethnologique, folklorique ou encore commercial dans lequel il est trop souvent présenté[9]. Poitras peint de grandes toiles et procède par des collages qui se donnent à lire comme autant de palimpsestes où se superposent différentes couches de l'histoire, différentes strates de la mémoire. Poitras recycle de vieilles photos d'Indiens, de missionnaires, de maîtresses d'école et d'élèves, qui sont celles que l'on trouve dans les albums de famille, les livres d'histoire ou les archives. Il faut préciser que Poitras, d'une manière comparable à Jaar, Haacke ou Boltanski, se sert abondamment de documents photographiques. Cela semble assez naturel car la photographie, art du réel s'il en est, se révèle être un médium idéal dans la perspective des plasticiens que j'étudie ici. Par l'insertion de ces images détournées de leur destination première, Poitras nous amène à regarder une réalité que l'on ne veut pas forcément voir. Pourtant, l'image photographique n'est pas uniquement là pour désigner le monde tel qu'il est ou tel qu'il fut. Elle se démultiplie en de petits portraits enchâssés dans une gangue multicolore où se mêlent peinture gestuelle, écriture manuscrite, art primitif, caractères d'imprimerie et motifs décoratifs qui ont valeur de symboles dans la tradition amérindienne (la croix, la rayure, l'étoile, le point). Dans ce contexte, les photographies découpées dans des journaux, des revues ou des ouvrages, se parent d'un certain mystère qui n'est peut-être pas étranger à la manière dont ceux que l'on appelait les sauvages appréhendaient l'image. L'image, surface magique où se reflète l'univers. La peintre confie :

« *Quand les Indiens voyaient leurs propres images, ils les découpaient, les enroulaient autour de leur pipe sacrée. Ils étaient si enthousiastes de se voir qu'ils les cousaient parfois sur leurs vêtements ou ils les mettaient sur leurs tipis sachant très bien qu'elles risquaient de s'abîmer et de disparaître. Plus tard, ils ont trouvé le moyen de les conserver. Ils les ont recouvertes de cire, cette même matière dont on recouvre les tambours. Les photos étaient comme scellées par cette laque. Et ils les gardaient comme une mémoire du temps.* »[10]

Mémoire du temps que Poitras convoque à son tour en s'adonnant à un art proprement métis, puisqu'un chant venu du fond des âges passe par un médium post-moderne, le *mix media* (techniques mixtes). L'artiste remplace les cires ancestrales par une épaisse couche composée de peinture à l'huile et de glacis à la colle animale. Elle fixe les traces d'un passé immémorial sur une toile qui s'inscrit en droite ligne avec le tableau de chevalet occidental. Toutefois, le tableau raconte une autre histoire, la sienne, celle de son peuple, la nation Cree qui a été forcée d'apprendre la langue de l'oppresseur pour pouvoir lui dire comment il l'a opprimée.

Ullman l'archéologue

Le travail de mémoire est également au cœur des préoccupations de Micha Ullman, né en 1939 à Tel-Aviv, et vivant à Ramat Hasharon et à Stuttgart où il enseigne à l'*Akademie für Bildende Künste*. Ullman est une sorte d'archéologue fasciné par la terre, le souterrain. Il creuse, troue, déterre et, ce faisant, réactive une mémoire oubliée, enrichit le présent d'un élément du passé qu'il rend visible ou du moins tangible. Trois exemples m'apparaissent significatifs de sa démarche. En 1972, Ullman creuse un trou dans le village palestinien de Messer, puis un second dans le kibboutz voisin de Metzer. Il comble ensuite chacun des deux trous avec la terre de l'autre. Ne rien changer, du moins en apparence, à un paysage transformé par l'homme, mais, au fond, procéder à une substitution symbolique d'importance, à la jonction du *land art* et de l'art conceptuel.

L'installation *Bibliothèque* (1995) est aménagée Bebelplatz à Berlin, lieu de mémoire tragique où les nazis brûlèrent des milliers de livres lors de l'autodafé du 10 mai 1933. En guise de monument funéraire à ces ouvrages disparus, s'élèvent sous la place des étagères vides et blanches. Une façon originale de donner un sens au vide, tout en recourant à des éléments qui rappellent les dépôts d'archives – le sous-sol, les étagères. Les passants n'ont pas accès à cette étrange crypte. Ils peuvent seulement l'apercevoir en se penchant au-dessus de la vitre qui recouvre la fosse. Sur cette vitre passent les nuages et se réfléchit parfois l'image des curieux qui s'approchent pour regarder. La surface transparente devient alors opaque, masquant une page d'histoire en même temps qu'elle la dévoile. Nous revenons au jeu de cacher-montrer décrit plus haut à propos de Jaar.

Troisième et dernier exemple, *Conversation* (2000), conçue pour le Musée d'Art et d'Histoire du judaïsme à Paris. Ullman voulait disposer, dans la cour d'honneur de cet ancien hôtel particulier, une série de pierres selon un motif qui reprenait, sans que l'artiste en ait eu connaissance, le tracé des fondations que des fouilles récentes venaient de mettre au jour. Parlant à juste titre d'une « saisissante intuition du lieu », l'équipe du musée l'a aussitôt laissé entreprendre un dialogue avec le site. Ullman explique son projet en ces termes :

« Cette œuvre fonctionnera comme une conversation avec le site archéologique (XIVe et XVIe siècles) mis au jour à l'occasion de fouilles récentes.

Quelques centaines de pierres, identiques en forme et en dimension aux pierres de la cour, réparties sur sa surface, suivront le dessin des fondations. Ces fondations délimitent quatre espaces où sont recueillis de nombreux objets quotidiens. Dans certaines des pierres, seront gravées les formes en négatif des verres et des vases découverts lors des fouilles.

C'est un projet d'écoute, c'est une façon d'aller à la rencontre de voix d'un autre temps.

Les formes négatives dans les pierres recueilleront les rayons du soleil et l'eau de pluie. Ainsi la conversation s'inscrit-elle dans un présent.

Silencieuse, cette œuvre offre un espace imaginaire, tourné vers le passé ou en direction du futur. »[11]

Désenfouir le passé pour l'offrir au futur, voilà la mission d'un créateur qui s'affirme moins sculpteur qu'« *homme qui creuse* », selon la belle expression de Walter Benjamin. Cette production quasi archéologique converse avec l'histoire (*Bebelplatz*, *Conversation*) ou élabore de nouveaux lieux de mémoire (*Messer/Metzer*).

La « petite mémoire » de Boltanski

Dans un autre registre, l'art de Christian Boltanski se nourrit d'une réflexion sur le passé. Cependant, l'artiste ne s'occupe pas tant de la mémoire historique que de ce qu'il nomme joliment la

« petite mémoire », à savoir les petites choses que l'on sait sur les petites gens qui vécurent avant nous, par exemple celles et ceux qui habitèrent l'Hôtel de Saint-Aignan à Paris en 1939. Deux ans avant qu'Ullman s'empare de la cour de l'hôtel particulier qui abrite le Musée d'Art et d'Histoire du judaïsme, Boltanski s'était déjà penché sur l'histoire du lieu, en centrant son propos sur les êtres plutôt que sur le site lui-même. L'endroit l'intéresse en premier lieu pour les personnes qui y ont résidé et c'est à ce titre qu'il a réuni leur nom dans son installation. À l'époque, le quartier du Marais était assez pauvre, composé majoritairement d'ouvriers et de petits commerçants, où dominait une population d'origine juive. L'artiste précise que dans l'immeuble se trouvaient beaucoup de casquettiers. Pour le savoir, Boltanski a mené des recherches et trouvé le plus grand nombre possible de gens qui habitaient là. Chacun a droit à une feuille de papier dont la forme et la disposition évoquent une plaque funéraire ou commémorative, à la différence essentielle près qu'elle est en papier, matériau périssable par excellence, et non en marbre. Sur chaque feuille on lit le nom et l'état civil des habitants. Les feuilles ont été placées à l'extérieur, sur le mur de la maison voisine, le plus proche possible de l'emplacement où ces gens vivaient. Y figure tout le monde, même la concierge qui a dénoncé tous les Juifs de l'immeuble. Au départ, Boltanski trouvait important de ne pas différencier les habitants. Il s'est finalement plié à la demande du musée qui souhaitait une sorte de distinction entre les gens, surtout entre la délatrice et les Juifs déportés par sa faute. L'artiste ajouta la date (et parfois le lieu) de la mort des victimes de l'Holocauste.

À celles et ceux qui auraient du mal à comprendre pourquoi l'artiste préférait ne pas différencier les ordres, en particulier la concierge d'un côté et les Juifs déportés de l'autre, il faut dire que le point de départ de l'œuvre fut le passé véritable de l'Hôtel de Saint-Aignan. Il ne s'agit pas d'un monument à proprement parler, même si l'aspect monumental demeure présent : une série de surfaces blanches qui font penser aux plaques de marbre gravées couvrant les murs des cimetières, crématoriums et chapelles. Du reste, le support choisi évoque la fragilité de la « petite mémoire », sans cesse menacée d'oubli, d'effacement, telles les feuilles exposées aux intempéries qui doivent être remplacées périodiquement. Boltanski attire notre attention sur l'histoire qui s'est déroulée en ces lieux. Il ne condamne pas explicitement la concierge, car il n'a pas à prononcer un jugement éthique ou moral. Il ne lui appartient pas d'établir la frontière entre le bien et le mal. Au mieux, il incitera le visiteur à se poser des questions, dont justement celle du bien et du mal.

La plupart des œuvres de Boltanski sont soumises à cette exigence que l'on pourrait qualifier d'existentielle. L'une d'entre elles, *Menschlich*, traite de l'identité perdue. Cette fois, émergent du néant des visages tirés de photographies anciennes. Ce sont tantôt des Juifs, tantôt des nazis, tantôt d'autres individus anonymes, à nouveau sans qu'ait été marqué un partage entre les assassins et les innocents. Lorsque je lui ai demandé le pourquoi de cette absence de distinction, Boltanski m'a répondu, prenant ironiquement une voix de vieux prophète :

> « *Tous humains*
> *Tous sauvés*
> *Tous oubliés*
> *Tous poussière.* »

Cette réponse énigmatique est celle d'un artiste qui a passé sa vie à faire apparaître les morts, ceux qui n'existent plus, ceux qui ne reviendront jamais. Boltanski s'attache aussi à des morts que nous oublions trop souvent : ces centaines d'enfants que nous fûmes et qui se sont évanouis pour toujours dans les méandres du passé. N'est-ce pas là, en définitive, l'une des questions les plus fondamentales de l'art, celle qui pousse les artistes à réinterpréter à l'infini le thème de la *vanitas* dans une quête incessante sur le sens de la vie ? Je ne suis pas sûre que les artistes puissent trouver les réponses qu'ils cherchent. Tout ce que je sais, c'est qu'en gardant les yeux ouverts, ils nous permettent de voir des chemins. En cela, ils sont responsables.

NOTES

[1] Jean Clair, *La Responsabilité de l'artiste*, Paris, Gallimard, 1997.
[2] 1814, huile sur toile, 266 x 345 cm, Madrid, Prado.
[3] 1937, 349 x 776 cm, Madrid, Musée d'Art moderne Reina Sofia.
[4] *Interrogatoire I*, 1934, huile sur contreplaqué, Prague, Musée juif. Sur l'artiste, voir le catalogue de l'exposition *Friedl Dicker-Brandeis*.

Vienne 1898-Auschwitz 1944, Paris, coédition Musée d'Art et d'Histoire du judaïsme / Somogy Éditions d'art, 2000.

[5] *Voir, ne pas voir la guerre*, exposition présentée simultanément au musée d'Histoire contemporaine-BDIC, Hôtel national des Invalides et au toit de la Grande Arche, 6 mars-2 juin 2001. Catalogue : Paris, coédition Somogy / BDIC, 2001.

[6] En réalité, les visiteurs n'étaient pas censés ouvrir les boîtes et devaient se « contenter » de lire le texte des légendes. Or, si ma mémoire ne me fait pas défaut, rien n'indiquait une quelconque interdiction de soulever les couvercles, qui n'étaient ni scellés ni protégés par un dispositif empêchant les visiteurs de les toucher. Dans ce contexte – absence de mises en garde écrites et de gardien dans la salle – il m'a semblé que les boîtes appelaient une réponse directe de la part des visiteurs, ce qu'ils firent d'ailleurs en toute bonne conscience. Je crus même que l'un des enjeux de l'œuvre était une interpellation du spectateur fondée sur une communauté physique et émotive entre l'objet d'art et le spectateur. J'ai compris depuis que l'artiste avait souhaité mettre en scène l'impossibilité de regarder ses *Real Pictures*, renouvelant en quelque sorte le mythe de Pandore, car la curiosité, ici convoquée de manière évidente, devait rester inassouvie. Quoi qu'il en soit, le type de réception suscité par l'installation fait désormais partie intégrante de l'œuvre, quand bien même la réaction du public, dont la mienne, ne fut pas celle qui avait été prévue au départ.

[7] Voir l'article de Hans Haacke, « Les musées : gestionnaires de la conscience », *Parachute* (Montréal), n° 46, 1987, p. 138-141.

[8] *Hans Haacke : Standortkultur. Das Politische und die Kunst*, Weimar, 1998, p. 50. Haacke, qui a beaucoup écrit sur l'art, se donne en général la peine de commenter lui-même ses œuvres, comme c'est le cas ici. Voir également l'ouvrage réalisé en collaboration avec Pierre Bourdieu, *Le Libre-échange*, Paris, Seuil / Presses du réel, 1994.

[9] *Osopikahikiwak : Jane Ash Poitras / Rick Rivet*, Centre culturel canadien, Paris, du 4 juin au 1er octobre 1999.

[10] Propos cités par Élisabeth Védrenne dans son essai « Sous le signe du chaman », publié dans le catalogue de l'exposition *Osopikahikiwak*, p. 49.

[11] Micha Ullman, « Conversation », juillet 2000, document inclus dans le dossier de presse de l'exposition du Musée d'Art et d'Histoire du judaïsme, 15 novembre 2000-5 mars 2001. Un ouvrage a été publié à l'occasion de cette exposition.

Christian Boltanski

Rencontre

Je voudrais revenir brièvement sur ce qu'a dit Bernard-Henri Lévy lorsqu'il a parlé des monuments et des monuments à Berlin – parce que j'étais un peu lié à cette histoire. Il y a de nombreuses années de cela, on m'a demandé de réfléchir à ce monument qui va maintenant se faire, qui sera un beau monument, je crois. J'avais dit que je ne voulais pas le faire. J'avais répondu : « *Quand on fait un monument, ce n'est pas pour se souvenir, c'est pour oublier.* » Tout monument est fait pour laver, pour finir, pour oublier encore plus. C'était une manière, pour l'État allemand, de dire : « *Voilà. On paie.* » Et peut-être est-ce une bonne chose, mais je ne voulais pas être mêlé à ça. J'avais proposé deux solutions de rechange, en précisant que de toute manière je ne les signerais pas. Les deux possibilités étaient finalement opposées. La première était de garder en terrain vague le centre de Berlin, la Potsdamerplatz, qui est un des lieux du monde les plus chers au mètre carré aujourd'hui. Laisser cela vide, dire : « *Plus rien ne poussera ici* », et avoir comme une sorte de plaie, qui serait là, au milieu de cette ville que j'aime beaucoup. L'autre possibilité, qui avait ma préférence, était de se servir de l'argent initialement prévu pour la commande du monument, afin de faire fonctionner à Berlin un lieu et une organisation qui permettraient jour et nuit à des humains de lire des listes de noms, jusqu'à épuiser la mémoire. La chose continuerait tant que l'on trouverait des gens qui veuillent bien donner une heure de leur vie pour cela. Et le jour où on ne trouverait plus personne, on dirait : « *Le deuil est fait. C'est fini, réglé, oublié.* » L'idée consistait à aller jusqu'au bout, jusqu'à atteindre simplement cette mort naturelle, si je puis dire. La lecture durerait un an, cinq ans, dix ans, peut-être cent ans, peut-être seulement six mois, je n'en sais rien. Ce monument-là aurait été un monument de don, un don effectué par des centaines, voire des milliers, de milliers de milliers de gens. Mais naturellement, ce n'était pas un travail d'artiste, c'était autre chose. De toute façon, je ne voulais pas m'en mêler.

Je me suis intéressé dans ma vie plutôt à ce que j'ai appelé la « *petite mémoire* ». La grande mémoire, on en a beaucoup parlé et elle est dans les livres, c'est la mémoire des guerres, des massacres, des grands événements, et puis il y a la mémoire individuelle, celle qui nous constitue chacun. La petite mémoire est le petit savoir que l'on a sur les gens, sur les choses, comme le fait de savoir où l'on peut acheter une bonne quiche lorraine au Mans, se rappeler quelques histoires drôles, le souvenir qu'on a de voir le lever de soleil à un endroit spécial en Normandie, toutes ces petites choses qui constituent un être humain. Et tout cela est extrêmement fragile. Ce n'est pas nouveau. Je ne sais plus trop qui a dit : « *Quand un Africain meurt, c'est une bibliothèque qui disparaît.* » Moi, je dirais que quand chacun de nous meurt, c'est une bibliothèque qui disparaît. Quoi qu'il en soit, c'est cette masse de petites choses qui fait que l'on est différent les uns des autres. Je crois qu'une partie de mon activité a été de poser des questions, en particulier cette question qui est à la fois l'unicité et l'importance de chacun. L'unicité est déterminée par cette petite mémoire et, en même temps, par sa fragilité totale, pour dire des banalités…

Une femme remarquable

J'avais une grand-mère qui était une femme, je crois, remarquable. Aujourd'hui, je m'en souviens un tout petit peu, elle est vaguement dans la mémoire de mes deux frères et, après nous, plus rien. Il y a donc une différence entre l'importance que je donne à chacun et cette fragilité, cette perte d'identité. En fait, je m'intéresse surtout à l'identité, forcément unique de chaque être, de chaque chose, de chaque lieu. Tout à l'heure vous citiez l'un de mes travaux qui s'appelle *Menschlich* et qui porte sur l'identité perdue. Il est composé de 1 500 photographies, exclusivement des visages, et ce sont des visages d'humains avec lesquels j'ai travaillé. Il y a des assassins espagnols – parce que j'ai abondamment utilisé un journal qui s'occupe de criminologie en Espagne –, des visages qui étaient dans le journal français *Détective*, des Suisses morts ordinaires, des Juifs, des nazis. Le seul lien commun de tous ces visages est qu'ils ont appartenu à des gens qui sont morts et dont plus personne ne peut savoir qui était qui. La seule chose que l'on peut dire de tous ces gens et de tout cela, c'est que c'étaient des humains, des humains qui avaient essayé de faire quelque chose, de bien ou de mal – c'est la vieille idée de la vanité. Tous avaient voulu vivre, tous avaient vécu, et il n'y avait désormais plus rien que ces visages qui étaient pratiquement interchangeables. On pourrait dire que c'est la paix des cimetières, la paix des êtres devenus tous égaux dans la mort.

Menschlich a été montrée plusieurs fois. Dans une des expositions où elle a figuré, elle occupait la première salle – une très grande salle. La dernière salle contenait tous les objets perdus pendant un mois à Paris et que j'avais récupérés au Bureau des objets trouvés. Pour moi, les deux salles étaient tout à fait équivalentes. Comme les photos de disparus, les objets perdus n'ont plus d'identité. Ces lunettes, par exemple, je sais quand je les ai achetées, je sais que je ne les aime pas trop, je sais que je les ai cassées une fois. Elles ont une histoire. Si je les oublie ici, elles ne seront plus rien. Les objets perdus me touchent en ce sens qu'ils sont sans histoire. Je vais souvent m'acheter des vêtements aux Puces et je pense toujours que c'est assez proche de la résurrection chrétienne. Il y a eu une veste qui a été choisie et achetée par quelqu'un, portée, aimée, et puis ou cette personne est morte ou tout simplement l'objet a été rejeté, et on retrouve cet objet sur le trottoir, par terre. Et si je rachète cette veste, elle va repartir pour de nouvelles aventures, cette veste va revivre. C'est tout autour de ce problème de redonner l'identité aussi bien à un visage qu'à un objet que j'ai essayé de travailler dans mon activité.

FRANÇOISE LUCBERT – En somme, vous parlez davantage d'identité ou d'identité perdue que de mémoire ?

CHRISTIAN BOLTANSKI – On ne vit, on ne travaille que par la mémoire. Je sais que c'est un stylo parce que j'ai la mémoire d'un stylo. J'ai commencé, il y a longtemps, à travailler sur l'enfance et sur mon enfance prétendue, qui n'était d'ailleurs pas du tout mon enfance. Je crois d'ailleurs, comme a dit Kantor, que nous portons tous un enfant mort en nous et que c'est la première partie de nous qu'on oublie lentement ; j'oublie le petit Christian, il est encore là, j'en ai de vagues souvenirs, je l'oublie. J'ai fait comme ça un petit livre amusant en demandant à mon neveu qui avait six ou sept ans de me dire comment on faisait un avion en papier, comment on jouait à tel jeu. L'enjeu était de me renseigner sur moi-même, de faire une sorte de travail d'ethnologue sur l'enfant que j'étais et qui avait disparu, acquérir la connaissance qu'il y a quelqu'un en moi qui est mort et dont la mémoire s'estompe petit à petit.

FRANÇOISE LUCBERT – Donc, vous faites parler les morts.

CHRISTIAN BOLTANSKI – On ne fait pas parler les morts.

FRANÇOISE LUCBERT – Peut-être, mais vous leur redonnez une certaine consistance, et parfois même leur visage. Ce qui me frappe, c'est votre réserve à l'endroit des monuments. Quand vous avez refusé, par exemple, de faire un mémorial de l'Holocauste à Berlin, est-ce parce que vous vous méfiez des monuments ?

Des mémoriaux de papier

CHRISTIAN BOLTANSKI – Disons qu'il y a une partie de mon activité qui est liée au mémorial, mais ce n'est pas un mémorial de marbre ou des mémoriaux de bronze, ce sont des mémoriaux de papier. Je me méfie des monuments de marbre et de bronze. Là encore, pour reparler d'un des rares monuments que j'ai faits, celui des *Habitants de l'Hôtel de Saint-Aignan* que vous avez montré, il était extrêmement important pour moi qu'il soit en papier. Un monument pour ne pas oublier permet que la prière se refasse. En d'autres termes, il est conçu pour que l'on ait à le refaire et, à chaque fois qu'on le refait, la prière se refait. Dans cet ordre d'idées, j'ai fait plusieurs livres avec des listes de noms, parce que nommer, c'est d'abord dire qu'il y a eu un humain – dans les sociétés totalitaires, il n'y a plus de noms. Nommer, c'est effectivement redonner vie, par exemple quand on pense : « *Il y a eu quelqu'un qui s'appelait Jules machin.* » Et rien que de dire ça est réaliser qu'il y a eu quelqu'un, ce qui est très important. Le simple fait de le dire est tout de même un peu redonner vie.

FRANÇOISE LUCBERT – Vous m'avez déjà parlé de l'importance de l'archive. J'esquissais tout à l'heure un parallèle, peut-être erroné, entre votre démarche et un intérêt d'ordre archivistique. Vous ne travaillez pas comme un historien, mais vous allez tout de même chercher des éléments dans les méandres de la mémoire en constituant des sortes d'archives.

CHRISTIAN BOLTANSKI – C'est effectivement très différent. Je suis ce qu'on appelle un artiste et pas du tout un scientifique. C'est une approche qui est complètement différente. Il y a un désir chez moi de conserver, parce que conserver, même si la bataille est perdue d'avance, c'est conserver la vie, c'est lutter pour conserver la vie.

Les noms, par exemple. On m'avait demandé un projet pour l'an 2000, mais mon idée était difficile à réaliser. Je voulais nommer tous les habitants de la terre. Le problème, c'est que l'on avait calculé que cela mettrait quatre ans. Il y avait tellement de monde. En plus, les gens ayant la mauvaise habitude de naître et de mourir si rapidement, dès qu'on dit cinq noms, la liste n'est plus bonne. On ne peut donc jamais faire une liste correcte. J'ai alors fait un travail avec tous les abonnés du téléphone, qui n'est pas complet parce que cela favorise plus les États-Unis que la Chine, mais au moins, là, c'était plus simple. Dans une salle, il y a à peu près vingt millions de noms. Et ça, c'est une salle d'archives.

J'ai par ailleurs beaucoup travaillé avec les Suisses morts. J'ai chez moi à peu près 6 000 Suisses morts. Ce travail a été mené à partir d'un journal du Valais où, dans la notice nécrologique, figure toujours la photographie. Ces Suisses morts sont photographiés de leur vivant mais ils sont morts quand leur photo paraît dans le journal. Je m'intéressais aux Suisses morts, parce que les Suisses n'ont pas de raisons historiques de mourir et qu'en cela, ils sont plus universels. Je n'aurais pas pu faire cela avec des juifs morts, par exemple. Le seul fait d'archiver tous ces visages de Suisses morts m'intéressait.

FRANÇOISE LUCBERT – Vous répartissez vos travaux en deux séries : d'une part, la série que vous appelez les archives comporte principalement des photographies…

CHRISTIAN BOLTANSKI – Il y a des réserves et des archives.

FRANÇOISE LUCBERT – …d'autre part donc, la série des réserves comprend surtout des objets. Vous semblez priser les lieux où l'on garde, collectionne, entasse des objets trouvés…

CHRISTIAN BOLTANSKI – J'ai aussi souvent utilisé des milliers et des tonnes de vêtements usagés. Je vois une grande relation entre un vêtement usagé, une photographie et un corps mort. Dans les trois cas, il y a eu quelqu'un et à chaque fois, l'objet renvoie à une absence, à un sujet absent. J'ai ainsi fait de nombreuses œuvres avec des vêtements usagés. Là, ce sont plutôt des réserves. Mais, en fait, cela revient au même. Une photo ou une jaquette où l'on voit, l'on sent encore l'odeur, les traces d'un corps, c'est la même chose.

FRANÇOISE LUCBERT – Plusieurs de vos réalisations peuvent changer de forme. Vous décrivez certaines de vos œuvres comme étant une partition ou un mode d'emploi que vous livrez à une galerie ou un musée. Ces œuvres sont en quelque sorte à construire, à réaliser…

Une nuit d'amour à Paris

CHRISTIAN BOLTANSKI – Il y a différentes séries ou œuvres que j'ai pu faire, mais très souvent il s'agit d'écrire une sorte de partition, de règle, qui sera exécutée sans moi. Par exemple, l'histoire des objets trouvés dont je vous parlais, peut être réalisée sans moi. La règle consiste ici à prendre un ensemble d'objets perdus et les mettre sur des étagères. C'est ni plus ni moins une règle du jeu, avec des variantes. Par exemple, l'année dernière, le Louvre m'avait demandé de faire un petit travail. Il y a tellement de gens et tellement de touristes au Louvre qu'il y a un Bureau des objets trouvés. J'ai fait mettre ces objets dans les vitrines de la section d'archéologie et je les ai fait décrire par les archéologues du musée. Cela donnait des choses assez cocasses dans le genre : « sac fin XXe siècle, probablement d'origine orientale », avec une description des matières, etc. J'expliquais au conservateur qu'en définitive je ne faisais qu'avancer le temps, puisque ces objets finiraient par être au Louvre. Il y a en effet dans les musées archéologiques le T-shirt du Romain et la petite bouteille d'huile ordinaire. Mon projet a tout simplement devancé le futur.

FRANÇOISE LUCBERT – Est-ce que vous êtes un peu archéologue aussi ? Tout à l'heure vous vous disiez plutôt ethnologue parce que vous vous attachez, entre autres, à l'enfant que vous étiez et qui est mort maintenant. S'agit-il de reconstituer les strates d'une mémoire perdue ?

CHRISTIAN BOLTANSKI – Il y a ou il y a eu l'idée que l'art est un combat perdu d'avance et que se battre contre la mort, contre l'oubli, est un combat perdu. J'aime beaucoup Giacometti. Chaque jour, il refaisait le portrait de son frère, chaque jour, il le ratait selon lui et chaque jour, il le recommençait. Dans ce travail de mémoire, il y a une tentative de recommencement, avec forcément l'échec. On ne peut rien sauver. Comme je vous le disais, même quand j'essaie de sauver quelque chose, je le fais dans des matériaux qui sont tellement fragiles que eux aussi vont disparaître. On ne peut donc rien sauver.

FRANÇOISE LUCBERT – D'où votre allusion de tout à l'heure à la vanité, la *vanitas*, qui était ce genre baroque par excellence où le motif de la tête de mort évoquait la fragilité de l'existence humaine…

CHRISTIAN BOLTANSKI – Oui, une grande partie de mon travail est sur la vanité. Par exemple, ce livre qui est seulement la liste de tous les artistes ayant exposé à la Biennale de Venise depuis un siècle – parce que cela a commencé il y a un siècle. Effectivement, et je suis parmi eux, ils ont disparu à 90 %. J'ai donc fait comme une sorte de monument aux morts, en inscrivant tous ces noms sur le pavillon central. Ces artistes pensaient qu'ils étaient immortels et finalement plus personne ne se souvient d'eux aujourd'hui. Mais c'est comme ça pour nous tous.

Il y a cette phrase de Napoléon, pour moi la plus intéressante et la plus horrible à la fois, et la plus belle peut-être ? Napoléon est je ne sais pas où, disons à Austerlitz, où il voit des milliers de morts et dit : « *Oh ! cela n'a aucune importance ! Une nuit d'amour à Paris va remplacer tout ça.* » C'est une phrase absolument ignoble et, en même temps, c'est la seule phrase d'espoir que je peux dire : les choses continuent, le monde continue. Dans quelques années, il y aura d'autres gens à cette table, d'autres gens dans la salle, ce ne seront pas les mêmes, ce seront un peu les mêmes. En tout cas, il semble que tout continue. C'est la seule chose heureuse que l'on peut dire.

FICTION

*En marge des réflexions historiques et philosophiques que sus-
citent les incertitudes du « devoir de mémoire », il nous a semblé
intéressant, pour clore ce volume, de laisser la parole à une fiction
qui pose à sa manière la question de la bonne ou de la mauvaise
foi de ceux qui, dans la volonté de réconciliation nationale, prô-
nent « l'oubli des fautes ».*

André Versaille

« *En toute bonne foi, Madame...* »

*Témoignage remarqué d'une « Mère Courage »
à la télévision argentine*

(Buenos Aires. De notre correspondant particulier.)

*« Hier soir, sur la chaîne nationale, la Señora Vigna, surnom-
mée par ses amis "la Mère Courage argentine" a été l'invitée
exceptionnelle de l'émission "Revenir sur le passé ?" De l'avis
général, son témoignage a suscité beaucoup d'émotion et de
remous dans le public. D'une façon à la fois simple et digne, elle a
raconté le calvaire que, selon elle, des militaires haut-placés
auraient fait subir à sa fille Carmen Lucia sous la dictature.*

*Selon la Señora Vigna, le 4 mai 197., à Buenos Aires, la jeune
Carmen Lucia, soupçonnée d'appartenir à un groupuscule d'extrême gauche, disparut. Enceinte de huit mois, elle n'a jamais
réapparu. Depuis cette date, et pendant tout le temps que dura la
dictature, la mère de la jeune femme a défilé chaque année sur la
place de Mai en compagnie d'autres mères dont les filles ou les fils
avaient tout aussi mystérieusement disparu. Elles réclamaient
qu'une véritable enquête soit enfin ordonnée et que les suspects
soient traduits en justice. On les avait appelées les "folles de Mai".*

*La partie la plus insoutenable du témoignage de la Señora
Vigna fut celle où elle accrédita et précisa les rumeurs qui avaient
couru à propos de Carmen Lucia : celle-ci aurait été une des nombreuses femmes que les militaires auraient fait accoucher préma-*

275

turément, avant de la livrer aux bourreaux. Quant à son bébé, un garçon, il aurait été recueilli et adopté officiellement comme enfant abandonné par l'un des officiers supérieurs organisateurs de l'enlèvement. À la question de savoir si elle avait des soupçons, la Señora Vigna a préféré garder le silence, rappelant seulement que le cas de sa fille était loin d'être unique.

Les gouvernements civils qui ont succédé à la junte se sont donné pour tâche de rétablir la démocratie dans le pays. Cependant, dans le but d'œuvrer à la réconciliation nationale, une amnistie assez large a été décrétée. De fait, si l'on tient compte de l'ampleur des exactions qui auraient été commises par les militaires, les enquêtes ne semblent pas très nombreuses et les procès demeurent assez rares.

De leur côté, la Señora Vigna et les "folles de Mai" exigent de plus en plus fermement que tous les moyens soient mis en œuvre afin de retrouver les enfants des femmes disparues, et que ceux-ci soient enfin rendus à leurs familles naturelles. »

*

LETTRE PERSONNELLE ET CONFIDENTIELLE DE LINA TIRSA, ÉPOUSE RAMIREZ, AU JUGE GARCIA.

Monsieur le Juge,

Je vous prie de bien vouloir me pardonner la liberté que je prends en m'adressant à vous, mais je pense que vous me comprendrez lorsque vous aurez pris connaissance de ma situation.

Comme beaucoup de nos concitoyens, j'ai écouté l'intervention de la Señora Margarita Vigna à l'émission « Revenir sur le passé ? », de lundi dernier ; et, comme beaucoup d'entre eux, je pense, j'ai été impressionnée par sa dignité et très émue par son témoignage. Mais, dans mon cas, ce témoignage n'a pas fait que m'émouvoir. Après l'avoir entendu et réentendu (j'avais enregistré l'émission), j'en suis arrivée à la conclusion que l'enfant que nous avons adopté mon mari et moi, voici 13 ans, n'est autre que le petit-fils de la Señora Vigna. Les dates, les circonstances, quelques faits que je sais, tout concorde. Depuis cette découverte, je ne dors plus.

Il est bien tard, me direz-vous, pour réaliser que cette adoption fut un crime. Je le sais et je ne trouve plus aucune excuse à cet acte : ni mon jeune âge au moment des faits (dix-neuf ans), ni ma stérilité qui faisait mon désespoir.

Aujourd'hui, je sais que je dois essayer de réparer. Ma conscience de chrétienne m'y oblige. Mais je pense surtout à mon fils. Continuer à lui taire cette terrible vérité entacherait irréparablement ma relation avec lui.

Malheureusement, comme vous l'imaginez, je ne suis pas seule en cause : mon mari qui a dans cette affaire au moins autant de responsabilités que moi, reste violemment opposé à toute reconnaissance. Il me dit que les preuves ayant été détruites, il n'y a pas lieu de craindre que la chose soit découverte.

J'ai toujours tendrement aimé mon mari, mais aujourd'hui je me sens désemparée et très loin de lui. Je ne peux plus vivre dans la complicité de ce crime. Depuis cette émission, je rêve de cette jeune femme accouchée de force avant d'être tuée, et ces scènes atroces me minent.

Mon désarroi s'est encore accru hier, lorsque mon fils, rentrant de l'école où les discussions sur les enfants adoptés dans le crime sont quotidiennes, m'a interrogée. Les remous suscités par cette question l'ont profondément troublé. Je vous précise que mon fils se sait un enfant adopté, tout en ignorant évidemment les circonstances de son adoption (il se croit un enfant abandonné que nous avons recueilli).

Je n'ignore pas qu'en persévérant dans mon projet, je risque de perdre celui que j'aime le plus au monde : mon enfant, mon petit Pablo. Mais je me dis que si, à Dieu ne plaise, il devait apprendre son histoire d'une autre bouche que la mienne, il serait définitivement perdu pour moi.

En quelques années le pays et la société ont changé. Me taire, ne serait-ce pas une manière de renouveler mon crime, et cette fois sans plus aucune circonstance atténuante ?

J'ai pensé aller voir la Señora Vigna et tout lui avouer. Peut-être qu'étant toutes les deux de bonne foi, notre union autour de notre petit Pablo pourrait devenir le symbole d'une réconciliation nationale à laquelle le gouvernement travaille tant.

Voilà, Monsieur le Juge, le tourment qui me ronge et l'insupportable solitude dans laquelle je me débats.

Je me permets donc de vous supplier de bien vouloir m'aider en me donnant votre sentiment sur mon cas.

Sans doute vous demandez-vous pourquoi c'est à vous que je m'adresse. Hélas, Monsieur le Juge, dans ma situation, je ne trouve personne autour de moi vers qui me tourner. J'ai donc pensé que vous, magistrat éminent, aujourd'hui à la retraite, seriez mieux à même que quiconque de me conseiller, à la fois en connaissance de cause et en toute liberté.

Dans l'espoir de vous lire et d'être guidée par votre expérience, je vous prie de croire, Monsieur le Juge, en l'expression de mes sentiments les plus respectueux.

Sign. Lina Tirsa, ép. Ramirez

*

RÉPONSE DU JUGE GARCIA

Chère Madame Ramirez,

Comme je vous comprends et comme votre désarroi me touche !
Moi aussi, j'ai vu l'émission où est intervenue la Señora Vigna, et comme vous, elle m'a impressionné.

J'ai un profond respect pour la douleur de cette femme, et aussi, je dois le dire, pour son combat, même si je n'en goûte pas toujours la manière tapageuse avec laquelle elle l'exerce. Sa fougue un peu brouillonne et son intolérance lui ont beaucoup nui. Si son témoignage émouvant emporte l'adhésion de qui l'écoute, ses prises de position extrêmes et ses accusations ont, hélas, trop souvent versé dans la caricature pour conserver leur crédibilité. Et aujourd'hui, si j'en juge par les dernières actions qu'elle a entreprises et la dureté avec laquelle elle accuse tous ceux qu'elle considère comme des criminels, je crains bien que la femme intrépide de jadis, engagée dans des combats certes non sans danger, ne soit devenue ce qu'il faut bien appeler une chasseuse de sorcières. Quel dommage qu'un tel tempérament se soit gaspillé dans des excès inutiles et finalement préjudiciables à la cause même que cette

militante entend défendre, car le pays a besoin de femmes coura-
geuses et décidées comme elle. Tant pis ! La Señora Vigna restera
tout de même un symbole, à défaut d'avoir pu devenir un exemple.

Mais laissons là cette femme que nous respectons tous deux
pour en venir à l'objet douloureux de votre lettre.

Vous me faites, Madame, l'honneur de me consulter sur une
affaire particulièrement malheureuse dans laquelle, il faut le savoir
d'emblée, aucune solution ne sera ni véritablement juste ni réellement irréprochable. Néanmoins, fort de la confiance que vous voulez bien m'accorder, je vais m'employer ici, en toute bonne foi, à
réfléchir avec vous sur la conduite la plus sage à adopter.

Mais procédons par ordre.

Votre souci, Madame, est à la fois louable et courageux. Je ne
peux qu'être touché par l'action que vous vous proposez d'exécuter.
Cependant, cette situation délicate engage également le sort d'autres
personnes chères et auxquelles vous ne voulez certainement pas
causer de tort par manque de réflexion. Je pense, par conséquent,
que le premier principe à suivre doit être celui de la prudence.

À n'en pas douter, vous aimez votre enfant, et avec une totale
abnégation puisque vous êtes prête à accomplir, et de façon désin-
téressée, le plus grand sacrifice qu'une mère adoptive puisse
consentir à son enfant. Et ce geste impressionne par sa grandeur.

Mais cette grandeur, vous assurera-t-elle le bénéfice que vous
escomptez ? Et d'abord, quel fruit espérez-vous tirer de votre
entreprise ? Il apparaît que vous souhaitez réparer ce que vous
estimez être vos torts. Fort bien, et jusque-là on ne peut que vous
approuver. Cependant, toute votre action se fonde sur la certitude
que Pablo est le petit-fils de la Señora Margarita Vigna, alors que
pour l'heure cette hypothèse n'est absolument pas avérée : les
indices qui vous confortent dans cette opinion se réduisent à une
vague similitude de circonstances dont, absente au moment des
faits, vous n'êtes que médiocrement instruite. Et c'est sur la faiblesse de ces éléments que vous voulez conduire une démarche
d'établissement de paternité ?

Avez-vous seulement idée, Madame, du chemin de croix qu'implique cette démarche ? Du processus qu'il s'agit d'entamer, des
témoignages qu'il faudra solliciter, des tests génétiques qu'il faudra faire subir ? Chemin de croix, pour vous, certes, et je ne doute
pas que vous y soyez disposée. Mais votre mari, Madame ? Pen-

sez-vous à celui qui fut pendant treize ans, si j'en juge par ce que vous m'en dites, un père exemplaire ? Car n'en doutez pas, Madame, votre sort et le sien ne seront pas identique. Vous êtes sans doute prête à vous exposer comme complice d'un crime, mais c'est sur votre mari que retombera le poids de la responsabilité de cette action et donc l'essentiel du châtiment. Comme vous le dites, les temps ont bien changé : qui voudra comprendre aujourd'hui que des actes apparemment si rigoureux furent accomplis dans le but de sauver les âmes de ces enfants innocents ? Qu'il s'agissait avant tout de les élever dans la dignité chrétienne ?

Mais il n'y a pas que votre mari et vous : il y a votre petit Pablo. Il vous pose des questions, dites-vous ? Vous connaissez votre enfant, sans doute, mais êtes-vous à ce point certaine du sens de ses demandes pour prendre le risque de lui infliger un désespoir éternel ? En d'autres mots, êtes-vous si sûre qu'il s'agisse de véritables interrogations ? Lorsqu'un grand malade questionne son médecin sur l'éventuelle incurabilité de son affection, qui peut dire s'il s'agit d'une question authentique ou d'un appel masqué à être rassuré ? Et le thérapeute qui, négligeant de tenir compte de l'état psychologique du patient, ne prendrait pas le temps d'une mûre réflexion avant de risquer de commettre l'irréparable, conserverait-il votre estime ?

« La vérité est sacrée », dit-on. Pour tout dire, je n'aime pas ces soi-disant vérités tellement précaires qu'avec bonne conscience d'aucuns se croient autorisés à jeter à tort et à travers au public, sans souci des immenses douleurs qu'elles peuvent causer en tombant.

Aussi plutôt que d'invoquer de grands principes abstraits, je me contenterai d'essayer de raisonner avec vous.

Prenons pour commencer l'hypothèse que votre enfant n'est pas le petit-fils de la Señora Margarita Vigna (ce qui me semble quasiment certain) : dans ce cas le gâchis est immense, car en avouant un crime qui n'est pas celui que vous pensez et qui ne concerne pas votre fils, vous détruisez l'image de ses parents, ruinant par là, et sans retour, la structure affective de votre enfant. Et ne croyez surtout pas que votre parole sera accueillie, par lui, comme authentique : le choc que vous aurez fait subir à votre fils aura pour première conséquence de l'éloigner de vous ; et votre geste, arrivant si tardivement, sera certainement regardé comme très ambigu et résultant de la pression de l'opinion plutôt que comme un acte de courage volontaire.

Mais allons plus loin : imaginons (encore une fois par pure hypothèse) que votre enfant soit effectivement le petit-fils de la Señora Margarita Vigna. Que se passera-t-il alors ? À coup sûr, vous ne pourrez pas garder votre petit Pablo. La loi est formelle : en cas de rétablissement de paternité, les parents d'un enfant adopté « illégalement » ne peuvent pas conserver l'enfant. Il vous faudra donc le rendre à sa famille d'origine. Mais, dans notre cas, le « rendre » à qui ? Sa mère est décédée ; son père, si l'on s'en réfère aux déclarations de la Señora Vigna, est aujourd'hui en profonde dépression et dépérit lentement. Reste la grand-mère, la Señora Margarita Vigna elle-même.

Je vous l'ai dit, j'ai le plus grand respect pour le courage et la détermination de cette dame. Cette femme n'est pas une femme, c'est un homme, et quel homme ! De la plus belle trempe ! Soit. En est-elle pour autant la grand-mère que vous auriez choisie pour continuer à élever votre enfant ? « Elle est un exemple, diront certains, et un tel exemple ne peut que raffermir le caractère d'un enfant. » Mon Dieu ! Avec quelle facilité, ceux qui ne comprennent manifestement rien à la psychologie infantile, lancent-ils de pareilles phrases ! Comment faire semblant d'ignorer que dans cette situation, un enfant, écrasé par la « vertu » de sa grand-mère, ne pourrait que développer un double complexe d'infériorité et de culpabilité ?

Et je ne parle pas ici d'amour, car qui vous dit que le lien tendre qui vous unit, votre enfant le retrouvera dans le sein de cette étrangère, plus rompue à la violence de la lutte politique qu'aux douceurs maternelles ?

Je ne prétends pas, à Dieu ne plaise, que la Señora Margarita Vigna soit incapable de tendresse, mais tant d'années de luttes ont installé en elle une inévitable et bien compréhensible haine envers les militaires et tout ce qui leur ressemble. Êtes-vous sûre que l'éducation, nécessairement quelque peu militaire donnée par son officier de père, n'aura laissé aucune trace dans le comportement de votre enfant ? Imaginez seulement, qu'à tort ou à raison, cette militante croie retrouver des accents militaires dans certains comportements de votre fils. Quelle serait, selon vous, son attitude ? Très probablement cette femme intelligente se raisonnerait-elle, et sa volonté de s'attirer l'amour de son nouveau petit-fils lui prescrirait de prendre en compte la situation psychologique. Au moins au début. Mais, sérieusement Madame, ne savons-nous pas que l'intelligence ne protège pas des pulsions d'hostilité, sinon de haine, et que la volonté d'amour n'a jamais fait naître l'amour ? Et si la haine ne vient pas d'elle, êtes-vous assurée que votre enfant, cruellement arraché à la douceur d'un foyer sans histoire, ne cultivera pas, malgré lui, une hostilité secrète envers cette grand-mère brutalement imposée ? Sa soudaine et violente déstructuration ne risque-t-elle pas de le jeter bientôt dans un désespoir aux conséquences imprévisibles ?

Si donc cette belle action dans laquelle vous voulez vous précipiter s'avérait un échec, quels reproches n'auriez-vous pas à vous faire ? Que répondriez-vous plus tard à votre enfant s'il vous demandait des comptes sur votre conduite ? S'il vous disait, par exemple : « J'étais enfant, j'étais innocent, j'étais heureux et tu m'as plongé dans un monde trop grand et trop cruel pour moi, un monde auquel rien ne m'avait préparé et que mon âge ne me permettait pas d'affronter » ?

Je sais bien ce que l'on objecte : « On ne construit pas une société nouvelle sur des mensonges ! » Mon Dieu, la grande phrase ! Pour tout vous dire, je pense qu'il n'est pas bon de rouvrir des plaies qui commencent à cicatriser. Notre pays profondément blessé en a assez des luttes entre factions. Il n'en peut plus de la haine et il ne veut pas de ces procédures aussi interminables qu'inutilement empoisonnantes. Le temps est aujourd'hui à la grande réconciliation nationale et, pour cela, l'oubli des erreurs est aussi nécessaire que le pardon des offenses.

Si donc vous m'en voulez croire, renoncez à ce mouvement qui malgré sa générosité, serait aussi inconsidéré dans son principe que pernicieux dans son application.

Voilà, chère Madame Ramirez, ma façon de penser sur votre douloureux problème. Je n'ai pas voulu plaider, je me suis contenté d'essayer de raisonner. C'est à vous, en dernier ressort, qu'il appartient de décider de votre conduite. Si cependant vous persistez dans votre position, je serais heureux de connaître les raisons qui se seront opposées aux miennes.

Confiant dans la sagesse de votre amour pour votre enfant, je vous prie d'agréer, chère Madame Ramirez, l'expression de mes sentiments respectueux.

Sign. Juge Adolfo Garcia

LIBRARY, UNIVERSITY OF CHESTER

Achevé d'imprimer
en septembre 2002
sur les presses
de l'imprimerie SNEL
en Belgique (CE)

En couverture :
Louis Janmot, *Le Poème de l'âme : cauchemar* (détail)

© Éditions Complexe, 2002
SA Diffusion Promotion Information
24, rue de Bosnie
1060 Bruxelles

 n° 951

Si vous désirez recevoir le catalogue des ÉDITIONS COMPLEXE,
découpez ce bulletin et adressez-le à :

ÉDITIONS COMPLEXE
24, rue de Bosnie
1060 Bruxelles
BELGIQUE

Nom . . . .
Prénom . . . .
Adresse . . . .
. . . .
Profession . . . .
Âge . . . .
Livre duquel vous avez tiré ce bon . . . .
. . . .

Suggestions :
. . . .
. . . .
. . . .
. . . .

Nom et adresse des personnes auxquelles vous nous suggérez de faire
parvenir notre catalogue :
. . . .
. . . .
. . . .
. . . .